銀幕のキノコ雲

映画はいかに「原子力/核」を描いてきたか

Radioactive Cloud

川村湊

KAWAMURA MINATO

インパクト出版会

銀幕のキノコ雲　映画はいかに「原子力／核」を描いてきたか

目次

序　二二〇〇回のキノコ雲

二〇一一年三月一四日午前一一時〇〇分、福島県双葉郡双葉町と大熊町の二つの町に跨がって立地する、東京電力の福島第一原子力発電所（通称として1F＝イチエフと略される。エフイチともいう）の第三号原子炉の建屋の屋根が吹っ飛び、そこから、キノコ雲が立ち上った。時の民主党政権、菅直人内閣の枝野幸男官房長官は、「何らかの爆発的事象があった」と記者会見で述べた。水素爆発だ、臨界による核爆発だ、とさまざまな観測が飛び交ったが、真相は早い時期での原子炉の溶融事故、いわゆるメルトダウンによって爆発的なエネルギーが放散され、放射能が飛散した爆発事故である。爆発自体の原因は、数年後の今でもはっきりとしたことは分からないが、テレビ映像として映ったこの〝爆発的事象〟によって、核爆発に関連した〝キノコ雲〟が、広島、長崎に続き、日本の国土において三番目に立ち上ったことは明らかだった。〝みたび、くりかえすまじ〟キノコ雲（Mushroom Cloud）が、である。五年後、東京電力は、ようやく早い時期での原子炉のメルト・ダウンを認めた。だが、そうした重大な情報を隠蔽した当事者たちのことは、未だもって不明である。

地球上で、これまで核爆発によるキノコ雲は、どれほど立ち上ったことだろうか。アメリカ合衆国によるニューメキシコ州ロスアラモスの、いわゆるトリニティ・サイトの核実験場における最初の核実験から、広島、長崎への二回の実戦使用の原爆投下を含めて、アメリカ合衆国は、一九四五年から一九九八年の間に、一〇三二回、キノコ雲を立ち上らせた。ネバダ砂漠の原爆実験場や、太平洋のビキニ環礁海域での水爆実験場などで、だ。もちろん、〝キノコ雲〟というのは、核爆発のシンボリックなアイコンであって、地上ではなく、水中や地下での核実験では、キノコ雲は立ち上らない。そうしたキノコ雲の立ち上らない核実験も含めて、である。

旧ソビエト連邦（のち、ロシア共和国）は、同期間に七一五回、中国（中華人民共和国）、二四〇回、フランス、二一〇回、イギリス、四五回、インド、四回、パキスタン、二回である（イスラエルも核兵器を所有しているといわれるが、開発の途中で実験はしなかったのだろうか。アメリカが肩代わりして、実験をしたのか。アメリカの核兵器そのものを導入したのだろうか――もちろん、実験済みの）。

アメリカは一九九〇年に、ソ連も同年に核実験を中止した。それ以後は、核分裂の臨界に至る前の段階で終える実験や、コンピュータによるシミュレーション実験に切り替えたとみられる。南アフリカ、エジプト、イスラエルが秘密裏に、核実験を行ったという未確認の情報もある。砂漠で、無人の珊瑚礁で、荒野で、地下で、地下トンネルで、繰り返し原水爆実験は行われたのである。土を、海を、空を汚しながら。

つまり、これまでに、合計で二二五一回（確認されたものだけで）のキノコ雲が、地球上に立ち上ったのである。そう考えると、たった数回（二〇一七年二月現在で五回）しか核実験をやっていない北朝鮮（朝鮮民主主義人民共和国）を、一千回以上の核実験の実績を持つアメリカが、口をきわめて非難するのは、その非対称性からいって正当的であるかどうか――もちろん、私は北朝鮮の核実験を強く弾劾すべきだと思っているが――二〇〇〇年代に入って核実験を行ったのは、北朝鮮だけである。イランも着々とその準備を整えていたようだったが、欧米諸国や国際社会の経済封鎖や圧力で、その核兵器開発の計画を放棄したとされている。

日本に関わる核兵器実験は、太平洋上でマグロ延縄漁を操業中の第五福竜丸がヒバクした、〝ビキニ環礁〟での水爆実験（〝キャッスル作戦〟と名付けられた一連のうちブラボー実験）がある。米国が行った千回以上の核爆発実験のなかの一回にしか過ぎないが、その情報封鎖、爆発規模や被災範囲の見込みの過小評価によって、第五福竜丸をはじめ、太平洋で操業中の多くのマグロ漁船がヒバクしたことは、ドキュメンタリー映画『放射線を浴びたX年後（1〜2）』（二〇一二〜一三年、伊東英朗監督）などで明らかとなっている。第五福竜丸では、無線長の久保山愛吉氏が原爆病で死亡し、日本における核兵器による〝第三の被災〟として、被曝マグロの廃棄と、その後の水産物全般の〝風評被害〟による忌避感の高まりは、核実験反対運動の高揚という結果をもたらした。久保山氏の死をテーマとした『**第五福竜丸**』［**I**］（一九五九年、新藤兼人監督）という映画や、『ゴジラ』（一九五四年、本多猪四郎監督）や『美女と液体人間』（一九五八年、本多猪四郎監督）といった東宝特撮映画に、この第五福竜丸の事件の影響が見られる。

核爆発実験だけではなく、原子炉の事故では、チェルノブイリと福島で、爆発を伴う事故があったから二回、キノコ雲が立ち上ったことになる。イギリスのセラフィールドのウィンズケール原子炉（これは原子力発電所のものではないが）、アメリカのスリーマイル、日本の東海村の株式会社ジェー・シー・オー　JCO（旧称、Japan nuclear fuel Conversion Office 日本核燃料コンバージョン）や、美浜《みはま》や柏崎刈羽の原子力発電所や高速増殖炉の「もんじゅ」の事故では、臨界や放射能漏出はあったとしても、爆発事故には至っていないからキノコ雲は立ち上っていない（ことになっている。真実かどうか、疑わしいが）。

実際のキノコ雲の映像は、アメリカが作った最初の三発の原子爆弾、それぞれに

I

「ガジェット（道具）」（マンハッタン計画による、ロスアラモスの実験場における最初の核爆発、いわゆるトリニティ実験に使われたプルトニウム爆弾）、「リトルボーイ（小僧）」（広島に落とされたウラン爆弾）、「ファットマン（太っちょ）」（長崎に落とされたプルトニウム爆弾）とニックネームで呼ばれた原子爆弾の爆発記録の映像が、米軍の手によって撮影されている。広島にも、長崎にも、爆弾を積んで投下した爆撃機と、気象状況の偵察機、そしてカメラを積んだ撮影機との三機編成の飛行隊だったのである。

投下して爆発した瞬間、そしてキノコ雲が天空に立ち上る様子を、カメラは白黒やカラーフィルムでとらえている。無音の動画もある。眼下から湧き上がるキノコ雲を、やや上方から、そして並行して撮った映像が、世界中で、何十回、何百回、いや何千回もコピーされた。スクリーンに映った〝最も有名な映像〟であるだろう（広島の有名なキノコ雲は、爆発時ではなく、その後の地上の火災の煙とする説もある――原爆のキノコ雲であることに違いはない）。

それ以外に、米軍は、原水爆の爆発実験のたびに、記録映画を撮影している。一九五五年の『オペレーション・キュー（Operation Cue）』は、原爆実験の場所に建物や建造物を実際に建て、「ミセス・アンド・ミスター・アメリカ」と名付けられたマネキン人形の家族や市民を配して、爆発効果を実験した結果の記録である（これは、DVD『悪魔の核実験』（二〇〇〇年）に収録されている）。冷蔵庫や家具や食器棚の生活用品は、みな破壊されたけれど、地下室の保存庫の中や、地下に埋めた缶詰類などは無事だった（放射能の影響は問うていないようだ）。木造やレンガ造りの壁は粉微塵に吹き飛ばされたが、鉄骨の建物は、曲がりくねった鉄骨だけが残った。

ビキニ環礁で繰り返し行われた原水爆実験は、『**ラジオビキニ**（Radio Bikini）』〔**2**〕（ロバート・ス

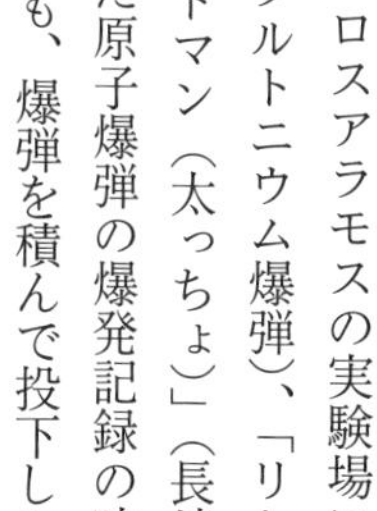

2

トーン監督、一九八八年にＮＨＫで放映された。ＤＶＤの発売は二〇〇三年）というドキュメンタリー映画として、ビキニ島からの住民の移住から、実験動物の運び込み、廃艦船の爆発効果の実態やら、被曝した米兵へのインタビュー、島の古老の嘆きなどが、記録フィルムとして残されている。

日本映画のキノコ雲

キノコ雲は、映画館のスクリーンの上にも、何度も立ち上っている。日本映画には、「ヒバクシャ・シネマ」と称される、いわゆる原爆映画のジャンルがある。**『長崎の鐘』**[3]（一九五〇年、大庭秀雄監督）、**『原爆の子』**[4]（一九五二年、新藤兼人監督）、**『ひろしま』**[5]（一九五三年、関川秀雄監督）を始めとして、『はだしのゲン』（三部作・一九七六、七七、八〇年、山田典吾監督）、『ふたりのイーダ』（一九七六年、松山善三監督）、『せんせい』（一九八二年、大澤豊監督）、**『この子を残して』**[6]（一九八三年、木下恵介監督）、『TOMORROW 明日』（一九八八年、黒木和雄監督）、『さくら隊散る』（一九八八年、新藤兼人監督）、『黒い雨』（一九八九年、今村昌平監督）、『父と暮らせば』（二〇〇四年、黒木和雄監督）や、『夾竹桃の夏』（二〇〇五年、岡島明監督）、『夕凪の街　桜の国』（二〇〇七年、佐々部一清監督）、『爆心　長崎の空』（二〇一三年、日向寺太郎監督）、『夏休みの地図』（二〇一三年、深作健太監督）、『母と暮らせば』（二〇一五年、山田洋次監督）に至るまで、広島、長崎の原爆による被爆体験を描いた映画作品は連綿として作られ続けている。

　これらの作品には、必ずといってよいほど、キノコ雲が、広島、あるいは長崎に立ち上るシーンがあり、それにはほとんどの場合、アメリカの原爆投下機から撮《と》ら

3

4

5

れた映像が使われている。映画の冒頭にキノコ雲が立ち上るものと、『明日』のように、ラスト・シーンに立ち上るものとがある（作品の途中のものもある）。「原爆映画」と日本では称されるこれらの作品を、〝ヒバクシャ・シネマ〟と名付けたのは、アメリカのカルチュラル・スタディーズに近い学者たちだった。『ヒバクシャ・シネマ』（現代書館）という論文集を編纂したミック・ブロデリックは、その「はじめに」でこんなことを書いている。

「本書『ヒバクシャ・シネマ』は、これまでほとんど議論されてこなかった日本映画の重要な特質に――束の間ではあるだろうが――新しく批判的な焦点を当てようとする試みである」と。これに呼応するように、訳者（柴崎昭則、和波雅子）は、こう書く。

「どうしてこの種の本を日本の評論家や研究者は書かないのか――本書の翻訳をしながら、常に考えていたのはこのことだった」（「訳者あとがき」）と。

これらの言葉に、私は半ば共感すると同時に、違和感をも感じた。「ヒバクシャ」という言葉は、もはや世界共通語化している（具体的には英語化している）。しかし、その対偶表現の〝カバクシャ〟（加曝者――被爆者に対する加害を行ったもの）という言葉は、英語どころか、日本語でも成立していない。原爆を落とした側としての〝被曝についての加害者〟、すなわちアメリカ合衆国の側への考察がまったく欠落しているか、隠蔽されているか、しているのである。

長崎でアメリカによる原爆投下による攻撃で、妻を失い、自分も傷つき、最終的には「原爆症」（放射能障害）によって死亡することになる、長崎大学医学部の学者で、放射線医学専門の永井隆は、原爆の投下を「神の摂理」によるものと述べた。いかにもキリスト教者らしい、原爆=原罪という観念

6

である。しかし、絵本『ピカドン』（丸木位里・赤松俊子、一九五〇年、ポツダム書店）の最後のヒバクシャのお婆さんの呟きのように「ピカは、人が落とさにゃ、落ちてこん」のである。

映画の『長崎の鐘』では、長崎に落とされた原爆のキノコ雲は、作品の途中で、永井隆の息子の誠一《まこと》と娘の茅乃《かやの》が疎開している田舎の家の庭から、山越しにキノコ雲のその先端が見えるだけである。もちろん、それだけでも十分に、キノコ雲の存在感は伝わってくるのだが、こうしたキノコ雲の〝見せ方〟は、原子爆弾の悲劇という意味では、やや限定的なもののように思える。日本における「原爆映画」の嚆矢と思われる映画『長崎の鐘』は、そういう意味では「原爆」「キノコ雲」を真っ向から描くことを避けているといわざるをえない。藤山一郎の歌う主題歌『長崎の鐘』の歌詞に、「ゲンバク」の「ゲ」の字もないように、それは原子爆弾の悲劇、キノコ雲の恐怖を巧みに回避したものといわざるをえない（「召されて、妻は天国へ」とか「かたみに残る　ロザリオの」といった歌詞に、その原爆死の様相は表されているが、きわめて抽象的である——サトウハチロー作詞）。

それは、ヒバクシャの悲惨さや悲劇を描いたものだとしても、その原爆を落とした主体、その原爆という災厄について、その加害者、〝カバクシャ〟を画面（歌詞）からは容易に見つけ出すことができないという特徴を持っている。

「ヒバクシャ・シネマ」が成立するならば、当然、「カバクシャ・シネマ」についても考えてみなければならないだろう。私が主に、アメリカ映画のなかから、「原子力／核」をテーマとする映画作品を集め、それについて考えてみようと思ったのは、こうした過程を経てのことだった。

もちろん、冒頭の文章で示したように、キノコ雲は、原爆、すなわち核兵器の爆発によって起こるだけのものではない。ウクライナのチェルノブイリ原発で、福島第一原発で、キノコ雲が立ち上り、原子雲（放射能雲）が発生したといわれる。広島、長崎、そしてビキニ環礁以外のところでも、〝ビバクシャ〟は、現に発生しつつある。いや、二千回以上もの原爆実験、水爆実験、さらに核開発や原発事故によって、地球上のすべての人々、生き物はもはや全員が〝ヒバクシャ〟となっているといってもよい。つまり、グローバルな〝ヒバクシャ・シネマ〟の考究が今、求められていると思わざるをえないのだ。

I

原水爆恐怖映画の巻

日本の原爆映画

二〇一一年の三・一一以降、私は、日本映画やアメリカ映画以外のものも含めて、五百本近くもの「原子力／核」をテーマとする映画作品を観てきた。そのなかには、これまでにすでに観ていたものも少なくないが、それを改めて「原子力／核」映画として観たのである。最初は、手当たり次第、文献を漁ったり、ネット・サーフィンをしながら、映画の紹介、解説、評論などを捜して読み、「原子力／核」映画を集めていったのだが、そのうちにそれらの映画作品をいくつかのジャンル、パターンに分類できることに気が付いた。

たとえば、日本映画では圧倒的に「原爆映画＝ヒバクシャ・シネマ」が多く、これは被曝者＝被害者の立場からの観点で描かれたものだ。先にあげた、広島、長崎、そしてビキニ環礁の海域における第五福竜丸の〝被害＝被曝〟（前述したように、当時、太平洋海域にいた、第五福竜丸以外のマグロ漁船も被曝したことが明らかとなっている——『放射能を浴びたX年後』）をヒューマニズムの観点から訴える〝正統派〟の映画から、『ゴジラ』（「水爆大怪獣」という角《つの》書きがある）のような〝変種〟のものも含めて、日本映画では、それ以外の立場からの映画はまったく撮られていないといって過言ではない。

それは、原爆投下国であるアメリカ合衆国の、戦争を終わらせ、日米双方の戦争犠牲者を最小限にとどめたという米国の原爆神話と背馳することはもちろんのこと、朝鮮、中国、東南アジアなどの、日本の軍国主義、植民地主義の被害を受けた国々や人々の「原爆」に対する考え方ともすれ違っている。『原爆の子』や『ひろしま』、あるいは『第五福竜丸』のようなドキュメンタリー映画に近い作風の原爆映画においても、被曝に至るまでの過程において、登場人物たち（ヒバクシャ）たちの無垢性、無原罪性、無辜《むこ》の人々であるという観点が、明らかに強調的に示されている。『ひろしま』では、教師役の香川京子は、清楚で、清潔な女性としての役柄を与えられているし、子供たちは、無邪気で、天真爛漫な存在として、少なくとも被曝以前の場面では描かれている。香川京子という女優は、『ひめゆりの塔』(一九五三年、今井正監督)でも、沖縄戦において多く死傷者を出した「ひめゆり部隊」の女学生として、戦争の悲劇を一身に引き受けた人物を演じて、戦争を感傷的に、美しく描き出すことに寄与した。

同じく、長田新のまとめた被爆者である子どもたちの作文集『原爆の子』を基本資料とした新藤兼人監督の『原爆の子』でも、乙羽信子の演じる女教師は若く、健康的で純真な女性として描かれ、その無垢な姿と、建物疎開の現場で被爆した女学生や、小学生、中学生の少年たちを中心とした姿とは対比的に、原爆被害の残酷さが表現されている。軍人たちの愚かさや狂気じみた言動や無責任さに較べて、子どもたち、少年少女たちの無垢、純真、健気《けなげ》さが強調されており、「原爆映画」のある種の典型を作り上げていると考えられる。

『純愛物語』(一九五七年、今井正監督)や、『その夜は忘れない』(一九六二年、吉村公三郎監督)や、『愛と死の記録』(一九六六年、蔵原惟善監督)や、『さらば夏の光』(一九六八年、吉田喜重監督)や『鏡の女たち』(二〇〇三年、吉田喜重監督)といったメロドラマ調(この場合のメロドラマという言い方は、作品評価において必ずしもマイナスの価値を意味しない)の作品においても、被害者=ヒバクシャという視点からの描き方は、『原爆の子』や『ひろしま』から、一貫して共通しているものと思わざるをえない。

それは、無垢な主人公が、被爆・被曝によって不幸となるという設定だが、映画では、敬虔なキリスト教徒で、熱心な医者である永井隆のヒューマニスティックな生涯であるとか、美男美女のカップルであるとか、テレビドラマとして人気を博し、映画ともなった『夢千代日記』（一九八五年、浦山桐郎監督）の吉永小百合が演じた主人公の夢千代（広島での被曝二世として設定されている）のように、他者に勇気や感動を与える人物というように、きわめて美化された登場人物となっている。『愛と死の記録』では、広島のヒバクシャとしての若者を愛する健気で純真な少女役を演じた吉永小百合は、テレビドラマとして、そして劇場用映画にもなった『夢千代日記』では、胎内被曝をした美しい芸者置屋の女将《おかみ》・夢千代を演じていた。また、井上ひさしの絶筆ともいえる戯曲を山田洋次監督が映画化した『母と暮らせば』では、夫と長男を亡くし、一人残った息子を長崎に投下された原爆で死なせた母親を演じた。幽霊となった息子と会話を交わす母親は、悲哀と慈愛に満ちた、凛然とした美しさを保っている。

こうしたヒバクシャ・シネマの主要な主演女優としての吉永小百合は、原爆詩や原爆小説の朗読活動を続けている「平和運動」の担い手としても知られており（これらの活動で菊池寛賞を受賞した）、いわば日本の反原爆運動、核兵器禁止活動を行う文化人たちの象徴的な存在であるといっても過言ではない。

そこで描かれる被爆者は、人々が共感し、同情し、ともに嘆きや悲しみを共有する〝被害者〟としての共同性から一歩も出るものではない。『愛と死の記録』は、渡哲也演じる印刷工場の労働者の若者・三原幸雄と、レコード店に勤める娘・松井和江の純愛物語だが、若者は広島で四歳の時に被曝し、両親を失っていた。やがて、彼は白血病を再発し、彼女の必死の看病や励ましも虚しく死んでしまう。『キューポラのある街』（一九六二年、浦山桐郎監督）からはやや成長した松江和江という若い女性の役回りとなった吉永小百合は、サユリストたちの期待を裏切らず、純真で、健気で、明るい女性像を演じ、真面目で、好青年だが、原爆被曝という不幸を背負っている青年（渡哲也）を献身的に支えるという意味で、ヒバクシャ支援の鑑《かがみ》のような存在であるといってもよい。それは『純愛物語』で、中原ひとみと江原眞二郎が演じた男女の役回りをちょうど逆にしたようなものだが（中原ひとみ演じる上野の浮浪児の少女ミツ子が原爆症で、それを見守る不良上がりの恋人貫太郎を江原眞二郎が演じる）、いずれも、ヒバクシャとそれを支える恋人との、純粋で哀切な恋愛を描いたヒバクシャ・シネマの典型的な理念像といえる。

『夢千代日記』は、温泉街の芸者置屋の女将である夢千代が、お抱えの芸者や、街の人々、訪れてきた客と交流してゆくなかで、持ち上がる事件をテレビドラマとした三部作（『夢千代日記』『続　夢千代日記』『新　夢千代日記』）を基にして映画化したものである。テレビドラマは早坂暁の原作・脚本で、NHKの演出者や原作者自身が演出しているが、映画は浦山桐郎が監督した。広島で胎内被曝した夢千代は、二年余りという余命を宣告されたヒバクシャ二世である。そこに登場する人物たちは、心や体や社会的立場に〝傷〟を持った者たちで、夢千代は、そうした人々を救う、慰める、立ち直させる役割を担うヒロインである。

そのため、彼女はヒバクシャとして、美しく、清純な登場人物として、理想的に描かれなければならなかったのだ（こうした観点から、「ヒバクシャ・シネマ」について論じたものに、マヤ・モリオカ・トデスキーニの「死と乙女――文化的ヒロイズムとしての女性被爆者、そして原爆の記憶の政治学」（『ヒバクシャ・シネマ』）がある）。

比較的近年の映画でも、『父と暮らせば』の宮沢りえの演じる美津江では、その潔癖な処女性が特徴となっていたし、原爆の犠牲者への罪意識から、恋愛や結婚を自らに禁じている）、『夕凪の街桜の国』でも、麻生久美子が演じる主人公は、男からのプロポーズをなかなか受け入れようとはしないのだが、それはヒバクシャとしての自分の身体の健康さについての不安であると同時に、堅固な処女性の保持といった側面を感じさせる。

『父と暮らせば』が、広島での父と娘の物語であるのに対して、長崎での母と息子の物語の『母と暮らせば』でも、黒木瞳の演じるマチ子は、原爆死した浩二に殉愛を捧げようとしているし、闇屋の〝上海のおじさん〟の不器用な求愛を受けながらも、美しい後家である母親の伸子（長崎で、息子を探して二次被曝している）は、独り身を貫くのである。

けなげに、懸命に生きようと努力している主人公たちを襲う病魔。それは、白血病といった典型的な原爆症であり、その描き方は、ヒバクシャたちの純粋性、無垢性、犠牲者性を際立たせる。つまり、日本のヒバクシャ・シネマは、同情すべき、哀れな被害者を描いているのであり、これは、『長崎の鐘』や『この子を残して』の主人公となった永井隆による、〝原爆選民思想〟と裏表の関係にあるものといえる。キリスト者としての永井隆は、〝神に捧げられた犠牲の仔羊《こひつじ》〟として、長崎でのヒバクシャを聖化した。長崎で爆発したアメリカ製の原爆第二号は、浦上天主堂の真上近くで爆発した。その直下にあった浦上天主堂は、信徒ともに崩れ落ちたのだが、そこは隠れキリシタンの受難の地であり、文明開化によってようやくキリストへの信仰を認められるようになった、受難・殉難の歴史を持った地であったことは、歴史の逆説・皮肉といわざるをえない。

つまり、キリスト教の国であるアメリカ合衆国が、長い苦難の歴史に耐えてきた日本のキリスト教徒の頭の上に、途方もない熱と光と爆風と放射能を降らせたのである（アメリカは、どうして、アメリカ人捕虜や朝鮮人の多かった広島や、キリスト教徒の多い長崎ではなく、皇居や伊勢神宮の真上に原爆を投下しなかったのだろうか?)。

長崎の原爆ドーム

長崎の原爆に関しては、もう一つの疑問がある。長崎の原爆被害の象徴ともいえる浦上天主堂が、被爆から十五年後に復元、新建造されたことの経緯である。『長崎の鐘』や『この子を残して』の映像には、被爆直後から〝長崎の鐘〟を復元、復興させて、再び鐘の響きを長崎の街中に届けようとする、永井隆をはじめとした浦上のキリスト教信者たちの敬虔な奉仕活動が描かれる。しかし、そのまま保存すれば、広島の原爆ドームと並んで、原爆被害のこよなき象徴となり、世界遺産ともなるべき天主堂の廃墟を、どうして撤去し、新たに天主堂を再建築しなければならなかったのかという疑念は、誰からも答えられていない（拙論「ああ長崎の鐘が鳴る」『戦争の谺』［白水社］参照）。

『長崎の歌は忘れじ』［7］（一九五二年、田坂具隆監督）には、こうした浦上天主堂の被爆の痕跡、崩れた壁や、放射能熱や突風でばらばらになったマリア像、聖者像が実写として映っている（この映画の撮影時には、まだ廃墟は完全に撤去されてはおらず、天主堂も仮建築物だったようだ）。捕虜の日本兵と、見張り役だった米兵との共同作業としての楽曲の作曲が、日米の和解や赦しの象徴としての意味を持っていても、厳然として残されている浦上天主堂の廃墟は、まさに〝長崎の被爆は忘れじ〟というアピールとして、映画のテーマを裏切っているともいえる。

『長崎の歌は忘れじ』では、原爆投下国のアメリカと、ヒバク国日本との〝和解〟が画策されていると考えられる。ハワイの捕虜収容所にいた佐伯は、瀕死の病床で未完の楽曲を、見張りの米兵である

7

ヘンリー・グレイ（元々は音楽家だった）に託して死ぬ。そんな夫の佐伯の復員を長崎で待っていた妻（佐伯綾子＝京マチ子）は、原爆の閃光によって盲人となっていた。物語は、長崎を訪れた、ヘンリー・グレイが、綾子の妹（牧原桃子＝久我美子）と知り合い、綾子や桃子との家族たちとの和解を望むが、綾子は頑なに〝敵国人〟であるヘンリーに心を許そうとはしない。しかし、最終的には、佐伯の作った楽曲を、ヘンリーが補作して、楽曲「心の真珠」を完成させ、演奏会を開く。日米（原爆を落とした国と、落とされた国）の〝和解〟が、映画の底流のテーマ曲として流れている。

謝罪する米国人の元兵士に対して、綾子と桃子の保護者である陶器職人の老人は、「謝ることはない」と諭《さと》す。アメリカ人が悪いわけでも、日本人が悪いわけでもない。戦争が悪い、原爆が悪い、ということで、米国（人）の謝罪や贖罪を否み、「心」の通じあう〝和解〟がそこでは実現されているのである。

原爆被害者、ヒバクシャに寄り添ったアメリカ側の映画としては、日本では公開されることのなかった『**ヒロシマ乙女**（Hiroshima Maiden）』[8]（演出・ヨハン・ダーリング）をあげることができよう。これは、テレビ映画として一九八八年に公開されたもので、アメリカの平凡な家庭に、ヒロシマで被ばくし、顔の半面にケロイドを負った少女ミエコが、ホームステイをするというストーリーである。

実際に、原爆の被害を受け、顔や体にケロイド状の被害を受けた未婚者の女性をアメリカに呼び寄せ、皮膚の移植手術などによってケロイドを〝修復〟させようというプロジェクトは実現されていて、数人の少女たちが渡米して、手術を受けたという実績があった。日本では、まだそんな整形外科的な手術や治療は行われていなかったからである。

8

〝原爆乙女〟と呼ばれた彼女たちは、米国民の好奇と同情と嫌悪の眼に晒されながら、原爆投下国アメリカの良心の満足や、加害者意識を償うためのボランティア精神に取り巻かれたのである。映画作品の世界で、ミエコがファミリーたちやコミュニティーの成員たちから温かい手助けや同情を受けたように。

ホスト・ファミリーの家の少年ジョニー（ケニー・モリソン）は、最初、ミエコを理解せず、彼の仲間の少年たちは彼女をスパイではないかと疑っていた。しかし、明るく振る舞い、アメリカの家庭の習慣を学ぼうとする彼女に、彼は心を開いてゆく。彼女の傷が癒されるように、ファミリーみんなで、ミエコの教えてくれた千羽鶴を折る（千羽鶴は、佐々木禎子《さだこ》の物語によって米国でもよく知られていたのである）。

ただ、これが基本的には日本の「ヒバクシャ映画」と同じように、非被曝者たちの〝負い目〟や、被曝者への同情、憐れみを基調としていることは明らかであり、〝綺麗事〟に終わっているという批判を免れ難いものであることは否めない。つまり、それはあくまでも〝ヒバクシャ〟映画であり、原爆の加害者としてのアメリカを決して弾劾するものとはなっていないのである。

なお、日本映画で原爆によるケロイドのテーマを扱ったのは、吉村公三郎監督が、若尾文子と田宮二郎を主演俳優として撮った『その夜は忘れない』である。広島に出張した週刊誌記者が知り合ったバーの美人マダムの身体には、醜い原爆の傷跡としてのケロイドがあった。メロドラマのなかに、原爆の傷跡が埋め込まれた作品である。

『せんせい』は、四歳の時に長崎で被曝した山口竹子（五十嵐めぐみ）が、小学教師となり、五島の学校に赴任して、転校生の信明・悦子の兄妹を中心に子どもたちと心の交流を続ける〝二十四の瞳〟

のような感動的な教師と生徒の物語だ。だが、オートバイで通学するように活発だった竹子先生は白血病を発病し、子どもたちの願いや祈りも虚しく、長崎の病院に入院し、三十歳そこそこで命を失ってしまう。

長門勇、北林谷栄、曾我廼家《そがのや》五郎八などの俳優が脇役を固め、子役たちが達者な演技を見せるのだが、「原爆映画」の作品としては、凡庸の一語に尽きる。竹子先生が、死ぬ前に、教え子たちを稲佐山の上に登らせ、長崎の原爆被災の話を聞かせ、原爆がいかに多くの悲劇をもたらしたかを語るが、その語りや映像にはこれまでの「原爆映画」の紋切り型を超える、いかなる新らしさもない。

岡島明監督によるシナノ企画（創価学会系）製作の『夾竹桃の夏』では、正司歌江演じる広島のお好み焼き屋のお婆さんは、原爆で夫や子どもを失い、孫息子を育てた。孫の世代が祖父母の世代のヒバクの悲劇を受け継ぐのだが、それは美しい風景と抒情的な愛の物語として伝えられたのである。

メロドラマ的原爆映画が、一九八〇年代どころか、二〇〇〇年代に入っても作られ、感動的な映画として消費されていったことを証明するような作品である。

黒い雨の降った町

こうしたメロドラマ調の「原爆映画」に対して、リアリズム的で、原爆投下以降のヒバクシャたちを描いた映画作品が作られるようになった。もちろん、それは日本の原爆映画の特徴として、被害者の強調ということがある。それはメロドラマ調であっても、リアリズム映画であったとしても、同様だ。もちろん、軍都・広島といい、軍需都市・長崎といっても、広島、長崎の両市に住む多くの住民が、いわゆる戦争における非戦闘民であり、戦闘の被害から保護されるべき民間人であったことはいうまでもなく、原爆投下は、無辜の非戦闘員、民間人を大量虐殺したホロコースト（大虐殺）であって、日本軍の真珠湾への奇襲攻撃や、南京大虐殺、南京大空襲の蛮行によっても決して相殺《そうさい》されるべきものではない（それらはそれらの事件ごとに究明、問責されるべきものだ）。

それを承知の上でいうのだが、原爆映画――ヒバクシャ・シネマの被害者意識は極まっている。原爆の悲惨さを言い募れば言い募るほど、「平和」が実現し、平和・反戦の活動が強固になると、私たちは錯覚し、誤解していたのではないだろうか。後述するように、原爆の恐怖や、放射能の怖れが直接的に生み出したものは、ゴジラのような「モンスター」だった。だが、原爆がもたらした屈折した被害者意識は、たとえば、原子力の「平和利用」といった〝精神的なモンスター〟を生み落としたのではないか。

あるいは、もっと卑近な例をいえば、ソ連や中国などの社会主義圏の原爆は〝キレイな核兵器〟といった（原水協と原水禁という日本の反原爆運動の分裂は、ここから胚胎する）、まさに奇形的なイデオロギー的産物を生み出したのではないだろうか。ここから、〝唯一の被爆国〟だから、核武装をする権利がある、と飛躍的に考えることとはあまり遠くはない、精神のモンスター化のように思える。

原爆投下の現場から生き延びたヒバクシャは、今度は「ピカドン」にやられなかった人々からの同情と憐憫を混じえた特殊視、特別視――それは差別視といってもいい――に晒されることになる。

井伏鱒二の小説『黒い雨』は、原爆の悲劇そのものよりも、ヒバクシャに対する周囲や、日本的共同体からの視線のあり方を問うものであったといってよい。語り手である閑間《しずま》重松（モデルとなった実在の人物の名前は、重松静馬）の姪である矢須子は、広島で二次被爆した。原爆投下から数年が経ったある日、年頃の矢須子の結婚を心配した閑間重松が、矢須子の被爆状況を明らかにしようと書き始めた心覚えの日記が、小説の多くの部分を占めている（この『重松日記』は実在のものであり、作者の井伏鱒二は、著者からこの日記を借り、小説に使ってよいとの約束で、『黒い雨』、雑誌連載時の最初の題は、『姪の結婚』を書いたのである。このため、一部の人が唱えている剽窃説、盗作説は当たらない）。

もちろん、原爆投下の時点での広島に起こった悲劇、惨劇は描かれているが、直接的にそうした悲惨な場面を描写することが創作の目的とはなっていない。あくまでも、ヒバクシャたちの坦々とした日常のなかに、ピカドンの閃光と轟音の記憶が生々しく残っていることを描くだけであって、原爆そのものは大規模な天災や、「ムクリコクリ」（これを、〝蒙古・高句麗〟の侵略軍だと解釈する説もある）という自然のモンスターの侵略のようにしかとらえられていないのである。

だが、映画**『黒い雨』**［9］では、映像という特殊性もあって、原爆の悲惨さは、目を覆わんばかりの惨状となってスクリーン上に再現される。それは、『原爆の子』や『ひろしま』のような、初期の原爆映画への回帰と思われるほどの被害者意識の横溢となって描き出される。破壊された街の情景や黒焦げの死体、川に浮かぶ、あるいは川岸に並べられた累々たる遺体、崩れた家屋の下敷きとなり助けを呼ぶ声、全身火傷を負った弟を兄が見分けられないほどに変わり果てた姿など、ほとんど正視に耐えられない場面も多いのだ。

ヒバクシャのメロドラマ的な健気さや美しさと、グロテスクなまでに醜悪で無残なヒバクシャの惨状や被爆死体の無残さの強調は、原爆のドラマ化ということでは、ほとんど表裏一体だ。そこから、直接的に身体的、肉体的変異を伴うモンスターを生み出すのと、精神的モンスターを輩出させるのは必然的なことなのだ。

9

映画『黒い雨』が、小説『黒い雨』が体現していた日常のなかの原爆症の恐怖や、生のなかに含まれている死の予感や、生の充実感といったものを切り棄てたところで成立している映画が、なぜ一九八九年の時点で作られなければならなかったのだろうか、ということを問わなければならない。二次被爆者が次々と死んでゆく映画『黒い雨』には原爆映画としての集大成的な表現があったとしても、「原爆映画」を批判的に検証しようとする批評精神はない。その点で、映画『黒い雨』は、文学としての『黒い雨』を乗り越えることはできなかった。何度、見合いをしても矢須子の結婚話はまとまらない。ピカドンに遭った人間は、原爆病という業病を背負っているのであり、結婚や妊娠、出産を諦めなければならない。これが、広島のヒバクシャたちを囲む現実的な環境だったのである。

地の底の差別

そうした傾向をよりグロテスクなまでに表現した映画がある。井上光晴の小説を原作に、熊井啓監督が映画化した『地の群れ』（一九七〇年）である。舞台は軍港のある町・佐世保。そこに海塔新田と呼ばれる長崎でのヒバクシャたちが集まって住む集落があった。昔、被植民者だった朝鮮人の少女を妊娠させながら（少女は自殺する）、そこから逃げた男、宇南がいる。彼は医者となり、佐世保で診療所を開いている。そこに原爆病と見られる少女の患者がいた。しかし、その娘の母親の光子は、頑《かたく》ななまでにそれを否定する。被差別の集落となった海塔新田の住民たちと同じには見られたくないためだ。

ある日、被差別部落に住む徳子が、強姦の証明書を書いて欲しいと、宇南のところにやってくる。海塔新田の若者に襲われて、強姦されたのだ。それをきっかけに、差別されたヒバクシャの集落である海塔新田と、被差別部落の住民たちとの抗争が始まる。

差別される者同士が、お互いに憎悪と差別の応酬を繰り広げる。救いようのない、日本の暗部であり、原罪ともいえる差別の構造を、この映画は観客たちに可視化させる。

作中に、強姦された徳子の母親（北林谷栄）が、海塔新田に抗議に行く場面がある。加害者の家にさえ入れてもらえない母親は、海塔新田に住む人たちに対して「血が汚れている、クサレである」と罵りの言葉を吐く。被差別部落の自分たちの血は汚れていないのに、ヒバクシャたちは代々汚れた血の者として生まれてくる、と罵る。その途端に、彼女は、闇のなかから飛んでくる石飛礫《つぶて》で殺される。投石は、その集落に住むヒバクシャたちの怒りと怨念の籠ったものであったのだ。

『黒い雨』では、控えめに表現されていたヒバクシャへの差別が、『地の群れ』ではむしろ第一の主題とされているのだ。時折、挟まれる、炎で焼かれるネズミたちの場面は、原爆のもたらした炎に逃げ惑いながら、やがて燃え上がって死んでゆく被爆者たちの姿をイメージを彷彿とさせる。原爆は、こうした社会的差別をも、日本社会にもたらしたのだ。

新藤兼人監督の『母』（一九六三年）は、直接的に原爆被爆やヒバクシャたちをテーマに据えた作品ではないが、戦後の広島を舞台に、幼い息子の脳腫瘍手術の費用を捻出するために、朝鮮人の零細な印刷工場主（殿山泰司）のもとに、三度目の結婚として嫁いでいく女性、民子（乙羽信子）の悲惨な生活の物語だ。広島の、豚舎がすぐ近くにある、「原爆長屋」と呼ばれるバラック小屋のような家に住み、夫婦二人で紙袋の印刷を仕事とする下積みの生活。大学を中退した弟は、やくざに殺され、息子も腫瘍が再発して死んでしまう。しかし、夫の子供を身ごもった民子は、その子を産もうと決心する。

原爆ドームや現実の原爆長屋でのロケが行われ（新藤監督の実姉が、そこで「産婆」をしていたことから、ロケが可能になったという）、被爆都市ヒロシマが舞台であることが強調されるこの映画を、「原爆映画」として分類することは不当なことではないだろう。被爆後の広島に生きる人々の姿を、鋭くとらえた作品である。

なお、新藤兼人監督が、『原爆の子』、『第五福竜丸』のようなドキュメンタリー・タッチの劇映画、さらに『8・6』（一九七七年）や『さくら隊散る』のようなドキュメンタリー映画を撮るなど、「原爆映画」の巨匠であることはいうまでもないが、広島原爆爆発の瞬間を再現しようとする映画『ヒロシマ』のシナリオ（二〇〇五年に発表）を書き、映画製作の実現を目指していたが結局は叶わなかった。資金の問題がネックとなっていたのだが、原爆の悲惨さ、その惨状をリアルに再現しようとする製作意図そのものが、被害者、ヒバクシャの視点からの一辺倒に収斂していること明らかで、「原爆映画＝ヒバクシャ・シネマ」としても、当時としても、すでに時代遅れとなっていた感は否めないのである。

明日と未来

『明日』も、やはり、井上光晴の同題の小説を原作とした映画作品である。作品世界の日時の設定は、一九四五年八月八日の朝から夜までの二十四時間。その〝明日〟が、長崎市民にとって運命の日であったことはいうまでもない。空襲警報の鳴るのを怖れながら、看護婦のヤエと工員の庄治との結婚式が行われようとしている。戦争がたけなわとなり、成人男子たちが次々と赤紙によって徴兵されるなかで、体の弱い庄治は、徴兵を免れ、長崎医大病院で看護婦をしているヤエと結ばれようとしている。

ヤエの姉のツル子は、大きなお腹を抱え、結婚式に出ているが、陣痛が始まり、難産の末に男の子を無事産む。ヤエの職場仲間の亜矢は、妊娠三か月となっているが、男は呉に行ったまま連絡を絶っている。ヤエの妹の昭子は、長崎大生の英雄と密かに逢っているが、英雄には赤紙が来ていた。一同は、そろって結婚式の記念写真を撮る。八月八日の夜は暮れ、九日の朝が明ける。

「原爆映画」は大抵、原爆のキノコ雲や、広島ならば、廃墟となった原爆ドーム、長崎ならば崩壊した浦上天主堂のシーンによって始まるが、『明日』は、長崎に落とされた原子爆弾の閃光と轟音、キノコ雲の立ち上るシーンによって終わる。産まれたばかりの赤ん坊も、初夜の明けた若い夫婦も、赤紙によって引き裂かれる恋人同士も、何もかもが、〝明日〟のない形で、残酷に終結させられたのである。〝昨日〟までしかなく、〝明日〟は、彼らにはなかった。原爆によって断ち切られた未来を、私たちは何度でも思い返してみるべきなのだ。

『爆心　長崎の空』は、青来有一の小説を原作に、突然の死によって母を失った娘と、子どもを失った母親とが、被爆地・長崎で出会うことがメインの物語となっている。原爆被災の悲惨さより、かけがえのない人間を失ったこと、そしてそれが予期もせず、悔いの残る別れとなっしまったことの心の傷跡をテーマとしているといってよい。突然の被爆によって永遠に失われてしまった人間関係。生き残った者と逝った者との切断線が、あまりにも鮮明に引き直される。ただ、生き残った者の〝未来〟は、それを望まないとしても、宙吊りのまま残っている。その分だけ、映画には明るさが残っているような気がする。爆心という中心に対する、その周縁の、周辺の傷ついた人たちのドラマが、〝今日〟も、〝未来〟へとわたって続いてゆくのである。

和解と復興

黒澤明監督が、長崎での原爆被爆をそのテーマのなかに織り込んだ『八月の狂詩曲《ラプソディー》』（一九九一年）の完成記者会見をした時、外国人記者から、日本人の一方的な〝被害者意識〟についての反撥的な質問が出たということがあった。映画が、村田喜代子の原作の小説『鍋の中』（芥川賞受賞作）にはない、日系アメリカ人の従兄弟クラークを訪日させ、日本人の従兄弟たちといっしょに、長崎の被爆地を巡礼し、そこで原爆の悲惨さを体験するという主要なテーマの変容を追加している。記者たちの質問は、基本的に、この映画が、無垢な、純真な被害者（ヒバクシャ）という、日本の「原爆映画」の立場から一歩も出ないものになっていたことに対する不満といえよう。

初期の『生きものの記録』（一九五五年）や、後期の『夢』の第六話の「赤富士」や第七話の「鬼哭」（一九九〇年）を見ても明らかなように、黒澤明の映画には、「原爆」や「原発」、「核」や「原子力」に対する恐れという原型的なテーマが孕まれているということができるが、その巨匠が長崎の「被爆地」を撮るのに、従来の日本のヒバクシャ・シネマと、基本的には異ならないヒバクシャ意識にとらわれた（いや、それは少年少女の無垢な眼において眺められているということにおいて、もっと後退的なものといえるかもしれない）作品として作り上げたことは、外国人記者ならずとも不満に思えるものだったのである。

ここでも日米の〝和解〟が演出されていると思われる。長崎近郊の農村にいる祖母の家に集まった従兄弟（従姉妹）たちは、両親のいない一夏をいっしょに過ごす。そこで、彼らは自分たちのルーツとしての祖父母が長崎で原爆にあったことを知る。アメリカへ移民として渡った、祖母の弟の息子クラーク（リチャード・ギア）が、日本に来て、日本の親族たちと会うのだが、彼は初めて自分の祖国（母国）である米国が、重大な原爆の悲劇をもたらしたことを確認する。日本人の従兄弟（従姉妹）たちと、大叔母との触れ合いのなかで、米国の罪過を知って、罪悪感を持つという展開となる。

つまり、無垢な者同士の〝和解〟というファンタジックな理念が、この映画作品には流れており、それは日米両国の観客（記者）たちを容易には納得させなかったようである。日本側としては、日系移民の末裔が、日本に来て、原爆被災について謝罪したとしても、それはアメリカにとっての原爆投下における〝罪〟を本当の意味で謝罪したことにはならないし、アメリカ側としては、日本側の戦争責任や、アジアへの加害責任を棚上げしたところで、米国の謝罪が演出されていると考えたのだろう。日本の「原爆映画」の、被害者の立場を強調する、紋切り型以外のものを、この作品から受け取ることができなかったのだ。

ヒロシマ、ナガサキを舞台とした映画のもう一つのテーマは、〝復興〟である。『長崎の鐘』にも、すでに被爆地、被災地の復興というテーマは現れていたが、被災の翌年には、復興の槌音は、高らか（？）に廃墟に響き、その後もたゆみなく継続されていた（太宰治の短編「トカトントン」に書かれているような）。それは、占領軍と日本政府とが、敗戦責任と原爆投下責任をカモフラージュしようとして、合作して、被爆地としての広島と長崎を復興させることを急いだ結果である（広島は「国際平和都市」、長崎は「国際文化都市」を目指して、政府の復興予算を獲得した）。

広島の戦後のヤクザ社会を描いたヤクザ映画シリーズの『仁義なき戦い』（一九七三年、深作欣二監督）では、復員兵である広能昌三を中心とする広島（や呉）のヤクザたちが、原爆ドームを背景とした、被爆後の広島の闇市、ブラックマーケットから立ち上がってきたことが、その抗争史の前史として語られていた。特攻兵崩れや、アジア・太平洋の前線からの復員兵、戦災難民、孤児などの若者、青少年を中心に、生存競争のための暴力が繰り返し繰り広げられた。これもまた、広い意味での「原爆映画」に数えあげてもよいかもしれない。『広島仁義　人質奪回作戦』（一九七六年、牧口雄二監督）では、ストーリーとはまったく無関係に原爆ドームが頻出する。

長崎を舞台としては、『地獄の掟に明日はない』（一九六六年、降旗康男監督）と、『日本やくざ系図長崎の顔』（一九六九年、野村孝監督）がある。前者では、高倉健の演じる滝田一郎は原爆で両親を失い、自身も被爆して、ヤクザの親分となる山崎（河津清三郎）に育てられ、組の代貸しとなっている。競艇場の利権をめぐる暴力団同士の争いに巻き込まれた彼は、敵対組織の組長・権藤を刺殺する。港で彼を待つ由紀（十朱幸代）の眼の前で、彼はチンピラに刺され、いっしょに花の咲く離島（沖永良部島）へ行こうという約束を果たすことができない。しかし、そうでなくても、彼の体は〝原爆病〟で〝明日は〟なかったのだ。後者の、渡哲也（『愛と死の記録』では、薄幸のヒバク青年を演じた！）が演じる長崎のヤクザの二代目は、ヒバクシャであり、新興勢力の暴力団との抗争の結果、長崎ヤクザの世界を牛耳るようになるのだが、原爆症のために獄中で死去する。両作に共通する長崎のヒバクシャのヤクザという設定は、当時でも、現在でも珍しいといえよう。

これらの日本の原爆映画に特徴的なのは、原爆投下国アメリカに対する糾弾や断罪、怨恨や復讐心がまったくといっていいほど見当たらないことだ。米国（連合国）の日本占領において、文化的政策として、映画や演劇において、忠臣蔵などの〝復讐劇〟の上映、上演が禁じられたのは、戦勝国側の人間に対しての、敗戦国（被占領国）の人間による〝報復感情〟や〝復讐心〟を過度に警戒したものであったと思われる。ＧＨＱ（General Headquarter 連合国軍最高司令部）は、原爆被災の悲惨さや、その現実を報道、公開することを禁じ、その実態が明らかとされることで、米国内での原爆投下に対する宗教的、政治的批判や、日本国内での占領政策実現に対する妨害や障害を懸念しなければならない立場にあったのだ。

だが、そうしたGHQの懸念は杞憂だったといってよかった。占領する側の文化政策のコードがなくなった（一九五一年のサンフランシスコ条約による占領体制の終結後）後も、原爆映画の主流は、無垢な被害者の受難を詠嘆したり、ヒバクシャとカバクシャ（加曝者——筆者の造語）の〝和解〟や〝許し〟を簡単に受け入れるものであって、復讐心の刃を研ぎ澄ますような剣呑《けんのん》な方向へとは向かわなかったからだ（『仁義なき戦い』のようなやくざ映画は、その復仇心を同胞に対する〝内戦〟的方向へと向けたのである）。

このほか、『はだしのゲン』（一九八三年、真崎守監督）をはじめとする原爆アニメーション映画も、多数製作されている。同じ中沢啓治のマンガを原作とした『クロがいた夏』（白土武監督）は、アニメということでもっぱら子供向けという印象もあるが、同じ中沢原作でも『黒い雨に打たれて』（白土武監督）のように、むしろ大人向けと感じられるものもある。原爆孤児が裏社会の住人となり、やくざや娼婦に身を落とす。いわゆるヒバクシャと結びつけられて考えられることのない現実社会の裏面を描き出している。

『ピカドン』（木下蓮三・木下小夜子製作、一九七八年）は、短篇アニメながら、きわめて強いインパクトを持つ作品である。日本家屋のなかで、通勤、通学の家族や、紙ヒコーキを持って遊ぶ坊や。工場で労働動員で働く学生。赤ん坊に乳をやるお母さん。電車に乗ろうとする人々。さまざまな人々が、いつもの朝の情景のなかにいた。そこに黒い、大きな翼を影を落として、B29三機が上空にやってくる。そして、たった一個の爆弾を中空に落とす。その瞬間、ピカッと光って、ドーンという音が画面を支配し、坊やの体は微塵となってそのまま吹き飛ばされてしまう。衝撃的で、とても強いシーンである。アニメだからこそできる表現が、そこでは限界にいたるまで突き詰められている。

『ヒロシマに一番電車が走った』（一九九三年、NHK）は、広島での被爆体験者から募集した手記から構成したテレビ・アニメ作品。被爆三日後に、十代の少女たちが運行していた市内電車が動き出したことを、感動的に描き出している。

『夏服の少女たち　ヒロシマ・昭和20年8月6日』（一九八八年、NHK）は、実写とアニメで、広島県立第一高等女学校の生徒たちの被爆体験を描いている。新しい生地などない、繊維製品不足の敗戦間際の広島にあって、生徒たちは自分の夏服を、それぞれ家族のお古などを利用して縫い上げるのだった。出来上がった夏服に着替えてまもなく、生徒たちは八月六日を迎える。空襲のための家屋疎開として、建物の取り壊し作業に取り組んでいたのだ。何の覆いのない路上の彼女たちの真上で、原子爆弾は破裂した。ボロボロになった夏服を娘の思い出に大切に取っている両親（この部分は実写）。それを原爆記念館に寄贈し、彼女たちの悲劇を二度と繰り返さないことを、生き残った人々は誓う。

『ふたりのイーダ』は、倍賞千恵子、森繁久彌、高峰秀子らが出演している実写版だが、主人公（？）の椅子が歩くシーンなど、人形アニメの手法が多く使われている。松谷みよ子の児童文学を原作に、ヒロシマへ行って帰ってこない、幼い女の子のイーダを、廃墟となった屋敷のなかで、古い椅子がいつまでも待っている話。原爆ファンタジーといえる秀作だ。

原爆映画以外のキノコ雲

原爆ものの映画以外で、スクリーン上にキノコ雲が立ち上った日本映画がいくらかある。たぶん、その最初のものとなるのが、『グラマ島の誘惑』（一九五九年、川島雄三監督）だろう。

太平洋の孤島グラマ島に、皇族の日本軍の軍人兄弟と、従軍慰安婦などの日本人女性が漂着する。女の人数のほうが圧倒的な島で、食料、男女関係などの問題が起きる。ある日、海の向こうに大きなキノコ雲がわき上がるのを見る。皇族の兄の日本軍人は、沖縄娘と二人で丸木舟で島を抜け出す。その後、残された人々は米軍に救出され、日本へ帰った彼らは、トルコ風呂の経営や、ヨシワラ・スープの名前ですき焼きのダシを輸出用に売り出すなどで成功を収める。従軍詩人と画家の二人の女性は、〝グラマ島の真実〟と題されたベストセラーの暴露本をめぐっていがみあっている。そこへ、グラマ島で水爆実験が行われることが報道される。そこには、現住民に身をやつした日本軍の脱走兵と、戦争未亡人とがまだ帰還せずに暮らしているのだった。

飯沢匡《ただす》の戯曲『ヤシと女』を川島雄三が映画化したものだ。アナタハン島の事件の実話を元にしたものだが、男女の比率を逆にし、戦後の皇族騒ぎなどを取り入れ、パロディー化した。戯曲では朝鮮人慰安婦だった女性が、沖縄女性となったのは、実話であるアナタハンの「女王」といわれたのが、沖縄出身者だったからだろう。

さまざまなものを詰め込みすぎて監督自身が「失敗作」といっているのだが、キノコ雲も〝詰め込みすぎ〟のその一つかもしれない。しかし、広島や長崎以外にも、核兵器の問題の存在を示した点で、先見的な意味を持っていたと現在では評してもよいと思われる。

『カルメン純情す』（一九五二年、木下恵介監督）と『億万長者』（一九五四年、市川崑監督）には、主要な登場人物とはいえないが、「原爆」に関わる人物が登場する。『カルメン純情す』では「原爆ばあさん」と呼ばれる、東山千栄子が演じる、奇抜な衣装を着せられている家政婦が登場し、世の中のすべての悪いことは原爆が落ちてからだといい、二言目には原爆の悪を訴えるという人物設定である（『カルメン純情す』という作品自体が、戦後の日本の再軍備化反対の主張を唱えているともいえる）。『億万長者』は、税務署の徴税係員が主人公で、税金の取立てのために様々な人間、家庭に行くのだが、なかなか税金を払ってもらえないというコメディーだ。その取立て先の家の二階に間借りして、一人で原爆を製造するのだと、せっせと実験を繰り返す狂気じみた女性の鏡すて（久我美子）がいる。広島で親を失った彼女は、平和を実現するために原爆製造を思い立ち、間借りの部屋を実験室にして、原爆を製造しようとしているのである。

いずれも、映画製作・公開の当時の世相や社会的状況を諷刺したものだが、「原爆」が一種の社会諷刺のネタとなっていたことをうかがわせるものだ。広島、長崎の原爆被災の状況がまだ本当には日本国民には明らかにされず、文化的な表層のアイテムとして流行していたことを、これらの映画は物語っている。杉浦幸雄に『アトミックのおぼん』という女スリを主人公としたお色気成人漫画があったが、それを原作として水谷良重（現・水谷八重子）主演の映画『アトミックのおぼん』シリーズ二作が作られたのは、一九六〇年代の始めだった（第一作『漫画横丁　アトミックのおぼん　スリますわヨの巻』〈一九六一年、佐伯幸三監督、未見〉、第二作『女親分対決の巻』〈一九六一年、佐伯幸三監督、未見〉）。これはもちろん、カナダ製作のカートゥーン映画『アトミック・ベティ』（二〇〇四年〜）と同じく、「アトミック」という言葉を主人公の能力やエネルギーの強大なことを形容する形容句として使っているだけで、原子力や核や放射能といったものと直接的な関係があるものではない。ムロタニツネ造の少年漫画『ピカドンくん』や、大木金太郎のプロレス技〝原爆頭突き〟のように、「アトミック」や「ピカドン」や「原爆」という言葉は、大衆文化の世界のなかでは、流行語的なアイテムだったといえるのである。これらの用法は、原水爆実験反対運動や、核兵器反対運動が強まるなかで、不謹慎なものとして、文化的表層面からは消えてゆくこととなった。ただし、生真面目な「原爆映画」に対して、揶揄的、カリカチュア的な作品はまったく跡をたったというわけではなく、なかにはやや不謹慎とか、フザケ過ぎという批判を受けなければならなかったものもないわけではない。

時代はずっと降るが、『昭和歌謡大全集』（二〇〇三年、篠原哲雄監督）は、村上龍の原作小説を映画化したものだ。六人の若者（松田龍平など）と六人のおばさん（樋口可南子、岸本加世子など）が、互いに殺し合うバトルを開始する。おばさんは、六人が三人となり、若者六人は、たった一人となって、ヘリコプターをチャーターして、東京の上空から、生き残ったおばさんたちの住む町に原子爆弾を投下するのである。思い思いの生活をしているおばさんも含めた人々が空を見上げた瞬間、キノコ雲が東京の空に立ち上る。もちろん、それを目撃できたのは東京都民たちではない。

『恋する彼女、西へ』（酒井信行監督、二〇〇八年）は、六十年前、すなわち原爆が投下される三日前の一九四五年八月三日からタイム・スリップして現代にやってきた海軍少尉の谷田貝亨と、建築設計会社のキャリア・ウーマンである杉本響子が、広島で出会うという物語である。広島に出張してきた響子は、最初は半信半疑で亨の話を聞き、彼を現代の復興した広島を案内するが、亨はその変わりように驚くばかりだった。だが、旧型と新型の市街電車がすれ違う瞬間にタイムスリップが起こることを知った彼は、元の世界へ戻ろうとする。その別れの前、響子と亨は、それぞれがかけがえのない人として認識しながら、いつかはきっと逢えるという亨の言葉を信じて、彼を六十年前の広島に送り返す。それは八月六日の朝。原爆投下を知っている亨が、人々の避難を訴えるが、憲兵によって地下室に閉じ込められる。かくて、原爆は歴史にある通りに、広島に落とされたのである。

広島の原爆が、タイムスリップものの映画作品に使われるということは意外でもあり、新鮮でもあるのだが、原爆ドームをはじめとして、広島の原爆被爆の遺跡が、観光映画の背景のように映し出されるのには違和感を感じる。原爆投下前の古い広島の街並みが再現され、古い型のチンチン電車が走る市内は、懐かしさを感じさせるものだが、この映画から、メロドラマ調の「原爆映画」さえ持っていた、原爆へ対する痛恨さや悲痛さは伝わってこない。もちろん、この映画のテーマやモチーフはそんなところにはないといわれることを承知でいうのだが、次に取り上げる『二十四時間の情事』と比べても、なぜ、舞台が広島でなければならなかったかという問いかけの答えは、この作品からまったく聞こえてはこないのである。

10

外国映画のヒバクシャ

被爆地・広島と長崎については、日本の映画人（映画界）だけが関心を示しているわけではない。むしろ、世界的にもっとも知られている〝ヒロシマ〟の映画は、マルグリット・デュラスの原作・脚本を基に、アラン・レネ監督が撮った『**二十四時間の情事**（HIROSHIMA MON AMOUR ヒロシマわが愛）』［**10**］（一九五九年）だろう。フランス人の女優（エマニュエル・リヴァ）が、広島を舞台とした映画を撮るために、広島を訪れる。そこで知り合った、建築家の日本人男性（岡田英次）と、彼女は一夜、〝二十四時間〟をともに過ごす。

「私はヒロシマを見た」と繰り返すフランス人女優。「君は何も見ていない」と、そのたびに答える日本人の男。寝物語として交わされるそんなやりとりに、戦争と原爆の記憶と現実が、映像のなかで溶け合ってゆく。そこで対比的に描かれているのは、広島とフランスの小都市ヌベールだ。フランス人女優は、その町で被占領下のフランス人の少女として、ドイツ人兵士と恋愛する。やがてナチス・ドイツは連合国軍に敗れ、フランスは解放される。ドイツ人兵士の恋人、愛人となった女たちは、売国奴、裏切り者として憎まれ、髪を切られ、嘲《あざけ》られる。そんな体験をした女優は、広島に反戦映画を撮りに来て、日本人の建築家と出会い、〝二十四時間〟の情事に耽りながら、「私はヒロシマのすべてを見た」と言い、「いや、君は何も見ていない」と返されるのである。

ドイツ兵を愛したことから、故郷の町から追放されるフランス女性。戦争へ行っていたおかげで原爆に会わなかったが、家族を亡くしたらしい日本人男性。両方とも戦争の犠牲者ということは簡単だが、その位相は異なっている。「ドイツ」を愛し、「ヒロシマ」を愛したフランス人の、複雑で微妙な恋愛（立場）が、女優、作家（マルグリット・デュラス）、映画監督（アラン・レネ）の演技や創作を通じて浮かび上がってくる。

被爆都市ヒロシマの風景を背景に、夜泣きソバのチャルメラや、民謡や演歌の効果音が、奇妙な多声性をこの映画に与え、複雑な情感を醸し出している。

ヒロシマを描いた古典的な外国映画であるこの映画は、日本の映画作家にも大きな影響を与えており、ナガサキで被爆し、母と弟を原爆で死なせた日本人女性が、アメリカ人の貿易商と結婚して、日本を棄てヨーロッパに長らく居住しているという設定の作品が、吉田喜重監督で、岡田茉莉子が主演した『さらば夏の光』だ。日本人の都市社会学者の川村（横内正）とのリスボンでの出会いとすれ違い。二人はマドリード、コペンハーゲン、パリ、ローマとヨーロッパの都市を巡り歩き、そこで出会いとすれ違いを続ける。男性の求めていたカテドラル（聖堂）は、ナガサキが被爆した時に破壊された聖堂と同じ構造のものだった。

映像詩のように美しいヨーロッパの都市の映像と、森英恵《はなえ》のデザインした衣装に身を包んだナオコと川村の二人の遠景。〝ナガサキのすべてを棄てた〟ヒバクシャの日本人女性とすれ違う男との関係は、『二十四時間の情事』と正反対のようだが、〝ナガサキの何も見ていない〟という意味では、原爆映画として、同じことなのかもしれない。

吉田喜重監督のもう一つの「原爆映画」の『鏡の女たち』（二〇〇三年）は、母、娘、孫娘の三代にわたる広島での原爆被爆と自己のアイデンティティーをめぐる物語だ。アメリカ人捕虜を連行している途中で被爆した日本人兵士がいた。その兵士と結ばれて娘を産んだ女は、遺伝性の原爆病を恐れ、娘にそのことを秘匿した。娘は自分の出自の空白に悩み、やはり娘を産んで病院から失踪する。

ヒバクシャ（の子孫）であるために自己のアイデンティティーを見失う人たちがいる。しかし、この作品については、広島での被爆は母と娘の間の精神的な葛藤のきっかけにとどまっており、本質的な意味より、意匠的なものになっていると感じられる。

諏訪敦彦監督の『H story』（二〇〇一年）は、『二十四時間の情事』を、約四十年後にリメイクするという実験的な作品だ。フランス人の女優ベアトリス・ダルは、自分が『二十四時間の情事』でエマニュエル・リヴァが演じた役をその時の脚本のままで演じることに疑問を感じる。時代も、状況も、女優としての個性も経歴も違っているのに、昔のままの脚本通りに演出しようとする日本人監督の考えに違和感を感じる。撮影が中断されている途中、彼女はロック歌手で作家の町田康と出会い、現代のHIROSHIMAをさまようことになる。四十年前の岡田英二と出会ったリヴァのように。

ヨーロッパとヒロシマ・ナガサキはあまりにも遠い。ただ、廃墟の美として、ヒロシマの原爆ドーム、ナガサキの浦上の天主堂と、ローマやイベリア半島の古代遺跡などがシンクロするような瞬間を感じる。それらが、戦争や虐殺の現場の遺産だからだろうか。

さまざまなヒバクシャたち

広島のヒバクシャたちを描いた映画でちょっと異色なのは、ピーター・ワーナー監督が撮ったテレビ・ドラマ『**ヒロシマ**（HIROSHIMA Out of the Ashes）』〔11〕（一九九〇年）だろう。主な登場人物は、ドイツ人の牧師、アメリカ兵の捕虜二人、見習いの日本人医師、そしてアメリカ生まれの日本人女性とその家族など、一般的な被害者としての広島市民とはちょっといいがたい登場人物たちなのだ。もちろん、彼ら、彼女たちも、一九四五年八月六日に広島市内にいたのだから、原爆のヒバクシャであることには違いがない。米兵の捕虜、ドイツ人、イタリア人の枢軸国側の外国人、さらに朝鮮人、台湾人などの、日本帝国主義によって被植民地とされた地域出身の人々が、その時の広島とその近郊に存在していたのであり、原爆の威力はそうした国籍や敵・味方の区別なく、広島に滞在しているすべての人たちに、等しく襲いかかったのである。

原爆記念日にちなんで製作されたテレビ・ドラマで、日本でのロケはなかったので、石造りのビルが立ち並ぶ広島の市街に、米軍の宣伝ビラが大量に巻き散らかされるなど、違和感を感じさせる場面も多いが、被災直後の広島の惨状をこれほどリアル

11

に再現することは、日本ではむしろ難しかったと思われる。アメリカ側から撮った実写フィルムを多く使い、死骸、負傷者の悲惨なケロイドや火傷など、日本ではタブーとされがちな映像が、テレビ・ドラマとして映し出されたのである。

また、広島、長崎の日本のヒバクシャたちにインタビューし、それと原爆製造、投下に関わったアメリカ人にも取材して、ドキュメンタリーとして完成させた、日系アメリカ人の映像作家スティーヴン・オカザキの『**ヒロシマ　ナガサキ**（White Light / Black Rain）』〔**12**〕（二〇〇七年）は、日本側からのみ描かれてきたヒバクシャを、ある意味では相対化して浮かび上がらせている。

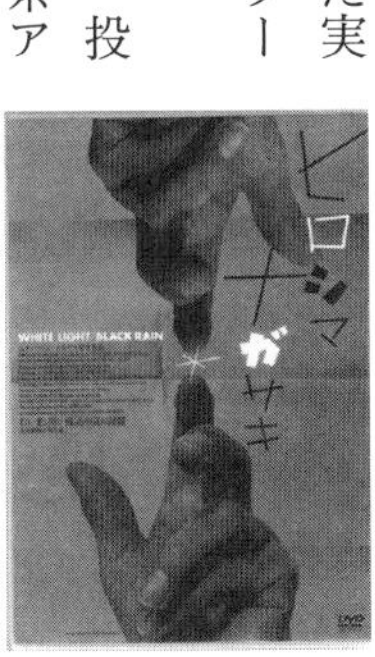

12

日本の映画は、本当にヒバクシャたちの声に真剣に耳を傾けてきただろうか。これまでの原爆映画に見られたように、「ヒバクシャ」という定型的な人間像を仮構し、紋切り型の証言や表現によって広島・長崎の悲劇を語らせてきたのではないだろうか。そんな反省が二十一世紀に入ってから、ようやく語られ始めたのではないだろうか。それは、クロード・ランズマン監督が『ショア』（一九八五年）を作って、ホロコーストというユダヤ人絶滅政策に関わった人々の証言を、一部の演出もまじえながら、撮り続けたという創作法に倣ったものかもしれない。

ランズマン監督が『シンドラーのリスト』（一九九三年、スティーヴン・スピルバーグ監督）のような通俗的な物語ともいえる映画にきわめて批判的なことはよく知られており、『ショア』は、結果的にそうした物語化され、物語化されたホロコーストについての語り口に、映画作家として異を唱えたものともいえるかもしれない。

オカザキ監督は、この作品の前身となるような短編ドキュメンタリー映画『マッシュルーム・クラブ（The Mushroom Club）』（二〇〇五年）を広島で撮っており、胎内被爆して生まれた小頭症の原爆二世の会・きのこ会の人々など、これまで映像化されたり、証言されてこなかったヒバクシャたちの現実を可視化させた。

『さくら隊散る』は、敗戦直前に広島を根拠地として移動演劇を実行していた劇団「さくら隊」の隊員のヒバク体験を、証言者と復元映像とで描き出している。即死は免れたものの、爆心地に近い地点で原爆被害にあった丸山定夫、園井恵子、高塚昌三、仲ひとみの四人の死に至るまでの日々を記録している。一ヶ月と持たず、彼らは次々と「原爆病」で死んでいった。厳島、神戸、東京へと逃げることのできた彼らだったが、放射線障害は、どこまでも彼らにつきまとったのである。十二万人とか、二十万人とか、大きな数で数えられるヒバクの死者たちだが、もちろん、それは家族や友人や知り合いにとって、かけがえのない個人の死である。広島市民でもなく、その住民でもなかった移動劇団の劇団員のヒバク死。軍需都市、軍港都市・広島とも無関係だった非市民、非住民たちも、広島という土地で犠牲死を遂げたのである。

原爆とアメリカ

興味深いのは、原爆を広島、長崎に落とした国、アメリカ合衆国においても、こうした被害意識、ヒバクシャの立場と思われる視点から原爆や核戦争や放射能被害について描いた映画作品が少ないことだ。『原爆下のアメリカ（Invasion, U・S・A）』（一九五二年、アルフレッド・E・グリーン監督）という映画がある。ニューヨークの酒場で、男女六人が客として酒を飲んでいる。そこでテレビが、突然、敵国兵士がアラスカへ侵入し、ワシントン州を空爆しているというニュースが入る。大慌てとなった客は、それぞれ職場や故郷に戻るのだが、サンフランシスコをはじめ、アメリカの西海岸は敵に占領される。原爆を搭載した爆撃機がニューヨークの上空に飛来してくる。カリフォルニアの牧場に車で帰るもの、ニューヨークでそのまま原爆攻撃を受け、破壊された都市に取り残されるものなど、彼らはさまざまな運命に直面する。

もちろん、この映画は、冷戦下における、アメリカ合衆国の国民における核戦争への恐怖感、危機感という国民的感情に棹さしている。世界一、大量の核兵器を持ち、核実験を矢継ぎ早に行っていたアメリカが、スクリーン上では、某国（共産圏）としかいいようのない、正体不明の敵国によって核攻撃され、なすすべもなく、滅亡してゆかなければならないのだ。

もちろん、ここには核戦争が最終戦争であり、核戦争には勝利も敗北もなく、ただ地球の破滅を招くだけという終末論的な思念が横たわっている。そしてそこには、アメリカが「核強（大）国」であり、そもそも実戦に核兵器を使い、戦争に勝利した唯一（今のところだが）の国であることの自覚がないように思える。

映画の最後で、この悪夢のような核爆撃が本当に〝悪夢〟であって、魔術師が酒場の客に幻覚として体験させた魔術（マジック）であることが明らかにされるのだが、この核攻撃は一方的なものであり、「共産圏」の敵側からもたらされたものであることは、まったく疑う余地もなかった。そもそも、この映画の製作意図そのものが、核兵器開発競争で、ソ連の水爆開発のニュースによって、アメリカが水爆開発においてソ連の後塵を拝したという深刻な危機感があった。反共のため、核武装と軍事装備の強化のプロパガンダのためにこの映画は作られたといわれており、被害者、ヒバクシャの観点で、作品世界のトーンは一貫されている。

奇妙なことは、すでに指摘したように、『原爆下のアメリカ』において、米国の各都市に襲来してくる〝敵〟は、「敵国」だけ示され、ソ連軍とも赤軍とも〝名指し〟されていないことだ。正体不明の攻撃機の機体に鎌とハンマーのシンボル・マークがあるのだから、それがソ連軍、共産軍であることは明瞭なのだが、ニュース放送や登場人物の会話のなかでも、それは〝正体〟を明らかにせずに、〝敵（エナミー）〟としてだけ存在する。もちろん、それには米ソの「冷戦」時代の始まりという時代背景が、大きな意味を持っていることに間違いはない。冷戦があくまでもホットな〝熱戦〟ではなく、コールドな冷戦であり続けるには、もちろん宣戦布告や不意打ち攻撃があっていいわけはなく、表面上では違いを〝敵対視〟しないことが肝心なのである。政治的、外交的な意味においても、たとえ虚構の映画空間においても、「ソ連」を敵国として明示することは極力避けるべきことだったのである。

アメリカが核攻撃される。そうした悪夢のような体験は、『原爆下のアメリカ』をはじめとして、一九五〇～六〇年代にかけて、アメリカ合衆国でも多く上映された。『**原子力戦争花嫁**（Atomic War Bride）』[13]（ベルジェコ・ブジェック監督）は、一九六〇年製作のユーゴスラビア映画だが、英語版が作られ、アメリカで公開され、ＤＶＤも発売された。ジョンとマリアが教会で結婚するその日に核戦争が始まる。ジョンは街の中で徴兵、動員され、核シェルターのような防空壕のなかで、避難した市民とともにマリアと出会う。布告し、原子力戦争を勃発させようとする大統領に反対し、反戦のデモをするが、逮捕され、銃殺刑にされようとする。戦争が中止され、平和が戻ってきたと触れ回る男のために、刑は中止されるが、それはガセネタだった。空爆を受け、廃墟となった街のなか逃げ回るジョンとマリア。

13

大統領が軍用車でやってくる。核攻撃が近まる。それまでは戦争を鼓吹していた大統領は、核攻撃に恐れおののくだけ。核攻撃から生き延びたジョンとマリアとの二人だったが、新婚家庭を築くはずだったアパートの一室で、マリアはジョンの腕のなかで息絶えるのである。

この『原子力戦争花嫁』とカップリングされてＤＶＤ（『2Super Science Thrillers』）となっているのが『これはテストではない（This is not a test）』（フゥデリック・ガッデッド監督）で、一九六一年に作られた。ある山道の道路で一人の警官が交通規制をしている。パトカーの無線連絡に、ミサイル発射が伝えられ、大型トラック、ドライブ中のカップル、夫婦などが足止めを喰う。苛立つ人々は、逃亡犯の逃走とか、中年夫婦の不倫とか、いろいろなエピソードがあり、ミサイル爆破が近まり、みんなはトラックの荷台を核シェルター代わりに閉じこもろうとする。その荷台を明け渡すように銃を突き付ける避難民たち。〝これはテストではない。本当の核攻撃の危機だ〟という言葉が、真に迫ったものと感じられるのが、一九五〇年代から六〇年代にかけてのアメリカ合衆国の精神風景だったといってよい。核戦争の危機意識の横溢が、アメリカ映画に、きわめて特徴的な作品を生み出させることになったのである。

Ⅱ

冷戦・核戦争映画の巻

米ソの対立による「冷戦」（Cold War）の始まりは、アメリカ合衆国ＵＳＡ＝米国）の原子爆弾開発、核兵器の開発に起源を持つ。ソビエト社会主義連邦（ＵＳＳＲ＝ソ連）が、米国に次いで、原爆を開発した（どのようなスパイ合戦があったかどうか、知るすべもないが）。さらに、ソ連は水爆実験に成功し、米国の独占的な核兵器という武器を背景とした、軍事大国としての一人天下は、まさに三日天下に終わったのである。米国は、今度は、その圧倒的な破壊力、殺傷力を持つ核兵器の恐ろしさに、逆の立場で直面しなくてはならなくなったのである。

一九五〇年代から、ソビエト連邦が崩壊し、ロシア共和国となった一九九〇年代までの四十年近く、この「冷戦」は続いた。この時代は、核兵器開発と実験、そして核能力の均衡による、表面上の〝平和〟は続いたように見える。しかし、朝鮮戦争やベトナム戦争、ハンガリー動乱や中東戦争、アフガン戦争などの、米ソ両大国の対立の〝代理戦争〟は、地球上の各地域で〝熱戦〟を引き起こし、「冷戦」の間中、互いの示威のための核実験のキノコ雲は、地球上から絶えることなく、銃砲の砲撃の閃光と轟音も、ほとんど止む暇もなく持続的に鳴り響いていた。

こうした冷戦の期間中、アメリカ合衆国では、核／原子力関連の映画が作られ続けてきた。

ただ、これは、アメリカも、ヒロシマやナガサキのような被曝地になりうるという恐怖感や不安感を煽《あお》るものであって、〝自分たち〟がヒロシマやナガサキへ、原爆を落としたという意識は、まったくといっていいほど、ないのだ。

一九五一年に公開された『地底戦車　サイクロトラム（Unkown World）』（テリー・Ｏ・モース監督）が、ジュール・ヴェルヌの『地底探検』を原作としながら、この地底戦車の開発の動機を「地底の天然の核シェルター」を見つけようという目的だったという説明は、いかにもこの時代――アメリカの一九五〇年代の時代的雰囲気（核恐怖の）を物語るものだったのである。

いずれにしても、こうしたアメリカ映画には、原子爆弾を広島と長崎に投下し、ビキニの水爆実験によって日本のマグロ漁船を被曝させ、多くの被害者の生命を奪い、ヒバクシャたちを生み出した加害者（〝カバクシャ〟）としての認識は、まったくいっていいほど見ることができない。

アメリカ社会に強固として流布しているのは、広島・長崎への原爆投下は、日本の敗戦を早めるためであり、そのために日本の本土への上陸戦によって失われるはずのアメリカ軍の兵士の生命と、日本軍と日本人の戦死者を未然に防いだという原爆神話であり、百万人以上の犠牲者を、二発の原子爆弾によって救ったという身勝手な論理にほかならない。百万人（死傷者）と、広島・長崎の死者に約二十万人と較べると明らかに、原子爆弾二発のほうが〝経済的〟だ（しかし、二百万人は、予想の数字であり、二十万人は現実の数字である。しかも、これは原爆投下直後の死者であり、被曝五年後の死者三十万人近くの数字は入っていない。きめて〝遠慮深い〟数字である）。

こうしたアメリカの原爆神話があまり信じられていないことは、アメリカの原爆投下を擁護する保守層、退役軍人たちが、ことあるごとにこの原爆神話を強調しなければならないことに現れている（スミソニアン博物館での原爆展示の拒否事件がそれをよく示している）。本当にそうした原爆神話を信じていれば、彼らは、ヒロシマ・ナガサキと真珠湾とを相殺させることもないし、躍起となって、数字を持ち上げて〝弁明〟する必要もない。『ヒロシマ乙女』のような映画が作られることもないし、アメリカ合衆国に原子爆弾が降り注ぐ、悪夢のような（悪夢そのものだった）『原爆下のアメリカ』のような作品を作ることもなかったはずなのである。

放射能モンスター映画

しかし、こうした原子爆弾の加害者＝被害者としてのアメリカ人という意識は、無意識に抑圧されてきたと思われる。一九五三年に作られた『**放射能X**（Them!）』〔14〕（ゴードン・ダグラス監督）は、アメリカの放射能恐怖映画と分類されるジャンルで、もっとも早い時期の作品だが、それは加害者＝被害者、すなわちヒバクシャとしての自分たちが〝カバクシャ〟でもあるという、屈折した無意識の恐怖感の表出のように思われるのだ。

ニューメキシコの砂漠で、キャンピング・カーでのドライブの途中で、何ものかに襲われた一家がいた。生き残った幼女は、ただ一人、怯えて「Them!（やつら！）」と叫ぶだけだった。それは原爆実験の放射能によって巨大化したアリだった。昆虫学者のメドフォード博士はそれを突き止めるが、女王アリはすでに、働きアリたちといっしょにロサンゼルスに移動してしまっていた。地下水道に巣を作り、そこからアリたちは人間を襲うのである。

なぜ、この作品が『Them!』と名付けられているのか。それは、幸福なアメリカン・ファミリーのドライブ旅行を襲った〝敵〟を明示的に〝名指し〟できないことに関わっていると思われる。『原爆下のアメリカ』で、襲来してくる〝敵軍〟を、ソ連軍（共産軍）とは〝名指し〟しなかった。冷戦下の米ソ関係において、相手側を露骨に敵視し、明示することは政治的、外交的に忌避されるべきことだったのだ。

襲来してくる〝敵〟が何者であるか不明であることの恐怖の昂揚と偏在性。『Them!』という題名には、明らかにサスペンス映画のそうした常套的な手法が使われているということだが、それは当時のアメリカ人観客の無意識下に働きかける恐怖感、不

14

安感であったと思われる。

ニューメキシコ州の砂漠地帯が、米軍による原爆の爆発実験場であったのは、当時の米国人の観客にとってはいうまでもないことであったし、原水爆の生み出す放射能が、生物の遺伝子を破壊、変形させ、畸形化をもたらすという〝科学的知見〟はすでに一般化されていた。原子爆弾、そしてそれに伴う放射能は、モンスターを生み出す。それは一見、無力なもの、人間にとってほとんど対立的ではないものが、異常化し、巨大化するというパターンとして繰り返される。それを支えるのは、映画の特殊効果撮影の技術である。

現在の特殊効果から見れば、子どもだましとしか見えないものだが、当時としては斬新な映像効果、背景音ということができるかもしれない。この『放射線X』を皮切りに、原爆実験や放射能照射による放射能の影響によって巨大化する〝放射能モンスター〟ものの映画は、陸続として作られ、B級のお子様向け恐怖映画、モンスター映画、ホラー映画としての爆発的なヒットとなった。

原子爆弾については、当時の米国人は、二重の基準を持っていたように思える。一つは、それが日本の戦争への飽くなき欲望を叩き潰すだけの絶対的な武器であり、アメリカはそうした武器を持つことによって、世界最高の軍事力を持つに至ったことへの誇り。もう一つは、人類を滅ぼすような最終的な爆弾を持ったことによる、無意識下の畏怖と不安感。それが〝敵〟の手に渡り、自分たちの頭上に落ちてくることを考えた時の恐怖感——これは『原爆下のアメリカ』で描かれている——また、本来なら「神」しか手中にしてはならない地球を破壊できるだけの最終兵器を自分たちが持ってしまったことの宗教的な葛藤と慄《おのの》き。地球上にソドムとゴモラの悲劇を現出させることのできる能力を持つことは、神ならぬ身にはあまりにも荷が重すぎると考えられるのだ——広島・長崎への原爆投下について、米国のキリスト教会の一部において、深甚な反省や反対があったことを忘れることはできない。アリ以外にも、放射能によって巨大化するモンスターの映画は、一九五〇年代から、六〇年代にかけて、続々と製作された。それらは、海に、山に、川に、森に、砂漠に、宇宙に、とあらゆる場所、空間に侵出してきたのである。

一九五五年の『世紀の怪物　タランチュラの襲撃（Tarantula!)』（ジャック・アーノルド監督）のモンスターは、タランチュラ（毒グモ）であり、同年の『水爆と深海の怪物（Came from Beneath the Sea)』（ロバート・ゴードン監督）は、深海に住む大ダコが、原子力潜水艦を襲う話である。この映画の群集のパニック・シーンには迫力があり、ハリウッド版の『ゴジラ GODGILLA』映画には、この映画をリスペクトしたような場面がある。なお、日本の『ゴジラ』第一作の製作の時に、最初モンスターは大ダコという設定だった（実現しなかったが）。

巨大化したクモやタコは、人間社会を攻撃し、人間を襲撃する。モンスター登場によるパニックが、スクリーン上には、迫力とリアリティーをもって入念に描かれる。それは、『原爆下のアメリカ』で描かれた核戦争によるパニックと違ったものではなく、放射能モンスター映画は、戦争（空襲）パニック映画と同質のものといえる。

生物の遺伝子に影響を与えて、巨大化、奇形化をもたらす放射能。これも本来は、「神」にしか許されていない、生物の種の変化や変質、生命や生物のもっとも深い神秘の領域に、人為的に踏み込んでゆくことだ。バベルの塔を作ろうとした人間の思い上がりのように、放射能照射による植物や動物の細胞や遺伝子への工作は、敬虔なキリスト教信者たちには、「神」への冒瀆であると考えられたのは、別段不自然ではない。黙示録的な〝世界の終末〟を、イメージさせるものであっても不思議ではないのだ（遺伝子組換え作物を拒否しているのは日本の消費者だけではない）。
一九五七年の『**世界終末の序曲**（Beginning of the End）』［**15**］（バート・I・ゴードン監督）は、農業試験場で、植物に放射能を照射して、突然変異種を作る過程で偶然に巨大化したイナゴによる人間社会への襲撃がテーマであり、同年の『巨大カニ怪獣の襲撃（Attack of the Crab Monsters）』（ロジャー・コーマン監督）は、題名通り、核兵器実験場の孤島で、巨大なカニが、テレパシー能力を持つモンスターに変化するというものだ。

　科学の発達と、自然に対する人間の人工的な挑戦は、自然からの報復を受けざるをえない。ダーウィンの進化論さえ否定する、キリスト教原理主義者でなくても、生物種の変化を人工的にコントロールしようという人間の〝思い上がり〟は、神罰、天罰を受けても仕方のないものと観念されるべきことなのだ。放射能モンスター映画の流行は、そうしたゴーレムやモンスターを、自らの手で作り上げ、そうした被造物によって復讐される人類という、普遍的なテーマを反復している。もちろん、その多くが、人間側の勝利というハッピー・エンドで終わるのは、アメリカのハリウッド映画の映画的〝お約束〟にしか過ぎないのだが。

　一九五七年の『大怪獣出現　世界最強怪獣メギラ出現！（The Monster Challenged the World）』（アーノルド・レイヴェン監督）の怪獣はイモムシだが、その邦訳題にある「大怪獣」とか「世界最強」とかは、大げさすぎる。せいぜい人間の背丈の数倍ぐらいの大きさで、銃砲などの火器によって、たやすくはないにしろ、退治することができた。巨大モンスター映画としては、小粒な存在である。

　同じく一九五七年の『黒い蠍（The Black Scorpion）』（エドワード・ルドウィグ監督）は、題名通り、黒いサソリである。特殊撮影は、『アルゴ探検隊の大冒険（Jason and Argonauts）』（一九六三年、ドン・

15

チャフィ監督）の特殊撮影監督のレイ・ハリーハウゼンの得意としたコマ撮りの手法で、その動きはぎこちない。日本流の着ぐるみ怪獣の動きのなめらかさとは比較にならない。もちろん、それぞれに一長一短はあるのだが。

これらはすべて人間の手による、自然や静物への放射能汚染が原因となっており、科学やその発展による実験が、思いも拠らない仕方で、人間社会に復讐を企てるという設定である。これは、一九五八年の『昆虫怪獣の襲来（Monster from Green Hell）』（ケネス・G・クレイン監督）、『吸血原子蜘蛛（The Spider）』（バート・I・ゴードン監督）一九五九年の『吸血怪獣ヒルゴンの猛襲（Attack of the Giant Leeghs）』（バーナード・L・コワルスキー監督）も、同様であり、それぞれに昆虫、吸血クモ（血を吸われた人間の顔の方が不気味で、怖い）、ヒルなどがモンスター化したのである（ヒルについては、どんな姿なのか、泥水のような水中で、よく分からない）。

『蜘蛛男の恐怖（Horrors of Spider Island）』（フリッツ・ベットガー監督、一九六〇年）は、ニューヨークからシンガポールへ行くダンサーたちが、飛行機が墜落して南の島に漂着するところから物語は始まる。男一人と女が十人ほどだ。島の小屋ではクモの巣にかかって博士が死んでいた。博士は、その島でウラン鉱石を発見したらしい。放射能の影響で巨大化した（これは推測でしかない）クモに殺されたのだろうか。ダンサーたちのリーダー役の男一人のゲーリーは、クモに噛まれ、蜘蛛男に変身して女たちを襲うことになる。二人の男が博士の研究を補佐しようと島へやって来て、女たちとの間で微妙な葛藤が生まれる。明日、船が来るという前の晩、パーティーをする男二人と女たちを、蜘蛛男が襲うが、みんなで底なし沼に追い詰め、死なせる。船で島を去って行く男女の姿で、ハッピーエンドとなる。

ニューヨークのオーディション風景や、島のお別れパーティーなど、水着姿、下着姿の若い女性たちが満載のホラー映画というより、セクシー映画の感がある。放射能巨大モンスターものも、一九六〇年代に入ると、単純に、〝不快生物〟（アリとかクモとかサソリとかヒルなどには、申し訳のない言い方だが）が巨大化して人間を襲うというパターンは廃れてきたのである。

それを歴然と現わしたのが、一九七七年に公開された『**巨大アリの帝国**（Empire of the Ants）』[16]（バート・I・ゴードン監督）だろう。邦訳題から分かるように、これは巨大アリものの古典的映画としての『放射能X』を継承したものである。『放射能X』が、ニューメキシコ州の砂漠での原爆実験の思いがけない副産物（アリたちは、核実験の放射能の被害者といってもよい）であったのに対して、こちらの方は、身勝手な放射性廃棄物の不法廃棄が、巨大アリを生み出した元凶らしい。貨物船が〝毒〟の入ったドラム缶を海中に棄て、島の海岸に流れ着いたそれから、液体がこぼれ出し、それに群がったアリたちを汚染したのである。

その島を観光リゾートの島として売り出そうとした不動産会社の女性社長が、招待客を連れてやってくる。しかし、そこに巨大なアリが襲いかかり、脱出用のボートは、アリを殺すための炎で燃え、生き残った客たちは川を遡ってそこから逃れようとする。

ここまでなら、これまでの放射能による巨大モンスターもののホラー映画と別段変わったところがないが、それ以降が思いがけない展開となる。サバイバーたちは、人間が働く砂糖工場へとたどり着くのだが、そこはテレパシーによって、巨大アリに精神をコントロールされる、人間がアリたちの奴隷となった工場なのだ。アリたちは、単に巨大化しただけではなく、人間の精神を自由にコントロー

16

ルする頭脳力を身につけていたのである。

もちろん、荒唐無稽であることは、従来のモンスター映画と大差はないのだが、『猿の惑星』のように、異生物の人間支配、精神的占領という、新たなモチーフが、放射能モンスター映画に加わってきたと見るべきだろう。

こうした巨大化した動物（生物）によるパニック映画（放射能映画）は、その後も続けられており、不法に投棄された放射性物質のために、カリブ海のワニが巨大化し、凶暴化した『キラー・クロコダイル（Killer Crocodile）』（一九八八年、ラリー・ラドマン監督・イタリア映画）や、放射能漏れ事故を起こして閉鎖された原子力発電所で放射能を浴びた犬が凶暴化する『アトミック・ドッグ（Atomic Dog）』（一九九七年、ブライアン・トレンチャード・スミス監督）、さらに、『オクトパス（Octpus）』（二〇〇〇年、ジョン・イヤーズ監督）では巨大タコが、米国原子力潜水艦を襲うが、これは生物兵器の毒性によって巨大化したタコであって、放射能そのものが生んだモンスターとはいえないようだ。

怪獣映画と放射能

日本の『ゴジラ』（一九五四年、本多猪四郎監督）が、こうした巨大な放射能モンスターの一員であることは、製作時期から見ても、明らかだろう。『ゴジラ』公開の前年には、イギリス映画『**原子怪獣現わる**（The Beast from 20,000 Fathoms）』[17]（一九五三年、ユージン・ルーリー監督）が製作されていた。北極の氷の下に眠っていたティラノザウルスが、アメリカの水爆実験によって目を覚まし、巨大恐竜型の怪獣が大都市ニューヨークに出現し、都会を破壊するという意味では、『ゴジラ』はこの映画と同工異曲といってよい。ただ、

17

ゴジラが二本足で立ち上がり、歩行するのに対し、こちらの怪獣は、四本足歩行では爬虫類の特質を残している。また、ゴジラのように固有名を持たないことが、東洋的怪獣と、西洋的怪獣との違いなのかもしれない。ただし、イギリス製の怪獣映画『大海獣ビヒモス（Behemoth the Sea Monster）』（一九五九年、ユージン・ルーリー＆ダグラス・ヒコックス監督）や『怪獣ゴルゴ（Gorgo）』（一九六〇年、ユージン・ルーリー監督）では、「ビヒモス」とか「ゴルゴ」という名前がついている。これは神話的な背景を持った命名だろう。

『ゴジラ』のテレビ・ドラマ版が、『**アゴン**（AGON）』[18]（一九六八年、峯徳夫、大橋史典監督）だ。アゴンとは、アトミック・ドラゴン（Atomic Dragon）の略称で、原水爆実験によって現代に目覚めた中生代の恐竜だった。濃縮ウランを好物とするアゴンは、それを求めて海底から上陸する。防衛隊の必死の攻撃も、アゴンの前では歯が立たない。『ゴジラ』とまったく同じ設定、ストーリーといえるが、こちらの方が原子力／核との関係性はより強力になっている。昭和『ゴジラ』シリーズが、第三作目の『キングコング対ゴジラ』（一九六二年、本多猪四郎監督）以降、お子様化、アイドル化の路線を走って、放射能恐怖映画としての原点を忘れていった（平成ゴジラや、ミレニアム・ゴジラで原点回帰を常に試みるが）のに対して、テレビのほうで、そうしたゴジラに対するアンチ・テーゼが出されたのかもしれない。ただし、全体としての作りは安手なもので、見どころは少ない。

『空の大怪獣ラドン』（一九五六年、本多猪四郎監督）は、古代の翼手竜である「プテラノドン」からその一部を組み合わせた名前だろうが、放射性元素としてのラドン（Rn222）をも意味していると思われる。九州の炭鉱地帯から、翼手竜の卵が発見された。それが孵化し、九州の都市を上空から怪獣として襲いかかるのである。ゴジラ・シリーズのなかの『ゴジラvs.メカゴジラ』（一九六三年、大河

18

原孝夫監督）においては、ラドンは、放射能エネルギーを吸収することによって〝ファイアー・ラドン〟として甦り、さらに強力な攻撃力、破壊力を身につけ、そして、ゴジラと合体して、再生したゴジラはメカゴジラを敗退させる。

大映が製作した『大怪獣ガメラ』（一九六五年、湯浅憲明監督）は、恐竜型ではないが、古生代から生き残り続けた爬虫類（恐竜の後身といわれる）の仲間のカメが原型だから、恐竜型に近いといえなくもない。ただし、ガメラは、首や手足を甲羅の中に縮め、そこから炎を噴き出して回転しながら空を飛ぶから、人工的な空飛ぶ円盤（ＵＦＯ）の性格も持っている。原子力、核との関係は、ストーリー上あまり出てこないが、登場のきっかけは、北極近くの古アトランティス大陸の氷の下で眠っていたガメラが、原爆を積んだ国籍不明機が撃墜され、その爆発の衝撃で目を覚ましたとされる。もともと巨大ガメだが、放射能の影響でどれだけ巨大化したかは不明だ。古代人の生物兵器という設定もあり、核エネルギーというよりは、石油エネルギーがその力の基のようだ。ゴジラと比べると、そういう意味では「原子力／核」との関わりは希薄である。

『モスラ』（一九六一年、本多猪四郎監督）のモスラは、核実験場のインファント島の原住民たちの守り神だが、特に放射能の影響はない。島でできる赤いジュースが、放射線を防ぐ薬効を持っていて、むしろ放射能の恐怖は、減殺《げんさい》されている。

一九五六年のイギリス映画『怪獣ウラン（X The Unknown）』（レスリー・ノーマン監督）は、文字通り核分裂物質のウランを名前としているが、洪水か、津波か、土砂崩れのようにひたひたと地上を覆ってやってくるこの怪獣は、あまり怪獣らしくない（原題は、〝未知のX〟で、泥状の生命体とされるが、怪獣モンスターのイメージはない）。

こうした爬虫類系の巨大モンスターは、地球の古代の白亜紀やジュラ紀に棲息していたという恐竜の形態や生態をモデルとしていることは疑いない。『ジュラシック・パーク（Jurassic Park）』（一九九三年、スティーヴン・スピルバーグ監督）や『ミッドナイト・ミュージアム（Midnight Museum）』（二〇〇六年、ショーン・レヴィ監督）などの恐竜がふんだんに出てくる映画が人気を博したのも、哺乳類として地球上に生まれてきたわれわれ人類の先祖が、それらの恐竜たちに抱いた恐怖心を、中生代の地層のような無意識層に抱え込んでいるからなのかもしれない。

これらの恐竜たちは、「ノアの箱船」以前の地球上の生物たちであり、そこに聖書的な神話的な背景などは存在しない。アリやクモやサソリやタコなどに、神話論的な比喩がまつわりついているような意味では、それらの恐竜類は、キリスト教的な神話性をまとっていない。神話から世俗化という道筋は、「ゴジラ」が、大昔、大戸島の神楽に出てくる「呉慈羅」という神話的怪獣であった前近代から、現代の放射能怪獣へと変身していった過程を見ても明らかだろう。東宝特撮怪獣映画が神話性を帯びていたのは、『大怪獣バラン』（一九五八年、本多猪四郎監督）の「婆羅陀魏山神」の名で信仰されていたムササビ怪獣バラン（恐竜の一種でもあった）でその跡を絶ったのである。

エイリアンの襲来

『遊星よりの物体X（The Thing from Another World）』（一九五一年、ハワード・ホークス監督）は、きわめて早い時期の「エイリアン（地球外異生物）」と、「放射能もの」を組み合わせた映画である。

北極に巨大な飛行物体が墜落した。アメリカ空軍のパイロットが現場へ行き、氷に埋まった物体を取り出そうと爆発物をしかけるが、物体は焼失してしまう。しかし、生命体のようなものが、氷中にあり、それを氷ごと切り出して基地に持ってゆく。氷が溶け、甦ったエイリアンは、植物性の細胞を持つ、凶暴な巨人だった。軍の本部からの命令や科学者の懇請に関わらず、指揮官はエイリアンを退治することに決め、高圧電気で感電させることで、ようやく退治することが可能となった。植物性の生命体だが、強力な放射能を放っている。

一九八二年にリメイクされた『遊星からの物体X』（ジョン・カーペンター監督）では、舞台が北極から南極に移り、放射能を持つという要素がなくなった。エイリアンと放射能は共存しがたくなったからだろう。しかし、初期の「エイリアン（宇宙人）」ものには、「放射能」や「原子力」が付き物だった。たとえば、『宇宙戦争（The War of the Worlds）』（一九五一年、バイロン・ナスキン監督）では、火星人が地球を占領するためにやって来るのだが、空飛ぶ円盤から発射される「原子そのものを破壊する」怪光線の攻撃に、地球の人類はまったく歯が立たないのである。

また、一九五三年公開の『惑星アドベンチャー　スペース・モンスター襲来（Invaders from Mars）』（ウィリアム・キャメロン・メンジース監督）は、原子力ロケットを火星に打ち上げるための準備を進めている科学者の父を持つディヴット少年が、空飛ぶ円盤が自宅の裏の砂丘に着陸するのを見る。それを見に行った父親も、警察官も、いったん姿を消して、人が変わったようになって帰ってくる。彼らの身に何が起こったのか。少年は、火星人が原子力ロケットの発射を阻止しようと宇宙船を地球へと飛ばし、地球人を操っていることを知る。

『宇宙水爆戦（The Island Earth）』（一九五五年、ジョセフ・ニューマン監督）は、メタルーナ星人とセイゴン星人との数世紀にわたっての惑星間戦争に、地球人科学者が巻き込まれるという話だ。訳題には「水爆戦」とあるが、映画の中味には、水爆も原爆も出てこない。核兵器は使われているようだが、明示されてはいない。記念すべき『ゴジラ』第一作が、「水爆大怪獣」という角書きが付されていたように、原水爆は威力のあるものの代名詞として使われていたのである。

『巨大目玉の怪獣（The Crawling Eye）』（一九五八年、クェンティン・ローレンス監督）は、エイリアンものでも、ちょっと趣向が変わっている。

登山中の男が、〝雲〟に襲われ、首を切られて殺される。探索に行った登山家と地質学者は、一方は行方不明、一方はやはり首切り死体となって発見される。地球外生命体（エイリアン）が、雲に隠れて、人間を襲っているのではないかと考えた国連職員が、観測所の所長と協力して、謎に立ち向かう。読心術をする霊感の強い娘がいて、彼女のその生命体のテレパシーを受けているようだ。生命体は、火に弱い、巨大目玉の怪獣だった。村人を観測所に避難させ、怪獣もろとも戦闘機からの焼夷弾で焼いてしまおうという計画を立てる。観測所ははたしてその焼夷弾攻撃に耐えうるだろうか。

山にかかる雲に隠れた地球外生命体だが、放射能を発することで、その存在が分かるしくみとなっている。特に放射能を持ち出す必然性はあまりないと思われるのだが、まったくないと落ち着きが悪いのである。

同じ宇宙からの侵略者でも、『クロノス（Kronos）』（一九五七年、カート・ニューマン監督）は、外宇宙からUFOによって送り込まれた巨大なロボットだった。クロノスと呼ばれるロボットは、原水爆の貯蔵庫を襲い、核エネルギーを吸い取るため、核兵器でやっつけることはできない。クロノスとは、ギリシア神話の大地（地球）の荒ぶる神であり、地球のエネルギーを吸収し、破滅に導くために侵入したのである。画面では積み木のロボットといった様相をしており、恐怖感は感じられない。

宇宙人の侵略の前衛として活躍するという意味では、『地球防衛軍』（一九五七年、本多猪四郎監督）

のミステリアン（宇宙人）が地球に投入したモゲラに近いかもしれない。これは地中を掘り進む巨大化したモグラのような攻撃用ロボットである。ミステリアンたちは、核戦争によって自分たちの星を滅ぼしてしまい、地球を奪おうとやってきたのだ。

これらの一九五〇年代の「宇宙人（エイリアン）」ものには、「原子力」「放射能」の要素がまぶされていたが、次代の「エイリアン」映画には、「病原菌」や「パンデミック」的なものを要素として付加され、「放射能」は地盤沈下してゆくこととなるのである。

『原子人間（The Quatermass Xperiment）』（一九五五年、ヴァル・ゲスト監督）も、一種のエイリアンものといえるかもしれない。三人の宇宙飛行士を乗せた宇宙船が地球に戻ってきた。なかには、乗組員のヴィクター一人だけが生存しており、後の二人は宇宙服だけを残して消えていた。彼らは、宇宙生物に襲撃されたのだ。ヴィクターは、宇宙生物に体を乗っ取られ、触ったものを自らのなかに吸収する怪物となっていた。

人間らに寄生するエイリアンもののハシリといっていい設定だろう。宇宙線、放射線の影響が語られているが、あまりストーリーには絡んでこない。触ったものが変化するというのは、放射性物質が、他のものを放射能化してしまうことと関係しているのかもしれない（それとミダス王の神話が）。

『インデペンデンス・デイ（Independence Day）』（一九九六年、ローランド・エメリッヒ監督）は、まさにアメリカ合衆国の独立記念日七月四日に、エイリアンが地球に進撃し、アメリカのみならず、地球上の各都市が彼らの攻撃を受けて壊滅したのである。アメリカの大統領はついに核攻撃を決意し、人類の滅亡を防ぐために総攻撃を開始する。巨大な宇宙空母が核攻撃され、放射能まみれとなって地上に落ちてくるのは、エイリアンの攻撃にも匹敵する最大の惨事だと思えるが、あまりこうした放射能の被害については考えられていないようなのは、この手のアメリカ映画の通弊ともいえる（この映画は二〇一六年にリメイクされた）。

なお、ローランド・エメリッヒ監督は、一九八九年にハリウッド製『ゴジラ（Godzilla）』を作ったが、ビキニの水爆実験によって生まれた日本製ゴジラと違い、このゴジラはムルロア環礁におけるフランスの核実験によって誕生したモンスターだった。ニューヨークに現れたゴジラは、摩天楼の間を見え隠れしながら走り回り、地下に潜り、マジソン・スクエア・ガーデンを巣とする。核実験の回数も、核兵器の保有数も、フランスはアメリカとは格段の差があると思われるが、このドイツ系の映画監督は、ゴジラ誕生の責任を、アメリカからフランスと移し替えたのである。

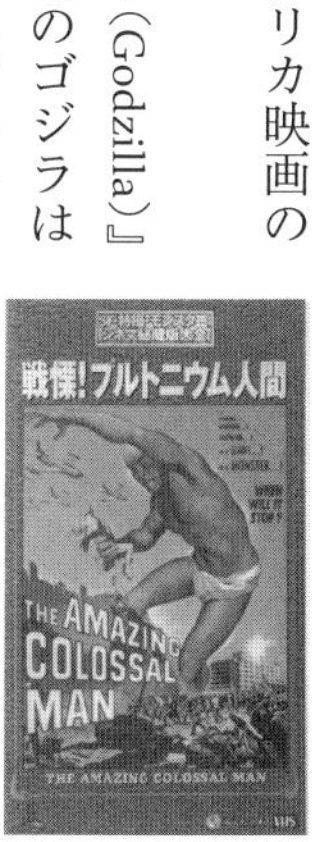

19

人間モンスター

巨大化し、モンスター化するのは、昆虫や爬虫類や節足動物だけではない。人間もまた放射能に被曝することによって怪物化する。現在でも、一部のカルト的ファンによって支持されているという『**戦慄！ プルトニウム人間**（The Amazing Colossal）』[19]（一九五七年、バート・I・ゴードン監督）と、その続編の『巨人獣 プルトニウム人間の逆襲（War of the Colossal Beast）』（一九五八年、同監督）は、プルトニウム爆弾の実験場で、不時着したヘリコプターの乗員を救おうとして、大量のプルトニウムを浴びてしまったグレン・マニング大佐が、その放射能によって巨大化し、十八メートルもの巨人となってしまう悲劇の物語だ。

徐々に巨大化してゆくグレン大佐は、建物の屋内にいられず、外に仮設の天幕のようななかで生活することになる。巨体化することによって、その体を維持するために食欲も増すし、まさに文字通り牛飲馬食をする巨人は、軍隊からもてあまされる。家族や恋人からも見放され、正常の精神を保てなくなった彼は、自暴自棄となってラスベガスの街を破壊するようになる。軍隊の攻撃を受け、追い詰められた彼は、人造ダムから転落し、ラスベガスの街には平和が戻ってくる。

このプルトニウム人間の映画は、とりわけ子供たちの人気を呼び、話題作となって急遽続編が作られた。同じスタッフによって作られた『巨人獣』では、プルトニウム人間はより醜悪な顔となって（谷間に転落した時に傷を負ったのだ）、悪意をもって人間社会に攻撃を仕掛ける。食料を積み荷としたトラックが次々と襲われ、莫大な量の食料が奪われる。もちろん、生き残ったプルトニウム人間の仕業である。彼は、もはや米国の軍人であったり、人間であったりした時の精神を失い、ただひたすら食料を奪い、人間に復讐心を持つ〝怪獣〟となり果てていたのである。だが、彼には少しの人間らしさは残っていた。高校生たちの乗ったバスを襲い、それを両手に高々と持ち上げ、地面に叩きつけようとしたところを、彼の妹の言葉によって、一瞬の間、人間性に目覚め、バスを静かに地面に下ろして乗客たちを助けたあと、自ら高圧線に触れて感電死するのである（自殺ということだと思われる）。

こともあろうに、誇り高いアメリカ軍の兵士が、モンスターと化してしまう。彼が、大暴れする〝巨人獣〟となるまでには、人間的な葛藤がある。巨大化することによって、ガール・フレンドとつりあいが取れなくなり、若い高校生のカップルが乗ったバスを持ち上げ、地面に叩きつけようとする彼にも、まだ人間的な心は残っていた。いや、人間的な心が残っていて、完全にモンスター化できなかったことが、こうした主人公たちの悲劇の本質にほかならなかった。

今から思えば、米軍兵士であるグレン大佐が、巨大化し、凶暴化するというのは、軍人出身のアイゼンハワー大統領が、その演説で示唆したように、軍部と産業界の結託や癒着によって、軍需産業、防衛産業が巨大化して、自己増殖的に「軍備」を拡大してゆくことへの懸念といった思想的背景を持っていたかもしれない。核兵器実験場に不時着しようとした兵士たちを助けるために、防御壕から飛び出していった、ヒューマニティーと義侠心に富んだグレン大佐が、精神的にも怪物化して、単なる凶暴な破壊モンスターへと変わってしまったことは、納得しがたいストーリー展開だった。とりわけ、続編の『巨人獣』に至っては、高潔で、名誉ある米陸軍兵士だった大佐の面影など、薬にしたくもなかった（ラストシーンも多様な解釈が可能である）。

単に肉体が変化するだけではなく、そこに精神の大きな変貌があった。まさに怪物化、悪魔化することが必然とされたのであり、人間を対象とする限り、精神面での変化、変身こそが重大だと思わざるをえないのである。

『**妖怪巨大女**（Attack of the 50-Foot Women）』〔**20**〕（一九五八年、ネイザン・ハーツ監督）は、女性が五十フィートの巨人になるという話だ。カリフォルニアの砂漠地帯をドライブしていたミセス・ナンシー・アーチャーは、巨大の火の玉のような飛行体から出てきた巨人と遭遇し、新陳代謝が異常に昂進し、巨大化する。蓮っ葉な若い女と浮気をしている夫ヘンリーのいる酒場を破壊し、女を殺したナンシーは、夫を捕まえ、街を歩く。保安官の撃った銃弾による高圧電線の変圧器の爆発で、彼女は倒れ、手のひらの中のヘンリーも死んでいた。

人間の巨人化、高圧電線による死というプルトニウム人間の〝二番煎じ〟とも思われる設定と、作

20

中で学者が彼女の巨人化を「放射線障害によるものか」と呟くのが、この映画が「放射能恐怖映画」の一編であることの証明といえるのだが、夫に裏切られ、アル中に近いとはいえ、ナンシーが、夫とその愛人を殺すという結末は、彼女の精神が、肉体が巨大化することによって、また変質していったことを想定させる。『プルトニウム人間』と較べても、設定やストーリー展開や特撮の安手なことは否定できないが、人間の巨大化の恐怖は、ガリバーの冒険物語の裏側のテーマとしてあったのだ。

フランケンシュタインの系譜

こうした巨人化した主人公たちの登場するのは、放射能モンスター映画であると同時に、シェリー夫人の書いた幻想小説『フランケンシュタイン』に典型的な人造人間の悲劇の系譜に連なる作品であるともいえるだろう。二十世紀の米国のフランケンシュタインが、プルトニウム人間だとしたら、日本ではそれはそのままフランケンシュタインとして登場する。

東宝特撮映画『**フランケンシュタイン対地底怪獣《バラゴン》**』[21]（一九六五年、本多猪四郎監督）という、怪獣特撮映画シリーズのなかの一作は、第二次世界大戦の敗戦直前にドイツから日本に持ち込まれたフランケンシュタインの心臓が、広島の衛戍《えいじゅ》病院に保管されていた時、原爆の放射能で被曝し、再生すると同時に巨大化し、大量の食糧を求めて人間世界を襲うようになるというもので、フランケンシュタインの物語と、放射能モンスターの物語が一体化されたものので、この二つのSF的な発想が結びつきやすいものであることを示しているかもしれない。

フランケンシュタインは、もともとはフランケンシュタイン博士が、墓地から掘り出

21

してきたきた犯罪者の遺体を継ぎ合わせて作った人造人間の〝怪物〟で、本来は〝フランケンシュタイン博士の（作った）モンスター〟であって、彼に生命の息吹を吹き込んだのは、その当時で最前衛の科学的発見である「電気」である。放射能や放射線が発見されるまでは、不可思議な超常的な現象をもたらすのは、電気、電波、電磁力であって、「電気」の力が一般化（大衆化）すると、それに変わって超常現象（と思われる）不思議な力は、放射能に取って替わられることになったのだ。

落雷の電力によって復活したフランケンシュタインの怪物が、今度は放射能を浴びることによって復活、再生し、成長してゆくというのは、〝科学的発展〟においてきわめて正当的なことといわざるをえない。

『フランケンシュタイン対地底怪獣《バラゴン》』のフランケンシュタインは、人造のモンスターなのだが、どこか広島や長崎の戦災（原爆被災）孤児が巨人化したような憐れさを感じさせるもので、飢餓のために家畜などを襲う彼の所業には、人間的理性を失った、元米軍軍人のグレン大佐の変身したプルトニウム人間とは違った〝人間的な弱さ〟が感じられる。これが、日米の、放射能によって巨大化する人間を主人公とする映画の彼我の違いなのかもしれない。地底怪獣バラゴンや大ダコと戦うフランケンシュタインは、のちの地球防衛のために戦うウルトラマンの姿を彷彿とさせるものがある。

さらにその続編としての『フランケンシュタインの怪獣　サンガ対ガイラ』（一九六六年、本多猪四郎監督）では、日本で巨大化したフランケンシュタインの息子である兄弟サンガとガイラが、善と悪の象徴として互いに戦いあうという設定で、『ジキル博士とハイド氏』のような、一人の人間が二重人格を持ち、分身するという悲劇の物語の再生となっている。

いずれにしても、「科学の力」が持つプラスとマイナスのエネルギー、科学の生み出した産物が、光と影の双面を持つのは確かなことであって、時代状況からいえば、冷戦下の東西両陣営の対立という政治的、国際的、軍事的対決の構造の図式が、こうした怪物（怪獣）間の対立、対峙に透けて見えるのだ。

巨大化したアリやハチやサソリに、人道主義的なヒューマニティーや惻隠の情や、仁愛や憐憫の情を語っても仕方がないが、モンスター化した人間には、まだ少しは〝人間の心〟が残っているかもしれない。日本の怪獣映画が、ゴジラを始めとして、モスラ、ガメラ、ガッパが疑人化され、人間や少年少女の味方として、地球の敵、人類の敵と戦うヒーローとなってゆくのは、アメリカのモンスター映画とはかなり懸隔のあるものだ。ゴジラやガメラの擬人化、「ウルトラマン」化は、日本において必然的だったのである。

巨人化の反対に、縮小化するという映画もあった。プルトニウム人間と同じ一九五七年には、**『縮みゆく人間**（The Incredible Shrinking Man）』〔**22**〕（ジャック・アーノルド監督）が作られた。これは海でボート遊びをしていた男が、放射能の霧に包まれ、体がどんどん縮小してゆくという奇怪な症状を示すようになる（放射能雲に包まれる前に、殺虫剤を浴びたことが複合的作用をもたらしたらしい）。彼は妻に、家の中に小さなおもちゃの家を作ってもらい、そこに住むのだが、飼い猫に襲われたり、針の剣でクモを退治したりと、一寸法師のような冒険をする。水道の漏水は、彼にとっては洪水であり、家具と家具との間は、彼にとって深い谷底を見ながら、ようやく渡り切ることの出来る険阻な難関なのである。放射能という要素さえなければ、巨人国のガリバー物語のようなものだが、プルトニウム人間（巨人）とあべこべに、放射能は人間を縮小させる効果も持っているのだ。

22

最後に主人公は、極小は極大に通じる。自分の縮小してゆく身体と宇宙とを同格に並べる宇宙論に到達するのだが、原子の破壊による核分裂のエネルギーと放射能が、全宇宙の成り立ちと密接に関係していることを考えれば、これも原子物理学（宇宙物理学）的な悟りの境地といえるものかもしれない。

人間の怪物化という発想は、伝承的で、伝説的な〝怪物〟を想起させずにはおかない。『太陽の怪物（The Hideus Sun Demon）』（一九五九年、ロバート・クラーク監督）は、科学の実験中に事故で大量の放射能を浴びたギルバート博士が、太陽の光を浴びると、体中が鱗状の皮膚に覆われるモンスターになってしまうという話だ。夜になると元の姿に戻るのだが、昼間は日光を避けて、別荘に閉じ籠もらなければならないのだ。狼男と逆の設定で、日陰を求めて逃避し続ける怪物の悲哀の物語であるのだが、もちろん〝狼男〟の伝説が現代風にアレンジされて甦ったものということができる。

『海底一万リーグからの妖獣（The Phantom from 10,000 Leagues）』（ダン・ミルナー監督、一九五五年）は、海洋大学のキング博士は、海底にウラン鉱脈を見つけ、放射能で妖獣を作り、光のエネルギーを作っていた。漁師たちが次々と被曝し、死ぬという事件が続く。その謎を解こうとして、スティーブン博士は、キング博士の実験室を調べようとする。

『大アマゾンの半魚人』（一九五四年、ジャック・アーノルド監督）のヒットにあやかろうとして作られた、海の半魚人ものだ。もともとは北欧の人魚伝説に発想の端を発したものだが、舞台を大アマゾン川流域に移し変えることで、奇形的で、グロテスクな半魚人となった。無理に放射能と結びつけなくてもよいと思われるが、カメに放射能を照射して半魚人を生み出したらしい。しかし、半魚人にカメ的な要素は見られない。

奇形、奇型、人獣混同のグロテスクな怪物には、見世物的要素が強い。イタリアでは、一九七一年に『吸盤男オクトマン（Octaman）』（ハリー・エセックス監督）が製作されている。放射線によってタコと人間の合いの子のような姿のオクトマンが誕生したのだが、六本（？）の手足を持ったこの怪物映画は、単にゲテモノ趣味としてだけの存在価値しか持っていない。驚いたことに、二〇〇五年になっても、アメリカでは『ディープポセイドン（Stinger）』（二〇〇五年、マーティン・マンス監督）のように、人間とサソリが合体したサソリ人間を登場させた（潜水艦の同じ艦内にいただけで、そうなった？）映画を作っている。見世物趣味、ゲテモノ趣味は、今世紀に入っても、いまだ健在なのである（この映画は、『ポセイドン・アドベンチャー（The Poseidon Adventure）』〔一九七二年、ロナルド・ニーム監督〕とも、そのリメイク作品である『ポセイドン（Poseidon）』〔二〇〇六年、ウォルフガング・ペーターゼン監督〕とも、もちろん何の関係もなく、ただヒット作の題名（邦題）にあやかっただけの作品である）。

『**ザ・アトミック・キッド**（The Atomic Kid）』〔**23**〕（一九五四年、レスリー・H・マーティンソン監督）は、見た目には変わらないが、放射能によって超能力を獲得してしまった人間というコンセプトの映画のはしりということになるだろう。ウラン鉱を発見して一攫千金を狙う探査士の凸凹コンビの二人組は、砂漠の核実験場に紛れ込んでしまう。ガイガーカウンターを手にした二人のうちの一人は、実験場のダミーの家でヒバクし、かろうじて生き残る（ピーナツバターのサンドイッチを食べたのが幸いしたらしい）。すると、彼の身体は、放射能によって変化し、興奮すると放射能が高まって、近くのものを溶解させたり、闇で顔が光ったり、ギャンブル・マシーンからじゃらじゃらコインを出させたりするような変な超能力を獲得することになったのである。彼は、彼を取り巻くスパイ網から逃れ、スパイ組

23

織を破壊するというお手柄を立てる。

コメディーであり、他愛のないものだが、放射能や核実験を笑いものにしているということで、日本では公開されなかったのだろうか。至近距離で原爆実験による被爆をしたのに、髪の毛などが焼け焦がれただけで生還した短躯の主人公が、広島・長崎の日本人のヒバクシャに対するカリカチュアと取られても無理はなかった。

しかし、それから半世紀以上も経つと、そうした反応も消えてしまい、『ファンタスティック4（Fantastic 4）』（二〇〇五年、ティム・ストーリー監督）のように、原作がコミックだけあって、荒唐無稽もいいところの「放射能」によって超能力を獲得した四人組のコメディー的ファンタジー映画が、日本でも何の抵抗もなく公開されている。

超高温の炎を発する火炎人間。ゴムのように体が伸び縮みするゴム人間。皮膚が岩石になった岩石人間。透明人間の女の四人だ。彼らは宇宙ロケットで宇宙嵐の実験をし、高度なエネルギーの放射線である宇宙線を浴び、それぞれの超能力を得たのである。悪と対峙する彼らの正義感とそのストーリーは、幼稚そのものとしかいいようがない。

放射能を浴びた子供たちに英才教育を施し、来たるべき未来の〝新人類〟にしようとする試みを英国の軍事基地で行うのが、『呪われた者たち（The Damned）』（一九六三年、ジョセフ・ロージー監督）だ。核戦争後を見越して放射能に強い耐性を持った子供たちを岬の涯にある基地内で育てている。米国人の観光客サイモンと、町の路上ギャングのグループから抜け出したいジョーンがそれを知り、子供たちを助け出そうとするが、秘密組織によって口封じのために殺される（画面にはない）。最後に子供の声で「ヘルプ！　ヘルプー！　アス」が叫ばれるという締めくくりとなる。

イタリア映画『核戦士シャノン（End Game）』（一九八三年、スティーヴ・ベンソン監督）では、核戦争後に、放射能の影響でミュータントや、退化した変異体の人間が生まれ、殺人ゲームの勝利者のシャノンは、そうしたミュータントを引き連れて、新しい別の世界へ旅立とうとする。変異体の人間は、畸形だったり、退化したりした身体を持つが、なかにはテレパシーを使えるミュータントなど、超能力を持つ者もいる。

『ナイトメア・シティ（Nightmare City）』（一九八〇年、ウンベルト・レンツィ監督）は、原子力発電所で放射能漏れの事故があり、その事故対応に向かった学者がゾンビ化し、軍の輸送機から現れ、警備の警察官、兵士を人を襲い始める。彼らは、放射能汚染によって強靭化した体力を持ち、赤血球の不足を補うために吸血鬼となったのであり、血を吸われた者は次々とゾンビ化する。頭を銃でぶち抜くことしか、彼らを倒すことはできないのである。

ゾンビものでは、『悪魔のゾンビ天国（Redneck Zombies）』（一九八六年、ペリクレス・シウニス監督）があり、放射性廃棄物が混入した酒樽を見つけた親子が、街じゅうの酔っ払いたちにそれを提供したものだから、それを飲んだ者たちは緑色のゲロを吐き、次々と凶暴なゾンビと化し、人々を襲うようになる。グロテスクなゾンビものの一編だが、ユーモラスな面もあり、後述する『毒々モンスター』シリーズにつながるところもある。

ゾンビもの映画では、さらに、ゾンビ化した人間たちを退治するために、核爆弾によってすべてを粉砕しようとする「核」の使い方もある。『バタリアン（The Return of the Living Dead II）』（一九八五年、ダン・オバノン監督）がそうで、容易なことでは死なない（一度、死んでいるのだから）ゾンビたちを、木っ端微塵にしようとして、小型の核爆弾ミサイルを発射させる。もちろん、ゾンビだけではなく、一般市民も巻き添えになることは、軍人も政府高官も十分に承知している。しかし、それが放射能化して、さらに強力なゾンビとなるかもしれない可能性（危険性）には、どうも頭は回っていないようだ。巨大化も、縮小化も、怪物化も、超能力化も、変異体化も、ゾンビ化も、結局は同じコインの裏と表の違いにしかすぎない。遺伝子を人為的にいじることと、放射線によって突然変異することも、本質的にはその違いはないのである。

蝿男の実験室

こうした放射能恐怖映画――これまで語ってきた放射能（原子力関連）による動植物、人間のモンスター化――が、冷戦下のアメリカ合衆国の国民の集合的な意識、あるいは無意識の層を掘り起こして表現したものと主張することは、十分に説得的なものだろう。それがこれまで触れてきたように、『放射能X』を始めとして、『プルトニウム人間』などにいたる一九五〇年代のアメリカ映画のB級、C級の娯楽映画を席巻するものであったことも見てきた通りである。これは必ずしも作中に放射能や原水爆や核施設などの明示的なアイテムを示さないものについても妥当するものであるように思える。

たとえば、変形した人体、あるいは人獣合体（？）のモンスターの起源としては、『蝿男の恐怖（The Fly）』（カート・ニューマン監督）をあげることに異論はないと思われる。一九五八年に公開された（と同時期公開）、このB級映画は、続編として『蝿男の逆襲（The Return of The Fly）』（一九五八年、エドワード・L・バーンズ監督）や『蝿男の呪い（Cure of The Fly）』（一九六五年、ドン・シャープ監督）が作られたほか、『ザ・フライ（The Fly）』（一九八六年、デヴィッド・クローネンバーグ監督）として、一九八〇年代にリメイクされている。

「蝿男」自体は、人体を原子のレベルにまで解体して、それを遠距離の別空間にまで移動させ、そこで人体として復元させるという、電送人間の実験室から生まれたもので（日本では、この原子レベルに生物体を分解し、電送するという発想から『電送人間』〔一九六〇年、福田純監督〕が作られている）、たまたま実験装置に紛れ込んだ一匹の蝿の原子構造と、人体の原子とが融合してしまったものだった。頭が蝿で、体が人間という、蝿男が生まれてしまったのである（ということは、逆に、頭が人間で、体が蝿という分身も存在するはずだ、ということが映画後半のテーマとなる）。

アメリカ文化の研究者の宮本陽一郎は、『アトミック・メロドラマ――冷戦アメリカのドラマトゥルギー』（彩流社、二〇一六年）のなかの「蝿男の館――冷戦家庭の設計図」の章で、「蝿男」が、直接的に原水爆や放射能の恐怖について言及したものではないが、冷戦下の「核戦争」の恐怖感を背景とした作品であることを指摘している。

発明家アンドレが自宅の地下の研究室で、物体の電送実験をする時に、装置から放射される青白い電光を遮蔽し、目を防護するために、アンドレとその妻エレーヌは、顔に遮光グラスのゴーグルを付けるのだが、それはロスアラモスやネバダの核実験場で核爆発させる時に、それを見守る軍の高官や兵士たち、招待された貴賓客たちが顔に付けるゴーグルを想起させるものだ（アンドレとエレーヌが、ゴーグルを付けて並んでいるショットは、核実験の記録映画の一シーンとそっくりである）。

また、アンドレの研究室が自宅の地下にあり、その分厚そうな金属製の引き戸の扉のある部屋は、まさに核シェルターそのものの構造を持っている。寝室、食堂、キッチン、居間と隔絶された地下室は、簡単に開けたり、その扉を壊したりできないように堅固な独立性を保っていて、一九五〇年代に核戦争勃発時の国民のサバイバルのために奨励された（それはコマーシャルとしても喧伝、宣伝された）

〝家庭用核シェルター〟に酷似している。

何よりも、モンスター的な科学の発展が、神や宗教の領域までを犯し、それによって発明者である人間が、神の罰を受けるというテーマそのものが、「核兵器」―「放射能」という主題を変奏したものにほかならない。最初の電送実験に使われるのが日本製の陶器皿である。これにはチープなものということと、ヒロシマ・ナガサキの原爆の含意があることは明らかだろう。しかも、それは文字が逆さまになる（Made in Japan の文字が、転送されると鏡文字となる）という失敗を犯す。重要な実験の失敗――電送装置のなかに、蝿が一匹まぎれ込み、実験者の人体と融合し、蝿男となる――の伏線である（なお、続編の『蝿男の逆襲』では、アンドレの息子が父親の研究の後を継いで、物体の原子的分解と再統合の研究実験を継続するが、悪人の手によって再び蝿男となってしまうというストーリーだが、そこでは、冷戦下の「核戦争」の恐怖感といったモチーフは、薄らいでいる。三作目の『蝿男の呪い』も同様である）。

蝿男となったアンドレは、筆談でしか妻と会話することができない。右手でタイプライターを打てるものの、左手は、蝿の脚のような形に奇形となり、また頭部が蝿の複眼や口吻を持った彼は、意識が混濁し始め（蝿の脳になる）、まったくの蝿の頭となるまでに、自殺を図る（人間の頭を持った蝿は、人間の意識を持ったまま、蜘蛛の巣に絡められて、蜘蛛の餌食になろうとする）。

つまり、放射能恐怖映画の恐怖とは、身体の変形や奇形ということより（もちろん、それも十分に恐怖の対象だが）、意識や精神が別物に支配され、それに乗っ取られることの恐怖感や嫌悪感を表現する場合も少なくないのである。

こうした意識の変形や、憑依という現象は、『巨大カニ怪獣の襲撃』や『プルトニウム人間』にも、テーマ化されているが、それをはっきりと可視化し、映像化したのが、イギリス映画の放射能モンスター映画といえる『顔のない悪魔（Fiend without a Face）』（一九五八年、アーサー・クラブトゥリー監督。イギリス映画）ということができる。

原水爆という核兵器が人間の科学的な〝頭脳〟から生み出されたものであるということの自覚は、放射能モンスター映画や、放射能ホラー映画の忘れることのできない原罪のようなものだった。それはアインシュタインやラザフォードやオッペンハイマーのような、きわめて優秀で、驚異的な人類の頭脳、知性によって発明され、実現された。脳科学というほどのものではないが、『顔のない悪魔』は、〝頭脳〟と原子力との関係を基にして作られた（放射能）モンスター・ホラー映画の嚆矢《こうし》である。

カナダの米軍基地では、原子炉を使った新しいレーダー実験を行っていた（それはソ連の核施設をすべて捕捉できるものだ）。それまで平穏だった町に異変が起こり始めたのは、その原子炉実験のためだと、町の人々は思っている。立て続けに、四人の人物が目に見えないモンスターに殺されるという事件が持ち上がる。遺体には脳と脊髄がなかった。それを狙う〝吸血鬼〟の仕業なのか。

マッド・サイエンティストの老教授が、人間の意識（意志）を物質化させる実験に取り組んでいた。彼は、電圧装置を使って、半ばそれを成功させるが、生み出された「意識」は、基地から放出される原子力（放射能）をエネルギーとして増殖して、次々と人間を襲うようになる。大きな原子力エネルギーを吸収して、彼らはその姿を現わす。それは、頭脳（脳味噌）状の本体に脊髄の尻尾がついたような、奇妙な形態の生命体なのだった（犠牲者の後頭部に飛びつくなど、映画『エイリアン（Alien）』（一九七九年、リドリー・スコット監督）シリーズのモンスターの原型といえるかもしれない。ただ、CGのない時代のこのアニメのモンスターには、やや滑稽感が漂うのも無理はない）。

精神、潜在意識や意志の物質化というオカルト・サイエンスと、原子力とが結びつくということに、科学的な根拠はまったくないが、原子力、核兵器を生み出したのが、人間の頭脳（知性、理性であり、物理学、化学、工学などの科学的合理主義の象徴）であったことを、まさに可視化し、映像化したものとして、この脳状のモンスターをとらえることは、的外《まとはず》れではないだろう。悪魔的な意志や意識をモンスターとして画像化したものこそ、キノコ雲に象徴される「核兵器」にほかならない。

日本映画の人間モンスター

日本では、こうした放射能によって変身したモンスター映画として、『透明人間』（一九五四年、小田基義監督）、**『美女と液体人間』**〔**24**〕（一九五八年、本多猪四郎監督）と**『マタンゴ』**〔**25**〕（一九六三年、本多猪四郎監督）などの東宝特撮映画（変身人間）シリーズの各作品をあげることができる。『透明人間』は、戦争末期に、透明人間による特殊部隊を作るために、サイクロトンで放射性の透明光線を照射され、透明人間となった男たちが、戦後の混乱期に宝石店を襲う強盗となるという設定である。

放射性の透明光線によって身体中の色素が消失し、透明人間になるというのは、まったく〝科学（生理学）的根拠〟を持つものではないが、放射線の一種であるX線の透視能力からの連想である（ロジャー・コーマン監督の『X線の眼を持つ男（X:The Man with the X-Ray Eyes）』〔一九六三年〕という映画もあった。放射能との直接の関連はないが）。

『美女と液体人間』は、太平洋でマグロ漁の操業中に、水爆実験の放射能（死の灰）を浴びた漁船

24

25

員たちが、液体人間となり、日本に帰ってきて、次々と美女や悪漢を襲うようになるというストーリーだ（映画の冒頭は、ビキニ環礁での水爆実験の実写フィルムを使った閃光シーンだ）。放射能は、体の細胞を溶かして液状化させてしまうという〝科学的知識〟が液体人間という発想の基だと思われるが、人間的意識を持っているということに合点がいかない。しかし、第五福竜丸事件からヒントを得たこの映画は、原水爆実験の非人道性、恐怖を描いたものとして、社会的、歴史的価値を持っていることは疑いえないのである（太平洋上で、水爆実験の死の灰を浴びるマグロ漁船は、第二竜神丸と命名されている）。

降る雨のなかにも放射能は含まれており、直接的に雨に打たれることを避けなければならないという流言蜚語がまことしやかに語られていた時期に、美女を次々と襲う〝液体人間〟に対する恐怖感は、恐水病的な伝染力によって低年齢層の日本人に植え付けられた。東京を恐怖のどん底に叩き込んだ〝液体人間〟は、自分をそうした変身に導いた米国の原水爆実験の実行者へと、その報復感情は向かわず、あまり関係のなさそうな美女や人間たちに向かう。直接的な怨恨ではなく。社会的な鬱屈感や不満感が、時代感情として横溢していたのである。下水道に逃げ込み、下水のなかに身を潜める液体人間。公害問題を先取りしたようなストーリー展開となるが、最後には下水道にガソリンが撒かれ、炎とともに焼き殺されるという結末となる。水に対する火の勝利。オイル・ショック前の日本社会を象徴させるような液体人間の最期なのである。

死の灰が、人間の肉体だけではなく、精神をも変形させる。新しい、第二の人種が放射能によって生み出されたのだ。彼らは人間的な倫理観や道徳観、ヒューマニティーを持たず、ただ人間社会、現代社会に怨恨と憎悪を抱いているようだ。だが、それは『ゴジラ』と同じように、自らをモンスター化させた張本人（米国）の方にではなく、むしろ被害者（被害国、被曝国）である日本へと向かう。しかも、彼らは、決して「東京」の中心である皇居や霞が関などを襲わず、液体人間のように、下町の隅田川近辺の下水道に逃げ込むのだ。

なお、東宝特撮映画の変身人間シリーズには、他に『電送人間』と、『ガス人間第一号』（一九六〇年、本多猪四郎監督）があるが、『蝿男の恐怖』の人間の原子分解と電送というアイデアを取り入れた『電送人間』には、旧日本軍隊や戦争の記憶のようなものはあっても、核兵器、放射能についての直接的な言及はなく、『ガス人間第一号』にも、そうした要素は希薄である。ただし、科学の発達と現代社会の恐怖の増大という大きな物語は、そこに顕在化していると思われる。

東宝特撮映画ではないが、大映で『透明人間と蝿男』（一九五七年、村山三男監督）が作られている。これは文字通り「透明人間」と「蝿男」をつなぎ合わせたもので、放射線の研究の副産物として透明光線（不可視光線）が発明され、それを照射すると不可視となり、透明人間になるというものだ。

蝿男は、旧日本軍が南方で研究・開発していた人間を縮小させる薬物で、これを使って、戦場に置き去りにされた元日本兵が、上司などに復讐しようとするストーリーだ。これは、蝿のように人体が縮小して、空を飛べるようになるというもので、人間が蝿に変身するわけではない。蝿男が、透明光線の設計図を盗むために、都内に爆薬を仕掛けるのだが、二番目に爆薬を仕掛けた場所を問い詰める刑事に、「クリスマス島だ」といって、嘲笑《あざわら》ってヘリコプターで逃走しようとする。クリスマス島が、米英軍の核兵器の実験場であったことは、当時周知のことだった。この映画も、やはり核戦争――核実験の恐怖を背景にしたものであることが、この一言によって知られるのである。

『マタンゴ』は、やはり原水爆実験で放射能に汚染された南海の孤島が舞台だ（当然、ビキニ島やクリスマス島が連想される)。船で享楽の航海に出た若者たちが、難破して島に漂着した。そこには、毒々しいキノコがあって、それを食べた人間は、マタンゴというキノコ人間に変身してしまう。食糧の尽きた島のなかで、一人がキノコに手を出し、そして次々とマタンゴに襲われ、マタンゴ化してしまうのである。

本多猪四郎監督の作品には、『ゴジラ』の場合もそうなのだが、頽廃した若者の消費文化や軽薄な風潮に対してのモラリスティックな反感が垣間見られる。東京湾にゴジラが出現するシーンでは、遊覧船の船上での頽廃的なダンス・パーティーが開かれていたし、『マタンゴ』の大型ヨットのなかでは、男女入り乱れての乱痴気パーティーが催されていた(太陽族と呼ばれていた若者たちの無軌道な青春!)。

この映画は、食欲や性欲を含めて〈欲望〉に敗退してゆく人間たちの悲劇を描いたものといえるかもしれない。〝マタンゴ〟という禁断のキノコは、食欲だけを満足させるものとしてあるのではない。水野久美が妖しく、コケットリーに男性を誘惑するように、そこに色欲を満たす、媚薬的、麻薬的陶酔が含まれていることは明らかだ。原子爆弾――キノコ雲に象徴される――に魅せられるのも、その絶対的な力、支配力や万能の力を持つことについての飽くことのない〈欲望〉なのであって、欲望社会の囚人となった現代人こそが、マタンゴにほかならないのである。

キノコ雲とキノコ人間という安易な発想にも関わらず、若者たちが欲望に負けてマタンゴに変身してゆく過程には、人間の深層心理に潜む恐怖感を揺すぶられる。映画の最初と最後に映し出される都会のイルミネーションの夜景は、毒々しい色彩のキノコの群落と重なって見えてくる。ネオンサインの瞬く欲望の都が、放射性の光を放ち、色彩の乱舞するマタンゴの群像と見えてくるのだ。

放射性物質に汚染された食物を摂食することによって、内部被曝し、その放射能の影響によって体の細胞が変化し、怪物化してゆく。当時、飲食物による内部被曝の問題は、ほとんど広島や長崎のヒバクシャの間でも、また第五福竜丸の放射能マグロの問題でも、ほとんど意識されていなかったと思われるが、口の中に入れる飲食物の安全性については、水俣病などの公害や、農薬などの危険性の指摘などもあって、ヴィヴィッドな問題として社会に浮上してきていた。

『マタンゴ』は、そうした社会問題の先駆的な警鐘としても、意味を持っていたということができるのである。なお、本多猪四郎監督の「放射能モンスター映画」や「変身人間」シリーズには、シナリオ・ライターの木村武＝馬淵薫（本名の馬淵薫と木村武の筆名を使ってシナリオを書いた）が深く関与しており、放射能恐怖というモチーフについては、本多猪四郎監督よりも、脚本の木村＝馬淵の発案という見方がある（拙著『原発と原爆　「核」の戦後精神史』［河出ブックス］参照）。これまで取り上げてきた『フランケンシュタイン対地底怪獣《バラゴン》』、『フランケンシュタインの怪獣　サンガ対ガイラ』、『美女と液体人間』、『マタンゴ』のいずれも、監督・本多、脚本・木村＝馬淵コンビのものである。

同じ一九六三年の公開ということで、『マタンゴ』を、ノーベル文学賞の受賞作家ウィリアム・ゴールディング原作の英国映画『蠅の王（The King of the Fly）』（ピーター・ブルック監督）と比較することができるかもしれない。近未来の核戦争から疎開するために、船出した少年たちが、孤島に漂着した。最初は協力して生き延びようとしていた少年たちの間に、支配・非支配の政治的な序列や秩序ができ、そこから排除された者たちがリンチを受け、殺されてゆく。究極のサバイバル・ゲームが行われてゆく。

少年たちの間に醸し出される狂気と、野蛮な暴力。「原子力」は、まさに「原始の暴力」を発動させるのである。

人間か？　モンスターか？

アメリカの放射能モンスター映画に戻れば、B級映画の巨匠といわれたロジャー・コーマン監督による『原子怪獣と裸女（Day the World Ended）』〔26〕（一九五六年）がある。これは一種の核戦争後の世界もので、第三次世界大戦が起こり、全世界が放射能の影響で破滅した時に、鉛の鉱脈に囲まれた谷間で、父と娘の二人が生き延びていた。そこへ次々と生存者がたどり着く。しかし、生存者七名に対して、食糧や日用品はわずかだ。家のなかの人間たちは、互いに疑心暗鬼を抱き、葛藤や抗争が始まる。そこへ、放射線障害によって、三ツ目で頭に角が生え、醜く体中が変貌した「原子怪獣」が、女性を襲おうとやってくる。この怪物は、水に弱いというのが特徴である。それがどんな科学的、生物学的根拠に依存しているのかは分からないのだが。

核爆発後に取り残された人間たちの葛藤というシリアスな設定の割りには、「原子怪獣」が今から見ると可愛らしいキャラクターに見える。訳題にある「裸女」というのは、作中にプールで女性が水着で泳ぐシーンがあるからだと推測されるが、羊頭狗肉以外の何物でもなく、観客を誤誘導するものと思われる。原題の通り、〝世界の終わりの日〟ぐらいにしておくべきだろう。

この映画は、後に『2889　原子怪人の復讐(In the Year 2889)』(一九六六年、ラリー・ブキャナン監督）としてカラー映画でリメイクされるのだが（一九五〇年代の映画は、ほとんどが白黒映画である）、ヒバクし、モンスター化した人間の悲哀、苦悩がテーマとなっていることには変わりない。原子怪人（原子怪獣）となったのは、主人公の

26

娘が待っていた恋人の変身した後の姿だったと暗示されている。

放射能が人間を異形化し、畸形化し、突然変異のミュータントを生み出すという俗流科学は、偏見と差別感に満ちたホラー・パニック映画を生み出した。リメイク版である『ヒルズ・ハブ・アイズ（The Hills Have Eyes）』（アレクサンドラ・アジャ監督、二〇〇六年）のほうが有名となったが、そのオリジナル版である『サランドラ（Salandora）』（一九七七年、ウェス・クレイヴン監督）は、退職警官であるボブ一家が、ロサンゼルスの砂漠で、米軍による原爆実験場で被曝し、異常な食人種となった〝ジュピター〟の一族に襲われるというストーリーである。放射能によって突然変異し、モンスターとなった一族。血まみれの残虐シーンが続くこの娯楽映画は、モンスター化した人間による恐怖を描いているのだが、それは原水爆実験や放射能に対する恐怖をどこかに置き忘れたような、単なる娯楽としてのホラー映画にとどまっており、一九五〇、六〇年代の放射能ホラー映画とは、隔絶したものとなっている。

『サランドラⅡ（SalandoraII）』（一九八四年、ウェス・クレイヴン監督）では、危険地帯にオートバイレース出場ということで潜り込む若者たちの中に、〝ジュピター〟一族の生き残りで文明社会に戻ったルビーがいて、一族の後裔たちと戦うのである。

『サランドラ』のリメイク版である『ヒルズ・ハブ・アイズ』は、もっとスプラッターなホラー映画という趣きを強調している。キャンピング・カーを引いて砂漠のハイウェイを行く一家は、『放射能X』以来の放射能恐怖映画の〝伝統〟を引いたものともいえる。

『ヒルズ・ハブ・アイズⅡ（The Hills Have Eyes II）』（二〇〇七年、マーティン・ワイズ監督）では、アメリカ陸軍の新米兵士たちが、被曝モンスターたちと戦うという設定となっている。米軍が核兵器実験のために生み出したモンスターたちが、その米軍兵士たちにリベンジを行うという構図だが、野蛮、残酷、狡智、粗暴という〝敵〟の描き方には、白人とインディアンとの戦いという西部劇映画の構図が踏襲されているのではないかと考えられる。敵である被曝モンスターたちの住むのが、岩山であり、西部劇でお馴染みのアパッチ族の砦（山寨）を思い起こさせる。

放射性廃棄物のドラム缶に頭から突っ込んだ、ひ弱ないじめられっ子が、凶暴で強力な〝毒々モンスター〟に変身してしまったというスラップスティックなコメディーが、『悪魔の毒々モンスター（The Toxic Avenger）』（一九八四年、ロイド・カウフマン、マイケル・ハーツ監督）シリーズである（三部作）。モップ片手に、町の悪漢たちを次々と退治してゆく、醜悪な容貌をしたメルヴィンは、もともとは女の子にからかわれる弱虫男だが、ビルの窓から落下したところに、ちょうど放射能廃棄物の入ったドラム缶があり、そこで放射能塗《まみ》れとなった彼は、一転して、巨体の強力な正義漢となって、街の悪に対する掃除屋として大活躍するようになる。

二作目『悪魔の毒々モンスター　東京へ行く（The Toxic Avenger Part II）』では、瞼の父を追って東京にやってきたメルヴィンは、安岡力也扮するところの日本のギャング（忍者マフィア）を相手に、築地や新宿や銀座で大暴れするが、核廃棄物とも放射能とも何の関係もない、単なる低俗なブラック・コメディーでしかなくなっている。せっかく、ヒロシマやナガサキのある日本に来たのだから、原爆と放射能との関わりについて、何かエピソードがあってしかるべきだと思われるが、二作目も三作目『悪魔の毒々モンスター　毒々最後の誘惑（The Toxic Avenger PartI3 Last Temptation of Toxie）』も、すでに放射性廃棄物によって〝毒々モンスター〟が生まれたという誕生の過程をすでに忘却してしまったと考えざるをえないのである。

ハリウッドの映画俳優の中年夫婦が、原爆実験場だった西部の砂漠をドライブ中に車が故障し、そんな危険な砂漠地帯に一人で住む、先住民の血を引く若者、「ボーイ」の小屋に宿泊することになるというのが、『ダーク・ブラッド（Dark Blood）』（二〇一三年、ジョルジュ・シュルイツァー監督）という作品である。この映画は、一九九三年に撮影が開始されたが、主役の「ボーイ」を演じたリヴァー・フェニックスが、映画の完成前に急逝し、二十年後に監督が完成させたという曰《いわ》く付きの作品だ。

ハリウッドの俳優夫婦が砂漠への旅に出る。途中で車が故障し、砂漠の真ん中で立ち往生。妻が灯りを見つけ、助けを求めに行くと、そこには先住民の血を引く「ボーイ」と犬とが孤立して住んでいた。原爆実験場とされていたその地域は、放射能に汚染されていた。「ボーイ」は、放射能による白血病で妻を失い、「世界の終わり」が近づいていると信じている。俳優の妻を引き留めようとする「ボーイ」。苛立つ夫は、歩いて砂漠を行こうとするが、死にかかるところを「ボーイ」に救われる。小型トラックを盗み、脱出しようとする夫婦は、危険地帯に逃げ込むが「ボーイ」に連れ戻され、男二人の争いが激化する。

『ヒルズ・ハブ・アイズ』にやや似た設定だが、先住民問題や、中年夫婦の倦怠期やら、先住民の神秘主義が取り上げられる。最後に「ボーイ」は夫に殺され、妻の乳房に顔を埋めて死ぬ。燃やされる砂漠の一軒家。夭折したリヴァー・フェニックスの主演作を、監督がその死後、二十年後に完成させたこの映画には、原爆実験の実写フィルムが挿入されている。

ゼロ年の無法ピクニック

キャンピング・カーを引いた自動車で、週末旅行に行くファミリーが、絶対絶命のサバイバルの闘争を強いられるというテーマとしては、**『性本能と原爆戦』**〔**27**〕という、詐欺まがいの邦題を付けられた『Panic in year Zero!』（一九六二年、レイ・ミランド監督）がある（日本での配給会社が大蔵映画だったため、こんなポルノ的な邦題となった。作中で強姦事件があったことは暗示されるが、具体的なシーンは皆無である。なお、日本での公開記録はあるが、日本国内でビデオ、ＤＶＤなどのソフト化したものはない）。

　中年の夫婦（夫役をレイ・ミランドが演じている）と息子、娘の四人の、アメリカの典型的な中産階級の家族が、キャンピング・カーを引いてのキャンプ旅行に出る。ドライブの途中で、閃光と轟音に出会い、山脈の向こうにキノコ雲が立つのを見る。ラジオのニュースを聞くと、都市で核爆発が起こったのだ。あわててガソリン・スタンド、食料品店、銃砲店で必要なものを買い揃えようとするが、値段をふっかけられたうえ、カードやチェックは役に立たず、現金しか受け取ろうとしない。家長である夫（父）は、真面目で実直な小市民としての顔をかなぐり棄てて、腕尽くで銃砲を強奪するギャングと化す。割り込む隙のない高速道路では、ガソリンをぶちまけて走行車を炎上させ、その隙間に自分たちの車を割り込ませるといった無法ぶりを働く。

　森のなかの洞窟でサバイバル生活を送る彼らを、やはり都会から逃げてきた若者のグループが襲う。娘をレイプされた父親は、息子といっしょに彼らを復讐のために射殺する。西部劇まがいの決闘シーンだ（そこで、息子の恋人となる若い女を救出する）。

　平凡で実直な夫（父）を中心とした典型的なアメリカ人のファミリーが、原水爆パニックに襲われ、その表面上の顔貌を脱ぎ棄てて、西部開拓時代と同様な、暴力

27

の支配する〝弱肉強食〟の世界へ戻ってしまう。そこでは、〝やられる前に、やれ！〟が鉄則であり、それが男らしい生き方であり、子女を守る家父長の役目なのだ。社会的な倫理や道徳よりも、そうした〝力の支配〟こそがアメリカ的原理なのだ。原水爆パニック、放射能パニックは、そうした無法者たちが闊歩する状態に人間を引き戻す。文化や文明の底の浅さと、剝き出しの〈欲望〉と、野蛮な〈暴力〉がそこでは現出する。原子時代は、原始時代を甦えらせたのである。

こうした映画が、西部劇ヒーローの活躍するアメリカの娯楽映画の〝伝統〟をしっかりと踏まえたものであることは明らかだ。西部開拓史は、野蛮や弱肉強食の暴力が〈文明〉に駆逐されてゆく過程を描いたものであり、「放射能／核」映画は、その逆に、〈文明〉そのものが圧倒的な暴力を持つに至る過程を描くものだ。『性本能と水爆戦』（繰り返していうが、この邦題にはきわめて問題がある）は、〈文明〉や〈文化〉が行き詰って、元の原始的な弱肉強食の暴力支配の時代に戻ってしまったことを主題としている。そこには自存自立の個人主義的な立場からの防衛本能しか存在せず、言葉も共感も〝敵〟との間では通用しない、初期西部劇の自助による自己防衛の本能的なものの発露しかない。砂漠、山砦、襲撃、銃撃というパターンは、まさに西部劇な感性の甦りといわざるをえないのである。

核戦争勃発の情報によって社会がパニック状態になるという映画は、その後も作られている。『ミラクル・マイル（Miracle Mille）』（一九八八年、スティーヴ・デ・ジャーナット監督）は、間違い電話で、いち早く核戦争の勃発を知った男女のカップルが、街から逃避しようとするが、その間に街はパニック状態になり、大混乱を引き起こしていたというストーリーだ。

怪獣が押し寄せても、核戦争が勃発しても、原子力発電所が爆発しても、人々はパニックを起こすだけしか能がないのである。

科学者は訴える

ところで、映画館のスクリーン上には、これだけ「放射能」や「放射線障害」についての、誤った（巨大化、縮小化、畸形化、モンスター化）、あるいは誇張された、あるいは欺瞞的な言説が垂れ流されているのに、核物理学者や原子力の研究者、サイエンス・ライターたちは、それを訂正したり、誤解を解いたり、啓蒙することをしなかったのだろうか？　いくら子どもだましの娯楽映画だとしても、科学的に、生物学的に、社会学的にまったくナンセンスな物語を、倦まず弛《たゆ》まず、作り続けてきた映画界に、良心的な科学者の否定的な声はなかったのか？

これは、後に、原爆、あるいは原発に関するドキュメンタリー映画の作品論として展開したいと思うが、そもそもの「放射線物理学」の始まりが今から見れば無知蒙昧、発展途上のきわめて原始的な段階から、ようやく離陸しようとしたのが、二十世紀初頭だったという歴史的な事実がある。それから百年ほどの学問的歴史しか「原子物理学」「核エネルギー工学」「放射線医学」は持っていないのである。

もちろん、私たちは、ヴィルヘルム・レントゲンやキュリー夫人（夫妻）のことを忘れているわけではない。キュリー夫人については、主なものだけでも、二本の伝記的映画が作られ、古典的な評価を得ていることは、今更言うまでもないことだ。単に優れた業績を挙げた研究者、科学者としてだけの評判ではなく、人類文化に貢献し、また、女性として偉大な科学的業績を挙げた人物として、不動の評価を獲ち得ていることは明らかだ。これまでノーベル賞を二度受けたのはキュリー夫人だけであって、妻として、母として、教師として、その人間性においても、賞賛を惜しむ人はない。

『**キュリー夫人**（Madame Curie）』〔**28**〕（一九四三年、マーヴィン・ルロイ監督）は、マリーとピエールのキュリー夫妻が、長年の実験の苦労の末に、ラジウムを発見するまでを主にストーリーの根幹としている。科学の研究しか頭にないマリーとピエールは、出会い、結婚し、二人が互いにかけがえのない研究のパートナーとして、そして伴侶として理想的な生活を送る。新元素であるラジウムの発見は、キュリー夫妻に栄光と名誉をもたらした。しかし、ピエールが馬車との交通事故で死亡し、キュリー夫人は一人とり残され、以前にも増して実験と研究の日々を過ごすことになる。

放射性元素であるラジウムを抽出する過程で、夫人は手に炎症を起こす。それはガンに転化するかもしれない、危険な放射線障害である。だが、この古典的な映画は、より注意深い実験過程によって、炎症は回復したと語る。だが、私たちは知っている。キュリー夫人の体を蝕《むしば》んでいた放射能の被害を。ピエールの交通事故も、放射性障害による眩暈や疲労に原因を求められるかもしれない。しかし、映画ではそれは単なる事故であり、悲劇ではあっても、キュリー夫人の放射性元素の研究を立ち止まらせるものではなかった。放射能の怖ろしさが、ここでは決して表現されることはなかったのだ。

二本目のキュリー夫人（夫妻）伝である『**キュリー夫妻**（Les Palmes de M. SCHUTZ）』〔**29**〕（一九九六年、クロード・ピノトー監督）は、前作より遥かに半世紀以上の後に作られた。だが、ここでは放射能障害は明示されることがない。半世紀以上の原子物理学の発達で、放射線障害の身体への影響性ははっきりと確定され、ウランやラジウムを素手に扱ったような原子物理学の初期の研修者が死屍累々といってもいいほど放射線障害を被ったことが、すでに常識化されている現代において、だ。

28

29

フランスが原子力大国であり、原子力発電の先進国であることが、このキュリー夫妻の伝記映画から、放射能の恐怖を排除させた理由の一つだろうか。半世紀前のアメリカ映画の『キュリー夫人』でも、控えめながら、放射線症は描かれていたのに。

この作品では、ポーランドからの留学生であるマリーが、フランス語が堪能ではなく、移民として言語的な苦労をすること、また、アカデミーのなかでの権力構造や、発見・発明につきもののプライオリティーやオリジナリティー、研究組織の政治的な駆け引きなどが主要なテーマとして描かれている。それは、もちろん、この作品の製作時期、二十世紀後半のフランスやヨーロッパの情況を反映したものであることは間違いない。その意味でも、「原子力／核」の科学における「放射能」の問題がスルーされていることに疑問を感じずにはいられないのである。

しかし、科学的な啓蒙映画も時としては、重大な虚偽や虚構、誤解や誤認を導き出すプロパガンダと化す場合もある。ウォルト・ディズニー・プロダクションが作って、一九五七年にテレビで放映された『わが友原子力（Our Friend the Atomic）』というアニメ作品（実写部分もある）がある。もちろん、これは教育映画の体裁をとっているが、アメリカにおける原子力推進や、核エネルギー政策のプロパガンダ映画にほかならない。

アラビアン・ナイトの漁師とランプの中の巨人の寓話を中心に、原子の発見、核分裂、核融合の途方もないエネルギーの発散、それを原子爆弾にも、原子力発電にも使えることを、デモクリトスの原子論からアボガドロ、ラザフォード、アインシュタインなどの原子物理学――原子核、電子、中性子、放射線のモデルや、図像を駆使して、分かりやすく解説し、説明している。そして「原子力／核」のエネルギーを人類が手にしたことを、巨人の力を漁師がその知恵によってコントロールすることになぞらえている。

しかし、だが、それは本当に貧しい一人の漁師が手に入れるような力だったのだろうか？　それは彼には似つかわしくない、身の程知らずの〝力〟を彼に与えてしまったことではないのか？

また、一九五七年に、日本のドキュメンタリー映画の巨匠・亀井文夫は、『世界は恐怖する　死の灰の正体』で、放射能に関する問題を扱ったドキュメンタリー作品を公開した。もちろん、これは第五福竜丸のヒバク以来、世界的な問題となった原水爆実験の「死の灰」の危険性に警鐘を鳴らすものであり、日本の雨や土や植物から放射能を計測する科学者たちの姿を映し出している。ネズミやウサギに放射性物質を注射したり、吸い込ませたりして、生体がいかに影響するかを実験する生物学、医学の研究者たちの実験。さらに、原水爆の実験は続けられ、年々、地球を取り囲む環境のなかの放射能は増え続け、やがて生物に病気や奇形をもたらす原因となると、科学者たちは警告を発する。ショウジョウバエに放射線を照射し、その遺伝子の破壊、変化が、子孫にどれだけの遺伝的影響が見られるかを実験し、それが人間においても、当てはまると忠告する。

広島で被曝した母親から生まれた無頭児や単眼児などの標本を映し出し、そして生きて育っている小頭児の例が映される。気球で、飛行機で、空気中の放射能汚染の程度を調べ、このまま核実験が継続されれば、深刻な状態を招くと締めくくられる。

これだけ「死の灰」の危険性が研究されていたのに、その研究成果は、日本における原子力発電所の開発や建設、稼働にはいっこうに活《い》かされることはなかった。三・一一以降ですら、その教訓、警告は無視され、忘却されたままなのだ。確かに、現在の研究水準からいえば、訂正され、乗り越えられた部分もあるだろうが、「死の灰」の恐怖に関しては、現在において、もっと参照されるべき点も多いはずだ。フクシマの生まれえぬ子どもたちも、またホルマリン標本となってしまうのだろうか？

核の恐怖と核武装

しかし、科学、原子物理学や生物学、医学的な正しさを啓蒙する記録映画が、すでに述べたような一九五〇年代から始まる放射能巨大モンスター映画を上回る観客数を動員したといった話はまったく聞いたことがない。科学的な〝正しさ〟よりも、もっと刺激的で娯楽的な（それはある意味では社会学的な意味合いを含んでいた）映画の方が人気が圧倒的だったことは、ことさらに言うまでもない。

こうした「原子力／核」にまつわる放射能モンスター映画をパロディー化したのが、一九九三年に公開された、ジョー・ダンテ監督の作品『**マチネー　土曜の午後はキッスで始まる**（Matinee）』[30]だ。これは、冷戦時代の一九五〇年代を回顧し、それがどんな時代であったかを思春期の少年少女たちを主人公に、青春グラフティーとして、映画（映画館）全盛時代でもあり、冷戦真っ最中の時代であった監督自身の自らの少年時代を懐かしむ映画でもあったといえるだろう（ジョー・ダンテ監督は一九四六年生まれ。映画の主人公ジーンとはほぼ同年齢である）。

海軍に勤務する父親を持つ、十四歳のジーン少年は、フロリダ州のキーウエストの街に引っ越してきた（こうした経歴は、ダンテ監督と異なっている）。彼は、大のモンスター映画ファンだ。折しも、街の映画館には、『マント！（Mant!）』という映画を上映しようとする映画製作者で、興行師のウールジーが、映画館にさまざまな仕掛けをほどこして、大当たりを取ろうと画策していた。

30

『マチネー』には、一九五〇年代に作られた放射能モンスター映画としての『放射能X』や『蝿男』に捧げられたオマージュとしての作品といえるかもしれない。そこでは、MAN（人）とANT（蟻）が融合したMANT（蟻人間）という化け物が登場するSF映画が劇中劇として上映されている。

歯医者のところでX線を受けていた患者を、アリが噛んだため、その唾液が体のなかに入り、放射線であるX線と感応して、患者は、巨大なアリの頭を持つ蟻人間に変身してしまったのだ（体全体が、徐々に〝蟻化〟してゆくのである）。これが、『放射能X』や『蝿男の恐怖』とを足して、二で割ったキャラクターであることは自明だろう。

白黒画面で映し出されるのは、一九五〇年代から、六〇年代にかけておびただしく作られたプログラム・ピクチャーとしての「放射能モンスター映画」のパロディーである『マント！』という映画だ。これがもちろん、『放射能X』に代表されるB級の「放射能恐怖映画」が下敷きにあることは間違いない。映画のプロデューサーであるウールジーは、観客席の座席の下にバイブレーターを置いたり、着ぐるみの蟻人間を通路に登場させたり、あの手この手で観客の恐怖感を煽ろうとするのだが、こうした放射能に関する観客の恐怖感には、現実的な裏付けがあった。海軍の兵士であるジーン少年の父親は、キューバ危機が発生したために、特別招集を受け、キューバへ向かって航行している。つまり、ジーン少年たちが、『マント！』という放射能モンスターのホラー映画を観ているのは、一九六二年の一〇月一四日から、二八日までの十四日間のいずれかの一日なのである。

空襲警報が鳴ったら、すぐに廊下の端に出て、頭を押さえてしゃがみ込む姿勢を取る。教室のなかならば、机の下に頭を抱えてしゃがみこむ。これは、当時、原爆の空襲対策として、アメリカのすべての学校で行われていた防空訓練だったのである。一九八二年のケヴィン・ラファティ、ジェーン・

ロンダー、ピアース・ラファティの三人が共同監督した『**アトミック・カフェ**（The Atomic Cafe）』〔31〕には、この頃に実際に上映されていた防空訓練の教育アニメが収録されている。カメのバートをキャラクターとした『ダック・アンド・カバー（Duck and Cover）』は、〝さっと屈んで身を守ろう〟という日本語訳の通り、ピカッと光ったら、道端であれ、廊下であれ、カメが甲羅のなかに頭を隠すように、頭を両手で守って、体を屈めて壁や溝に退避しようと呼びかけている。教室のなかでは、机の下にもぐることが奨励されている。「原爆がとても危険だということはみなさん、よく知っていますね。もしかしたら私たちに向かって飛んでくることもありますから、いつも準備しておかなければなりません」と映画のなかでナレーターはいう（ロバート・A・ジェイコブズ『ドラゴン・テール』）。

原爆投下に備える教育的な広報のフィルムやアニメは、一九五〇年初期には数多く作られ、『あなたは原爆に打ち克てる（You Can Beat The A-Bomb）』（一九五〇年）とか『原爆攻撃のもと生き残る（Survival Under Atomic Attack）』（一九五一年）といった題名の啓蒙的映像が残されている。

原爆に、こんな退避訓練（準備）がどれだけ有効かどうかは心もとないが、自助努力、自己防衛の〝アメリカン・スピリット〟は、生きていて、各戸の核シェルター建設という一九五〇年代の流行につながっていることは明らかだろう。『マチネー』は、こうした五〇年代的な現象を揶揄的に作中に取り込んでいるのである（なお、「マチネー」という題名のそのものの意味は、劇場の昼間興行の意味で、割安料金で見られる映画（興行）のことだ。この映画は、映画館で見る映画が最大の娯楽だった〝映画の最盛期〟の時代へのオマージュでもあるだろう）。

主人公たちが見ているテレビ画面では、ジョン・F・ケネディ大統領が、ソ連の

31

キューバへのミサイル持ち込みを断固、拒否すると国民に訴える演説をしている。核戦争も辞さないという決意である。街のスーパーマーケットでは、戦争が始まるかもしれないという噂でパニックになった大人たちが、醜く争いながら、飲み物や食料品の買い出し、買い占めを行っている。夜中、こっそりと母親は夫と子どもたちを映した平和な日の日常を映したビデオテープを観て、涙を流している。ソ連との開戦となれば、海軍士官としてキューバへ行っている夫の身が安全であるわけはない。最悪の場合を覚悟しなければならないのだ。

一九六二年に小学校の高学年だった私も、当時住んでいた北海道の稚内市で、裏山にある米軍のレーダー基地のドームのような建物が光り、自衛隊か、米軍のヘリコプターか、分からないが、それらがひっきりなしに飛んで、バリバリという夜空を切り裂くような響きをたてているのを見て（聞いて）、本当に戦争がはじまるのだ、と思っていた。ちょうど、ジーン少年の弟ぐらいの年齢だったのだが。ジーン少年とガールフレンドは、映画館の館主が作った核シェルターの中に閉じ込められてしまう。絶対に外からは開けることが出来ないというシェルターに、である（結局は、割合簡単に開けられるのだが――この頃は、核シェルター工事人の書き入れ時だったのだ）。

つまり、この映画は、一九〇〇年代の現在において、一九五〇〜六〇年代にかけての「核戦争」「核爆発」「放射能」についての〝過剰な〟恐怖感、不安感を笑っているのだが、もちろん、その当時に、リアルタイムに生きていた人々にとって、それは滑稽でもあるが、真剣なものでもあり、アメリカ人にとっても、「原子力爆弾」「核兵器」は、恐怖を培養するもの以外ではありえなかったということなのだ。

しかし、それが世論として、アメリカの核政策を修正させたり、核開発、核実験を中止、あるいは廃止させる方向へ動かすということは、まったくなかったといってよい。逆に、国民の「核」への恐怖感を煽ることによって、歴代の大統領に率いられたアメリカ政府は、かえって「核武装」を堅固にするといった方向にまっしぐらに進んでいったといってよい。一千回以上の核実験は、むしろ核戦争への恐怖、放射能被害の不安を追い風に走り続けてきたのであり、それは世界で一番〝力〟を持つといわれるアメリカ大統領でさえ、とどめることの出来ない趨勢《すうせい》であり、潮流だったのである。その点で、二〇一〇年のオバマ大統領の核兵器廃止へに向けての演説は、高く評価出来る(そうした期待によって、オバマは、二〇一一年のノーベル平和賞を受賞した)。しかし、まったく実行のともなわない理念だけの演説は、やがて失望と絶望を生み出すことになるのであり、やがてそれは、地球の放射能汚染について、もっとも罪が深いのは、ほかならぬアメリカ合衆国であることを全世界的に思い出させることになるだろう。

二〇一六年六月に安倍晋三首相の肝いりで、伊勢志摩サミットが行われ、そのついでに、バラク・オバマがアメリカ合衆国の大統領として、初めて広島を訪問した。平和記念碑に花輪を捧げ、被曝者を抱擁するというパフォーマンスはあったが、むろん、原爆投下に対する謝罪はなかった。高邁で、哲学的といわれた反戦、核兵器の否定などの演説はあったが、それは何の実効性や実行力を伴うものではなかった。日米軍事同盟を強化し、日米軍の共同歩調を常態化しようという、安倍政権、米国軍の思惑に沿った発言はあっても、具体的な核軍縮の道のりなども、まったく示されることのない、口先だけの平和演説だったのである(大統領の任期切れになった頃に、国連の安保理での核実験停止条約の推進を宣言したりしたが、その実効性(北朝鮮の核実験を牽制する程度の意味しかない)や、本来の目標の核兵器廃絶への道筋はまったく見えてこないのである)。

なお、ジョー・ダンテ監督には、『セカンドインパクト（The Second Civil War）』（一九九七年）という作品もある。インドがパキスタンを核攻撃した結果、パキスタン難民が多量に発生した。アメリカ合衆国が受け入れを決めるが、アイダホ州ではこれを拒否し、頑固な州知事は合衆国からの離脱や、第二の〝南北戦争〟の勃発も辞さないと、州境を封鎖するという行動に出た。連邦政府と州政府との間で緊張が高まるが、その原因は大統領の選挙目当ての人気取りと、州知事の不倫の後始末から始まったものだった。

『マチネー』と同じく、基本的にはコメディーというべきなのだが、移民問題、差別問題が深く絡んでいるので、単純に笑うことはできない。このアイダホ州知事には、共和党の大統領候補ドナルド・トランプ（第四十五代大統領になった！）を思わせるところもあり、題名の〝第二次南北戦争〟も、必ずしも架空の設定とも思えなくなる。アメリカ合衆国は、二分されているのである。

32

キューバ危機がもたらした映画

米ソの冷戦のクライマックスともいえるのが、一九六二年十月に勃発した、いわゆる〝キューバ危機〟であり、それは、全世界的に「核戦争」勃発の危険性を知らしめたものだが、偶然や機械の故障、個人の人為的なミスや悪意、錯覚や勘違いによっても偶発的な核戦争は、起こりうる。そうした危機感を背景に作られたのが、『**未知への飛行　フェイル・セイフ**（Fail-Safe）』［**32**］（一九六四年、シドニー・ルメット監督）である。

水爆を搭載したアメリカの爆撃機が、「モスクワ攻撃命令」の暗号指令を受信した。そのまま指令通りに爆撃を敢行したら、米ソ両国は、全面的な核戦争に突入して、世界の潰滅は必至である。それは機械の故障による間違った指令なのだが、いったん受け取った指令を取り消す方法はない。敵の攪乱電波による偽情報もありうるからだ。

米軍司令部から連絡を受けたアメリカ大統領は、ソ連の書記長に電話し、爆撃機が誤って領空に侵入し、核爆撃を行おうとしているから、それを撃墜するように依頼する。しかし、一機はついに爆撃目標地点に近づく。大統領は、書記長に避難を呼びかけ、もしモスクワが攻撃されたとしても、報復の核による攻撃は思いとどまるように懇願し、その誠意の証しとして、ニューヨークを核爆弾によって自爆させると約束する。モスクワとニューヨークの犠牲によって、世界は、はたして救われるのか。この映画は、評判となり、二〇〇〇年には、同題でリメイクされ、スティーブン・フリアーズ監督によるテレビ映画作品として作られ、放映された（ビデオ・ソフトもある）。

また、キューバ危機をジョン・F・ケネディ大統領と、弟のローバート・ケネディの〝ケネディ兄弟〟の側から見たドキュメンタリー・タッチの映画として、『13デイズ（Thirteen Days）』（二〇〇〇年、ロジャー・ドナルドソン監督）がある。

何重もの壁によって、核のボタンを誤って誰かが押すことは絶対に避けられている。そのはずなのに、現実にはどんなことでも起こりうる。五重の壁によって防がれているはずの、福島第一原発の原子炉から放射能は漏れるどころか、キノコ雲、原子雲となって飛散した。安全の壁などは、本当は〝バカの壁〟にしかすぎなかったのだ。核ミサイルの誤爆といったものは絶対にあってはならないものだが、しかし、「起こりうることは、起こる」という地震学者の石橋克彦の唱える「原発震災」の〝法則〟を私たちは、二〇一一年の三・一一に実際に現実のものとして目にしてしまったのだ。

偶発的な「核戦争」の勃発を描いた映画作品としては、スタンリー・キューブリック監督の『博士の異常な愛情　また私は如何にして心配するのを止めて水爆を・愛する・ようになったか（Dr. Stragelove or :How I Leared to Stop Worrying and Love the Bomb)』（一九六四年）がある。アメリカの戦略基地司令官のリッパー将軍は、突然、ソ連への水爆攻撃を命じた。ソ連はすでに全世界を破滅させる最終兵器を開発していたというのだ。攻撃があれば、それを使わざるをえないという駐米のソ連大使。アメリカ大統領は、必死になってソ連の首相を説得しようとするが、なかなか真意が伝わらない。冷戦的思考で、互いに疑心暗鬼となっているのだ。ようやくソ連攻撃の命令は撤回され、ソ連軍に撃墜された数機を除いて攻撃機は引き返したが、一機だけ連絡不能で、目標を攻撃してしまう。ナチスの亡霊のようなストレンジラブ博士は、何度も、大統領を〝総統〟と言い間違い、右手を斜め上にまっすぐ、高く上げるナチス式敬礼をしてしまう。米ソの冷戦思考は、第二次世界大戦から尾を曳いたものなのだ。

『博士の異常な愛情　また私は如何にして心配するのを止めて水爆を・愛する・ようになったか』が描くのは、異常者による、一触即発の「核戦争」の危機なのだが、大統領をはじめ、核兵器のボタンを押す権限を持つ人間が、常に〝正常〟な判断を下せる立場や環境にあるとは思えない。

スティーヴン・キング原作の『デッドゾーン（Dead Zone)』（一九八三年、デヴィッド・クローネンバーグ監督）では、他人と接触すると、その人間の未来の行動が見えてしまうという超能力者が、将来、大統領になって核ボタンを押すという未来を持つ政治家を、それ以前に破滅させるというストーリーだ。

原子力潜水艦ものの『クリムゾン・タイド（Crimson Tide)』（一九九五年、トニー・スコット監督）は、核ミサイルの発射ボタンは、艦長の手に委ねられている。もし、この一人の男が〝正常〟でない場合は？

だが、本当は、大統領、司令長官、艦長といった一人の人間の手に〝全世界〟の運命が握られているというシステム自体が、非合理的であり、誤っているのだ。そして、アメリカのこうした映画に特徴的な冷戦思考が、このような危険な制度、システムを温存し、むしろ強化している。相手がもっと有力な核兵器を持っているのではないか、開発しているのではないかという疑心暗鬼。やられる前にやってしまえという過剰防衛、〝怯え〟から来る〝先制攻撃〟という名の防御反応。核兵器開発をエスカレートさせ、核実験を多発させてきたのは、アメリカ合衆国の〝民主主義〟と〝独立精神〟そのものだといわざるをえない。それは、ヒロシマ、ナガサキへの原爆投下の加害コンプレックスから解き放されないアメリカ国民の贖罪感に淵源するというのは、あまりにもうがちすぎの論議となるだろうか？

砂漠のキノコ雲

それにしても、これまで一千回以上もの核実験を行ってきたというアメリカ合衆国の「核」への固執は〝異常〟である。今から考えれば、単に核兵器の性能を試すとか、爆発力の威力を調べるとか、放射能の拡散の範囲を計測するといった、本来の核実験のケースはそれほど多くはなく、惰性的とまではいわないにしろ、「仮想敵国」に対し、これほどの脅威的武器を持っているぞ、という、示威的な宣伝効果の側面を持っていたように思われる。アリゾナ州ネバダ実験場での数々の核実験は、軍事技術的な問題というより、さまざまな「核戦争」のタイプやパターンを想定して、いわば〝実験のための実験〟を行っていたのではないか。つまり、核実験が自己目的化されていたのである（それには、核兵器（軍需）産業との、軍・民一体となった推進力が予想される）。

核実験をテーマに、あるいは核実験場を舞台としたアメリカ映画もある。数はそれほど多くはないのだが、概して、そうした核実験に反対の立場から、あるいは疑問を持つ立場からの視点を持った映画といえよう。

〝インディ・ジョーンズ〟のシリーズ、第四作目の『クリスタル・スカルの王国（Indiana Jones and the Kingdom of the Crystal Skull）』（二〇〇八年、スティーブン・スピルバーグ監督）の冒頭の場面に、こんなシーンがある。インディ・ジョーンズは、アメリカの核実験基地を破壊しようとするテロリストたちに捕まり、ほうほうの態で彼らから逃げ出すが、砂漠のなかにある変な町並みに紛れ込んでしまう。一見、普通のアメリカの町の家並みなのだが、住民たちは、マネキン人形で、洗車をしたり、家の中では主婦が料理をしたり、子どもたちは、遊んでいる。駐車場があり、通学バスが通りかかり、工場のような建物もある。その時、スピーカーから、「爆発、三〇秒前！」というアナウンスが流れ、カウントダウンが始まる。そこは、核実験の、その破壊力を実験するモデルハウスの町だったのである。インディ・ジョーンズは、咄嗟に冷蔵庫のなかに隠れる。鉛の板の入った冷蔵庫は、彼を核爆発から救ってくれたのである。吹き飛ばされた冷蔵庫のなかから彼が出てくる。その背後に巨大なキノコ雲が立ち上ってる。

もちろん、ここには、核実験に対する反対の意志や感情が表現されているわけではない。インディ・ジョーンズは、次の場面ではシャワーで放射能を洗い流し、何事もなく、冒険の日々に復帰してくるのである（爆心地のすぐ近くにいたのに、その程度の除染で大丈夫なのか、という突っ込みは、この際なしとしよう）。

この、普通のアメリカの街並みをモデルとして、核爆発の効果を実験するというエピソードは、既述した『オペレーション・キュー』という記録映画を基にしている。ごく一般的な工法で、木造家屋やコンクリートの建物が作られる。家のなかには、普通の家庭と同じように家具があり、冷蔵庫があり、キッチンがある。ミスター・アンド・ミセス・アメリカのマネキン人形が運びこまれ、男女、老若のマネキンが、爆風にさらされる戸外に立っている。缶詰食品がどれだけ放射能被害を受けるか。爆破実験と同時に木っ端微塵になる家屋だが、コンクリート製のシェルターのような建造物は被害が小さい。保存された食料も、食用に供される。アメリカが千回以上行った核実験のなかには、こうした必然性に乏しいと思われる実験も含まれていた（もちろん、当事者たちにとっては、必要で、重要な実験だった思われる。だが、爆破実験から二十数時間後に、廃墟となったモデル家屋に、平服で入り、マネキン人形などを収容していたのは、米軍当局が、放射能被曝をあまり恐れていなかった、考慮していなかったためと思われる）。

既述した『ザ・アトミック・キッド』の二人が迷いこんだのも、この実験場のマネキン家族の家であり、『インディ・ジョーンズ』のこのエピソードは、明らかに先行作のブラック・ユーモアを継承している。

一九八九年に公開された『**ナイトブレーカー**（Night Breaker）』〔**33**〕（ピーター・マイクル監督）は、一九五六年、ネバダの核実験場で、本当に起こった出来事を劇映画としているといわれている。神経学者アレクサンダー・ブラウンは、核実験場の爆心地の近くまで接近し、爆発実験を観察する部隊とともに、爆心地から五キロ地帯まで行く。しかし、そこにはあるべきはずの待避壕がなかった。彼らは、地面に腹

33

ばいになって、爆風や熱や放射能をまともに浴びることになった。しかし、それは手違いや間違いなどではなく、あらかじめ人体実験のために、軍上層部によって仕組まれたものだった。

　これは、一九五一年七月に行われた「バスター・ジャングル作戦」と名付けられた核実験（アメリカの核実験には、すべて「○○作戦」というように名前が付けられている。第五福竜丸が被曝したビキニ環礁での実験作戦は「キャッスル作戦」である。実験名が「ブラボー」）をモデルとしているようだが、これは、核爆発からどれぐらい離れていて、何時間後に兵士を突入させることができるかを測る実験だったといわれている（どれくらいの被曝量になるのかも）。

　アメリカの核実験がいかに非人道的に行われたか。もちろん、核実験そのものが非人道的なものであり、その「作戦」のいちいちをそうした観点から取り上げていれば、キリがないのだが、マーシャル諸島のビキニ環礁などで行われた水爆実験では、被害が及ばないとされた島、海域で放射能被害が起こり、島の住民たちは放射能で汚染された水を飲んだり、体や衣服を洗っていたりしたという。アメリカ軍がヒバクシャ救出しにきたのは、数週間も後のことだったという。また、洋上で実験を見ていた海軍兵士の多くがやはり被曝したという。そうしたヒバクシャは〝ない〟ことにして、救済も補償も一切なかったのだ。

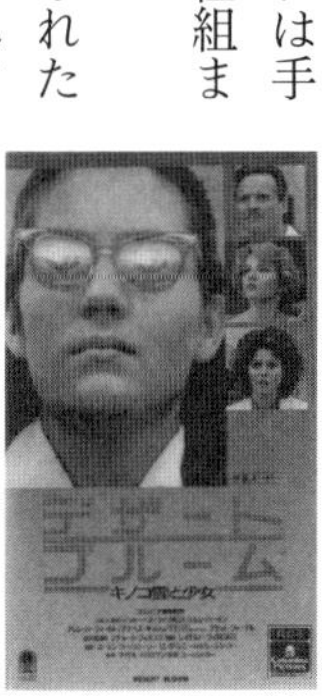

34

『**デザートブルーム　キノコ雲と少女**（Desert Bloom）』［**34**］（一九八五年、ユージン・コー監督）は、一九五〇年代のラスベガス近郊に住む十三歳の少女ローズ・キスモアを主人公に、義父との葛藤や、憧れの叔母への失望、ボーイフレンドとの交際などの人間関係をテーマとしている。義父は、第二次世界大戦での戦場体験の後遺症からアルコール中毒となり、ネバダの核実験場に近いその町は、朝鮮戦争で核爆弾が使用されるという噂が流れている。ローズは、おばあさんの家へ行くということで家出し、道を間違って、核実験が行われようとするネバダ砂漠へ迷い込む。義父によって連れ出された彼女は、翌日、新しい眼鏡で、実験場にキノコ雲が立ち上がるのを目撃する。一九五〇年代は、その時にティーン・エージャーだった世代にとっては、まさに〝核の恐怖〟と隣り合わせにあった時代であり、社会であり、世相だったのである。

一九九六年公開の『狼たちの街（Aulholland Falls）』（リー・タマホリ監督）は、ロスアンジェルス市警の特捜班（ハット・スクワット）が、情け容赦なくギャングや悪漢たちを逮捕したり、痛めつけたりするクライム・アクション映画だが、その特捜班のボス（フーバー警部補）の愛人が、全身骨折で、足に、放射能が検出されるガラス片が刺さっている死体として発見されるという事件が起こる。その背後には、軍の原爆実験場の秘密が絡んでいるようだ。ボスの警部補は、原爆実験の責任者の将軍に会いに行く。末期ガンを患っている彼は、国防のためには、犠牲者が出てもしかたがないと語る。将軍の愛人でもあった女性に、原爆実験の犠牲となったガン患者の兵士たちの秘密病棟を見られたために、軍用機から彼女を突き落として殺したのだ。

軍の砂漠での原爆実験は、多くの兵士たち、関係者を犠牲とした。その悲惨さを隠蔽するために、目撃者を消す、軍隊の非情さ。暴力、拷問、不法監禁なども厭わないロス市警の特捜班のデカたちも、その国家的な犯罪に憤らずにはいられなかったのである。

こうした核実験による米国人の被害については、スティーヴン・オカザキ監督が、『928発の閃光　アメリカ核実験被害者は今（Life Was Good）』（一九九六年）という短編のドキュメンタリー映画を撮っている。ネバダ砂漠の核実験場の風下で生活していたクローディア・ピーターソンは、姉と、自分の娘が原爆病で亡くなったことから、核実験の危険性と、米国政府の責任の認定と補償を求めて、反核実験運動に参加する。平和維持の美名の下に行われた核実験が、どれほど多くの被害者、ヒバクシャを生み出したのかを、アメリカ人自身が検証と反対の前面に立ち上がったのである。彼女は、ソ連の核実験場の被害者たちとも連帯し、世界的な規模で、核実験反対運動を繰り広げたのだ。

実験場のカウボーイ

もう一つ、核実験にまつわる問題をテーマとした映画を挙げておこう。『**ブルースカイ**（Blue Sky）』［**35**］（一九九四年）である。『長距離ランナーの孤独（The Loneliness of the Longdistance Runner）』（一九六二年）や『ホテル・ニューハンプシャー（The Hotel New Hampsher）』（一九八四年）などで有名なイギリスの映画監督トニー・リチャードソンが、アメリカで作った作品であり、彼の遺作となった。

ハワイで核実験の計画を担当していたマーシャル少佐は、実験での放射能漏れを問題にし、上司に疎まれ、アラバマ州の基地に転任させられる。彼の妻のカーリーは、女優に憧れていた派手好きで、お調子者の女性。アラバマの基地でのパーティーでの素人ミュージカルの主役となり、練習に熱心な日々を過ごしていたが、夫の上司のジョンソン大佐に誘惑され、浮気をしてしまう。その場面を娘に目撃された彼女は、ネバダ砂漠の核実験場に出張中の夫のもとに電話し、浮気を告白する。

その事件のちょっと前、核実験場をヘリコプターで視察していたマーシャル少佐は、実験場の砂漠に二人のカウボーイ姿の民間人がいることに気が付き、実験を中止するように連絡するが、本部はもはや間に合わないとして、実験を強行した。地下核実験によって、二人は重度な放射線被害を受けた

35

はずである。その事件をもみ消そうとしたジョンソン大佐を、マーシャル少佐は衆目の面前で殴り、憲兵に逮捕され、軍事法廷にかけられようとする。

妻は、前非を悔い、夫を助けようといろいろと手立てを講じるが、ジョンソン大佐の陰謀によって夫を精神病院へ送り込み、夫を無気力人間にしようという大佐の悪意の企みに乗ってしまう。彼女は、「ブルースカイ」という核実験計画を知り、民間人を被曝させたという事件を暴露しようとする。しかし、カウボーイたちに証言を拒否され、彼女は、一人で牧場の馬に乗り、核実験場に入り込む。折しも、大佐たち軍幹部は、新聞記者たちを集め、テレビ中継で核実験を公開するところだった。妻は、軍幹部と取引して、夫を精神病院から出させ、彼は除隊し、原子力科学の大学教授として、人生をやり直すことになった。

一千回もの核実験を繰り返すうちに、放射能漏れの事故や、兵士たち、あるいは民間人の被曝といった事故や事件が皆無であったとは考えられない。意図的な人体の被曝といったことさえあったのだ。映画『ブルースカイ』は、そうしたアメリカ軍のなかでも、良心派の軍人もいたのであって、大気圏内での実験を止め、地下核実験に切り替えるべきだというのが、マーシャル少佐が何度も出し、そのたびごとに上司に握りつぶされていた上申書の中身だった。

二〇〇〇年に製作されたＤＶＤ『悪魔の核実験（Atomic Bomb Tests）』は、一九五三年と五五年の核実験を記録した「核爆発の影響」と「核兵器の破壊力」、そして「核の脅威」と題された、核攻撃への対処の仕方を啓蒙する短篇のドキュメンタリー映画、三本を収録したものである。これらの実写映像は、核爆弾の威力を示すものとして、また、そのおどろおどろしいキノコ雲を実見させるものとして、たくさんの映画のなかに〝引用〟されることになる。

こうしたアメリカの核実験の実写の記録映像を使いながら、核実験や核兵器の問題性を問うのが、『ザ・アトミックボム　核実験体験ムービー（The Atomic Bomb Movie）』（一九九九年）である。アインシュタインのルーズベルト大統領への核開発を促す手紙から始まったとされるアメリカの「核兵器」は、ヒロシマへのリトルボーイ、ナガサキへのファットマンの実戦使用の原爆から、ニューメキシコの砂漠、マーシャル諸島の珊瑚礁と海域、ネバダ砂漠での一千回以上の核実験のために製造され続けてきた。大気圏内の地上爆発、海中爆発、地下爆発というように、手を換え、品を換えで実験は継続されてきた。キャノン砲による砲爆、潜水艦からの核ミサイル、あるいは核弾頭魚雷、宇宙での爆発実験。ありとあらゆるパターンと環境と場合を想定し、実戦で使わない代わりに、実験によって核兵器は使用され続けたのである。自国民も、他国民も、人類以外の動植物の生物も、そのまき散らす放射能によって汚染させながら。

ようやく、大気圏内や宇宙空間、水中での核実験を、米ソの両国が禁止するという「部分的核実験禁止条約」が一九六二年八月に結ばれたのだが、その二年後の一九六四年、今度は中国が核実験を成功させ、米ソ、英仏に続いて五番目の核保有国として名乗りを挙げたのである。

映画のなかでは、核爆発実験に成功して、狂喜乱舞して、キノコ雲の下へと突進し、歓声を挙げる中国人民軍の兵士たちが映し出される。核実験という愚行は、繰り返されるのであり、それを阻止する手立てを私たちは持たないのだ。核兵器は、実戦で、使うことに意味があるのではない。実験で、保有しているということをアピールすることに意味があるのだ。散々に、そうした非論理的な論理によって核実験を繰り返してきたアメリカにも、ロシアにも、中国にも、そしてプルトニウムを大量に抱え込み、さらに原発を再稼働させてプルトニウムを生み出そうとしている日本にも、現時点で地球上で唯一、核実験を実践している北朝鮮の核実験を止めさせる道義的優位性は、どこにもないのである。

草原のキノコ雲

核実験をテーマとした珍しいロシア映画がある。ソ連や中国などの社会主義国（これも色褪せた言い方だが）でも核実験が盛んに行われたことは確かだが、一党独裁の社会主義体制のために、情報統制が厳密に行われ、高度な軍事機密として核兵器開発や核実験などは、きわめて厳重に秘匿される機密としてあった。

アメリカの核実験が、一定の制約や限度があっても、情報公開や広報の対象となり、記録映画や劇映画の素材となっているのに対し、ソ連、中国のそれはまさに〝鉄のカーテン〟によって完全に目隠しされていたといってよい。

それでも、ソ連が崩壊し、社会主義体制が解体してロシア共和国に生まれ変わってから、そうした情報に基づいた映画が作られ、公開されるようになった。それが、『**草原の実験**（Ispynie）』〔**36**〕（二〇一四年、アレクサンドル・コット監督）である。

見渡す限りの大草原（モデルとなったのは、ソ連時代のセミパラチンスク核実験場だろう。現カザフスタン共和国にある）に一軒の家があり、東洋系の父親と暮らす娘（東洋人と白人との混血らしい）。毎朝、オンボロのトラックでどこかへ働きに出る父親。娘は、幼馴染の東洋系の少年と、青い瞳を持つ白人系の少年と心を通わす。他に、周囲には誰もいないのだ。

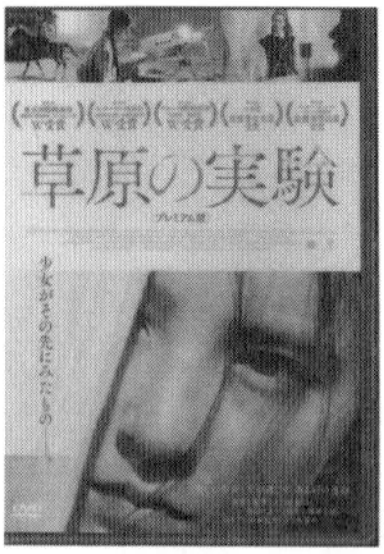

36

ある日、少女は草原を走るトラックの隊列を見る。仕事から帰ってきた父親は、男たちに裸にさせられ、水を浴びせられている。男たちの持つガイガーカウンターが警戒音をたてている。父親は熱を出し、病気となり、少女に正装してもらい、草原で死んだ。家を出た少女の前に立ちふさがる鉄条網。草原の広い区画が、鉄条網と柵で仕切られているのだ。

少女をめぐって二人の若者が争い合う。負けた若者は草原で涙を流し、もう一人の若者は少女といっしょに座っている。突如、草原のかなたが光と轟音を発し、キノコ雲が立ち上る。爆風と熱風は、大草原のすべてのものを薙ぎ倒すのである。

セリフのまったくないこの映画は、観客の最大限の想像力を引き出させる。しかし、映画から伝わるメッセージを誤って受け取ることはないだろう。大草原に住む少数民族を犠牲にして、ソ連は核実験を行った。核大国は、自国の人々さえ犠牲にして、その軍国主義的エゴイズムを貫徹するのである。

大草原の景観があまりにも美しく、少女があまりにも可憐であるために、この太陽の爆発のような火の玉とキノコ雲は衝撃的なのだ。タルコフスキーの映像美を受け継ぐような映画監督の実話に基づく実験的で、現実に対する批判力のある傑作なのだ。

『サンザシの樹の下で』の秘密

冷戦が終結し、ソ連が崩壊して、ロシアではようやく原水爆実験やチェルノブイリの原発事故などの情報が小出しに出されてきて、映画のなかでもそれに反応するような『草原の実験』のような映画が作られるようになったが、もう一つの〝社会主義国の核大国〟である中国では、核兵器開発や核実験の実態や情報などは、まったくといっていいほど明らかにされていない。ましてや、文学作品や映画がそうした問題をとりあげることすら、絶対的なタブーになっていると考えられる。

中国が、新疆ウイグル自治区のロプノール湖近辺に核実験場を作り、五十回ほどの原水爆実験が行われた（地上実験、地下実験を含む）のは周知のことだが、これらの実験によって周辺地域に住むウイグル人に放射線障害による犠牲者が出たことを中国政府は、決して認めようとはしていない。もし、そうした問題を取り上げた文学作品や映画が作られたとしても、それは公開されることはなく、作者、製作者たちには、厳しい懲罰や弾圧が加えられることは間違いない。だが、一見、そうした問題の要素をまったく含んでいると思われない作品に、シークレット・メッセージとして、〝核〟の問題が込められていると見える作品がある。中国映画界の巨匠として知られるチャン・イーモウ（張芸謀）監督の『サンザシの樹の下で』（二〇一〇年）である。チャン監督の名品として知られる『初恋のきた道』（一九九九年）と同様に、文化大革命下の草深い農村を舞台とした純愛をテーマとしたもので、都会から農村に研修のために派遣されて、農家に泊まり込む女子中学生（日本的にいえば高校生か）のジンチュウと、やはりそこへ派遣されている地質調査隊の隊員スンとの、初々しくも悲しい純愛の物語である。父親が労働改造所に入れられているジンチュウは、〝成分〟が悪い（両親が、資本主義に色目を使う〝走資派〟で、文化大革命時代には、要注意の被差別階級だったといえる）。中学に教師として残りたいジンチュウには、浮いた話や悪い噂はご法度であり、母親の禁止もあって、二十五歳になるまで、二人は会わないと約束する。だが、スンが入院したという話が彼女に届く。白血病で生命の危険もある。彼女は、夢中で病院にスンを訪ねる。

悲恋物語の常套して、不治の病いが二人の間を引き裂くということがあるのだが、日本映画の場合、『純愛物語』や『愛と死の記録』がそうであるように、〝白血病〟という病いは、広島、長崎での原爆被曝ということを意味する記号だ。ジンチュウは、スンの仲間の地質調査隊のところへ行き、彼らの仲間で白血病に罹った男がいて、スンは、彼らの取り扱っている鉱石が病因ではないかと、都会へ調べにいったということを聞かされる。

このことから考えると文革下で行われていた地質調査とは、核兵器開発や実験に欠かすことのできないウラン鉱石などの放射性物質の、国を挙げての調査、探索であり、地質調査隊はそうしたことを知らされないのまま、高給を貰って中国全国に派遣され、ウラン鉱脈を発見するなど（広西省で最初のウラン鉱が発見される）、中国共産党政府の核開発・実験の一翼を担っていたということに思い当たるのである。

もとより、チャン・イーモウ監督が、中国の〝竹のカーテン〟の向こう側にある、核兵器開発の秘密や犠牲についての告発や批判があったとは思われない（北京オリンピックの開会式の総合ディレクターとして活動したチャン監督は、基本的に体制派といってよい）。『サンザシの樹の下で』は、在米の中国人作家のエイミー（艾美）の小説『山査子樹之恋』を原作としたもので（渡米した中国人の友人の実話だとされている）、映画のなかの会話などは、ほとんど小説のなかのものそのままだとされている。とすれば、地質調査＝放射性物質の鉱石＝白血病という因果関係は、原作小説のものであって、映画はそれを無意識のままなぞったものでしかないと考えられる。中国政府やその検閲機関が、原作小説のベストセラー化も、その映画化に何の圧力をかけなかったということは、政府の検閲関係者も、一般観客も、原作小説含まれるこうしたシークレット・メッセージをとらえることがなかった（見過ごされた）からだと考えられるのである。

中国によるウイグル人やチベット人などの少数民族に対する弾圧政策の一つに、核兵器の開発実験場や放射性廃棄物の処分場をそうした少数民族の住む地域を選択して設けたという事実がある。核兵器問題や少数民族問題が、政治問題、あるいは社会問題化することを中国共産党政権は嫌っており、一九六〇年代の原水爆実験の成功を祝うというプロパガンダの映像以外に、中国は決して核兵器の開発や実験の情報を出そうとはしない。それが公開され、放射線障害のような人体的な被害があり、放射能汚染の犠牲を伴ったものであることを、中国は認めようとはしない。それを社会問題化するために、作品のテーマとしたり、そうした社会的、政治的問題を提起し、告発する作品が、文学であれ、映像であれ、容易に許されるようになるとは思われない。原子力行政、核実験政策に対する批判や告発、糾弾が〝百花争鳴〟の議論の場に持ち出されることは、当分、ありえないと考えざるをえない。中国の共産党体制の崩壊を待つよりほかに手はないと思わざるをえないのだ。

マンハッタン計画

こうした砂漠や草原での核実験の起源となった、アメリカにおける最初の核開発と実験のプロジェクトである「マンハッタン計画」をここで、あらためて見直しておこう。アインシュタイン博士のサインのある原爆製造に関する、ルーズベルト大統領への書簡をきっかけとした米国の原爆開発計画は、マンハッタン・プロジェクトの名前でよく知られているが、この原爆製作の経緯を最初に映画化したのは、一九四七年の『**始まり、あるいは終わり**（The Beginning or the End)』[37]（ノーマン・タウログ監督。日本未公開）だった。日本では未公開だが、「原爆映画」あるいは「原子力／核」に関する劇映画として最も早い時期のものということができる。

37

内容は、ナチスの原爆開発計画に対抗するため、アインシュタインらユダヤ人の科学者が中心に、アメリカのルーズベルト大統領に原爆開発を要請するところから始まり、オッペンハイマー博士、グローブス将軍の指揮によるマンハッタン計画が実現し、シカゴ大の実験室による臨界実験の成功、濃縮ウラン、プルトニウムの製造、原爆実験の成功、そして広島への原爆投下までの過程を、歴史的に正しく描いたものとされている。

ただし、後発の映画にあるように、計画の立案者、遂行者、政治家や軍人や科学者や技術者たちの内面の心理的ドラマをほとんど重視することなく、そのプロジェクトのプロセスを、ややセンチメンタルなエピソードをまじえて映像化しているだけとも思われる。

テニアン島の原爆攻撃基地で、爆弾に装置する放射性物質に触れて科学者が死亡することとか、広島上空で、原爆搭載の爆撃機エノラ・ゲイが対空高射砲による攻撃を受けるなど、史実に忠実ではない過剰な演出も見られるが、一九四七年の時点で、ルーズベルトやトルーマンやグローブスやオッペンハイマーなどの実在の人物に関するこうした映画が作られたということは、ある意味では驚嘆に価するのである（ただし、役名としては仮名が用いられた。多くの人物が実名を使うことを拒否したからだ）。

『始まり、あるいは終わり』に続いて、マンハッタン計画の一部始終を実在の人物、人物名を使って、ドキュメンタリー風に演出したものとして、米国映画の『シャドー・メーカーズ（ShadowMaker）』（ローランド・ジョフェ監督、一九八六年）と、フランス・カナダ映画の『黙示録１９４５』（一九八七年、アラン・イーストマン、ジャン＝フランソワ・デュラス監督）と、『デイワン（Day One）』（ジョーゼフ・サージェント監督、一九八九年）などを挙げることができる。このうち、『シャドー・メーカーズ』と『黙示録1945』は、劇場用映画、『デイワン』は二部構成のテレビドラマとして製作された。

マンハッタン計画の軍人側の中心人物としてのグローブス将軍と、科学者側の中心人物となったオッペンハイマー博士。これに、ナチスに祖国ドイツを追われた亡命学者、レオ・ジラード博士などが加わり、ナチス・ドイツが原子爆弾を手にしないうちに、民主主義の国、アメリカ合衆国に先を越させて作らせようとする。

あくまでも、軍事的発想から物事を考え、進行させていこうとするグローブス将軍と、科学者、研究者としての理念や信念を曲げないオッペンハイマー。原爆の開発実験とともに、こうした人間たちの間での心理的、精神的な問題も、両作ともうまく描き出している。

シカゴ大学では、ウラン濃縮や核分裂反応の実験や、実用化を図り、ニューメキシコの砂漠地帯のロスアラモスに出現した工場地帯は、内破法による爆縮の実験が失敗を繰り返しながら、行われていた。計算、設計、図面化、製作、実験……そして失敗。超一流の頭脳と、工学的な技術をもってしても、ウラン、プルトニウムを爆弾の内部で、一秒の何千分の一の瞬間に臨界までもってゆき、いっきょに莫大なエネルギーを放出させるという原子爆弾の原理は、容易には実現化できなかったのである。

莫大な予算と、豊富な人員、優秀な科学者たちと、ベテランの技術者たち。人海戦術ともいえる動員力の高さと強さをもって、ついに原子爆弾は完成した。しかし、その時、その最初の原爆開発のライバルと目されていたナチスドイツは崩壊していた。原爆は使うあてのない、〝宝の持ち腐れ〟の最終兵器となってしまうのか。

ここから、広島・長崎への原爆投下に至るまでのプロセスは、現代史のなかでも、きわめて複雑で、屈曲した政治的過程を経て決定されたものに違いない。一つには、ルーズベルト大統領の急死によって、それまで原爆開発計画のカヤの外にいた副大統領のトルーマンが大統領に昇格したことだ。ルーズベルトが健在だったら、原爆は開発しても、それを実戦に使おうとしただろうか。むろん、これは歴史にはイフはない、という原理（原則）からはみ出した想定でしかない。米国の大統領、国務長官、米軍の司令官、指揮官、参謀長の考え方はどうだったのか。

二つ目には、実際に、マンハッタン計画を立案し、実現した最高責任者のグローブス長官と、オッペンハイマー博士たち、科学者、技術者のグループの考え方には、隔りがあったのか、なかったのか。莫大な予算と、たった一種の兵器の製造のために、三年間をかけたプロジェクトの結果が、単なる実験に終わってしまってよいものか。これがグローブスなどの軍人的、官僚的な思考法だろう。原爆を作ったものの、そのあまりもの威力に、実戦での使用はタブーとすべきだと主張する科学者グループ。もちろん、軍事的、政治的な条件が、ヒューマニズムや宗教的な隣人愛や倫理を超越することは、火を見るよりも明らかなことだった。彼らは、ヒンドゥー教の〝死と破壊の神〟シヴァ神をこの世界に甦らせてしまったことを、痛恨の思いで省みなければならなかったのである。

『シャドー・メーカーズ』は、こうした原爆の実作者たちの苦悩を割合とあっさりととらえ、『デイワン』のほうが、比較的、登場人物たちの内面までを探って、広島・長崎への実戦としての投下（爆撃）のプロセスを追っている。被爆地の惨状のスライドを見て、耐えきれなくなった計画のスタッフの姿も描き出している。

だが、むろん、実際に使用することに反対ならば、そもそも製造する前から、製造計画に参画したり、賛成したりしなければよかったのだ。ナチスドイツよりも先に原爆製造を、というアインシュタインのサインの入った書簡は、ルーズベルト大統領に出されるべきではなかった。どのような言い訳や、後知恵が表明されたとしても、科学者たちは、その探究心や研究欲を思い止めることができなかったのだろう。

その点、『黙示録1945』は、アメリカ映画でないだけに、マンハッタン計画を、よりドキュメンタリー風に客観的に描き出しているように思える。ただし、ナチスの虎口を逃れたアインシュタインやフェルミのようなユダヤ人科学者が、マンハッタン計画に深く関わっていたという事実は変わらない。

カナダと日本の合作映画である**『ジ・エンド・オブ・パールハーバー HIROSHIMA 運命の日』**[38]（一九九五年、ロジャー・スポティウッド、蔵原維繕監督）は、題名の通り、日本軍の真珠湾攻撃で開始された戦争の当然の帰結が、広島と長崎への原爆投下であったという史観を表現している。ただ、日本側のポツダム宣言拒否から受諾、無条件降伏の決定までの軍、内閣、天皇の終戦までの経過を、日本側のスタッフによって映像化しており、アメリカ側の「原爆神話」をそのままなぞっているわけではない。生身の昭和天皇を俳優が演じているのは、カナダとの合作だからこそ、可能だったと思われる（それまでは、「昭和天皇」を直截的に俳優が演じることは日本映画ではかつてなかった）。

シルバー・プレート作戦

マンハッタン計画で作られた原子爆弾を、広島に投下するまでの米軍内の〝シルバー・プレート（銀メッキ）〟作戦の始まりと終わりまでを描いたのが、『原爆投下機 B-29 エノラ・ゲイ（ENOLA GAY）』（デビット・ローウェル・リッチ監督、一九八〇年）である。

38

冒頭にオッペンハイマー博士とグローブス将軍が出てくるが、ストーリーのメインとなるのはティベッツ大佐で、広島に原爆を落とした爆撃機〝エノラ・ゲイ〟の隊長だった人物だ。彼とその部下の隊員たちは、作戦の中味をはっきりと知らないまま、厳しい、爆撃投下と退避の空中旋回の訓練を行わなければならなかった。しかも、その作戦は、家族にも、友人にも決して漏らしてはならない極秘作戦であり、ティベッツ大佐の家庭は、離婚の危機にまで発展する。秘密の規律を犯した者は容赦なく排除される。周囲の者たちの誤解や無理解を受け止めながらも、男たちは困難な訓練を経て、「目的」を達成しなければならない。もちろん、その「目的」とは、無辜《むこ》の日本人何十万人を一瞬のうちに死傷させる原子爆弾による爆撃の成功である。

米軍のシルバー・プレート作戦と対比的に描かれているのが、日本軍の広島の司令部にいる日本人の軍人たちで、自分の娘を部下と結婚させようとする将軍は、広島を離れ、新婚旅行に行くように勧めるし（戦争末期にそんなことができたのか？）、十四歳の少年が神風特攻隊として出陣するなど（風景や屋内の調度品などはいわずもがな）、日本の場面は噴飯するところが多い（好戦的で、異常な日本軍人も出てくる）。

だが、この映画がいわんとしているところははっきりしている。広島に原爆を落としたのは、そこが軍事都市であり、軍需都市だったからであり、原爆投下が、日本上陸作戦を決行した時の日米両国の被害者を桁違いに救うことになるというアメリカの原爆神話そのものだ。日本上陸作戦を行えば百万人の犠牲者が出る。原爆投下による広島の犠牲者はせいぜい二万人ぐらいだろう。この発言によって、広島への原爆投下は決められた。

当時のニュース・フィルムを使って、太平洋戦争の戦況を伝えているのだが、カミカゼ攻撃や沖縄の戦闘など、日本の抵抗は執拗であり、日本に無条件降伏を飲み込ませるために、原爆は必要であったという史観に立っている。

厳しい訓練を受け、困難な試練に打ち勝ち、国家的大事業を達成した〝英雄〟たちとして、〝エノラ・ゲイ〟の飛行隊員の勇気や克己心や国家への忠誠心、愛国精神が讃えられているのであり、それは日本軍の神風作戦や、ホロコーストを遂行したナチスドイツの軍人たちと、その精神構造においては変わるところがないという自省はどこにも見られない。もちろん、それがあれば、この映画は戦争映画とはならなくなる。

　エノラ・ゲイの原爆攻撃隊の隊長だったティベッツ大佐を主人公とした映画には、もっとも早い時期のものとして『決戦攻撃命令（Above and Beyond）』（一九五三年、メルヴィン・フランク、ノーマン・パナマ監督）がある。ここでは、映画そのものはティベッツ大佐の妻の視点からのナレーションが入り、空軍パイロットとして優秀であり、統率力があり、忠実な軍人としての大佐と、その妻とのすれ違いの生活ということを中心を置き、ティベッツ大佐夫婦のホームドラマの感がある。原爆投下による十万人以上の死者については、通り一ぺんの想像力しか働かせない。こうした家族愛の持ち主が、原爆投下の英雄なのである。しかし、原爆投下作戦を、ホームドラマとして映画化したことは、逆にヒロシマ・ナガサキに対してのアメリカ側の罪責感を押し隠すものとしてあったのかもしれない。

　この映画は、一九五二年に製作されていたが、日本での公開は約十年後の一九六二年で、「それ以上に」といった意味の原題とはまったく違った、単なる戦争映画としか思えない邦題となったのは、日本の観客の反応が今ひとつ予想できなかったからだろう。

　一九七五年にベトナムから撤退した米軍は、〝敗戦国〟として、その社会に敗残兵を多く抱えることになった。『タクシードライバー（Taxi Driver）』（一九七六年、マーティン・スコセッシ監督）や『ディアハンター（Dia Hunter）』（一九七八年、マイケル・チミノ監督）、『地獄の黙示録（Apocarips Now）』（一九七九年、フランシス・コッポラ監督）などの復員兵の悲惨な物語が映像化されていた。『原爆投下機B-29 エノラ・ゲイ』は、そんな時代に米国軍人の誇りや自持を高めるために作られた（過去のアメリカ軍の〝英雄性〟を讃えるための）、時代とは逆行した反動的な映画だったといえるかもしれない。

39

ガンナーサイド作戦

マンハッタン計画は、広島・長崎に落とされた原子爆弾製造のプロジェクトだったが、同じような原爆製造計画は、ナチス・ドイツにもあった。アインシュタインやオッペンハイマーが、アメリカ合衆国による原爆製造を要請したのも、ドイツに先を越させないためのものであったことは既述した。このドイツによる原爆製造計画を阻止するために、ノルウェイにナチス・ドイツが作っていた重水工場を破壊するレジンタンス（抵抗勢力）の活躍を描いたのが、『**テレマークの要塞**（The Heroes Telemark）』[39]（一九六五年、アンソニー・マン監督）である（テレマークは、ノルウェイの北極に近い地域の名前）。

カーク・ダグラス演じるオスロ大学のペデルセン教授は、ノルウェイのレジスタンスのリーダー、クヌートから、ナチス・ドイツが原爆製造のためのノルウェイの重水工場で重水を多量に作り、稼働していることを伝えられる。それを阻止しなければ、ナチスは原爆を手にし、数百万人という人が被害に遭うだろう。ロンドンに上陸した二人は、イギリス参謀本部が決断した作戦「ガンナーサイド作戦」、すなわちナチス・ドイツの原爆製造計画を頓挫させるための奇襲攻撃に参加することにする（結果的にレジスタンスの仲間九名と、ペデルセン博士の元妻のアンナとの少人数で、重水工場を爆破し、出来上がった重水のドイツへの持ち出しを阻止する工作に当たることになる）。

「ガンナーサイド作戦」と呼ばれる実際の作戦の実話を基に作られた映画だが、実際にノルウェイで製造された重水によって重水原子炉を稼働し、プルトニウムを抽出し、原爆を製造するプロセスまでには至らず、ナチス・ドイツによる原爆製造は、さほどリアリティーのあるものでなかったことが現在では知られており、ナチス・ドイツが製造した重水は、むしろ工場を接収した連合国側によってアメリカの原爆製造に資したといわれている。

映画は、女好きで、妻と別れたペデルセン博士とクヌートの英雄的な活動によって、ナチス・ドイツの原爆製造という野望を挫《くじ》いたことになっているが、それが間接的には連合国としてのアメリカの原爆製造を推進し、トルーマン大統領の決断によって広島、長崎に使われ、多くの人々の命を奪ったのだから、彼らのヒューマニスティックな活躍も皮肉な目で見ざるをえない。重水の運輸のためのフェリーを爆破するのだが、女子供たちにいち早く救命具をつけさせ、救命ボートに乗せたのだが、もちろん、広島、長崎ではそうした救命や犠牲を回避をする努力や方策は、一切取られることはなかった。

原爆製造に重要な役割を持つ「重水」をめぐるドイツ―フランス―イギリスの争奪戦をストーリーの縦軸に織り込んだコメディー・タッチのフランス映画が、『**ボン・ヴォヤージュ 運命の36時間**（Bon Voyage）』［**40**］（二〇〇四年、ジャン＝ポール・ラプノー監督）だ。ナチス・ドイツの侵攻によってパリは陥落した。フランス政府の重鎮たち

40

は、ボルドー、ニースへと避難し、上へ下への大混乱となる。コケテッシュな映画女優の殺人事件に巻き込まれた若い小説家は、その混乱のなかで、重水をパリから避難させ、ドイツのスパイたちの手から守ろうとする老物理学者とその助手の女子大生と出会う。

女優と小説家と政治家とスパイと泥棒たち。恋と冒険のシネマは、一九四〇年代のフランスのエレガントなノスタルジーとユーモアとに彩られている。映像、音楽、色調、美術、セリフ（ノーベル文学賞受賞作家パトリック・モディアノが脚本家として参加している）どれをとっても一流の名画といってさしつかえないだろう。

ドイツの原爆開発の計画の実情を探ろうと、アメリカ人の物理学者が、ドイツ、イタリアの核物理学者と接触して、ナチスによる原爆開発についてスパイ活動を行うのが、名優ゲーリー・クーパー主演の古典的サスペンス映画『外套と短剣（Cloak and Dagger）』（一九五三年、フリッツ・ラング監督）である。〝外套と短剣〟とは、こうした戦略的な隠密的活動の成語である。抵抗活動に従事するイタリア人の元教師の女性との恋愛は哀切である。ナチズム、ファシズムに対抗する人々の群像が、魅力的に、生き生きと描かれている。

日本にも原爆製造の計画がなかったわけではない。陸軍の秘密作戦である仁科芳雄博士を中心とした「ニ号作戦」である（京大を中心とした海軍主体の計画もあった）。だが、ドイツからウランは手に入れたものの（戦時下、ドイツから日本へウランを運ぶ役割を担ったのがドイツの潜水艦Uボートだった。『ラストUボート（The Last U-Boat）』〔一九九三年、フランク・バイヤー、村上佑二監督〕は、ウランを積んだ潜水艦と米軍の駆逐艦との戦いが描かれる）、濃縮ウランの製造などに失敗し、ほとんど成功の目星はなかった。粒子を加速させ、原子核を破壊する実験装置のサイクロトロンは、理化学研究所などにあったが、日本の敗戦後、アメリカ占領軍によって破壊され、東京湾に投棄されたといわれている。戦時中のサイクロトロンの放射実験によって、透明人間（透明兵士）が生まれてきたという設定が、東宝製作の『透明人間』のストーリーの前提となっている。

冷戦の〝落し物〟

『魚が出てきた日（The Day The Fish Come Out）』[41]（一九六七年、マイケル・カコヤニス監督）は、核戦争を準備している米ソ両国の守備体制からの思わぬ〝落し物〟から話が始まる。核爆弾を装備している爆撃機が墜落し、その〝お荷物〟を勝手に〝落し物〟にしてしまったのだ（原爆とその原料の放射性物質の入ったボックス）。所はギリシアはエーゲ海に浮かぶ小島カロス島。情報を遮断して、極秘のうちにいち早く放射性物質の入った金属製のボックスを回収しなければならない米軍の秘密工作員のスラップスティック（ドタバタ）のコメディー（喜劇）なのだが、本当はきわめて重大で、深刻な放射能被災を現地にもたらすものなのだ。

この映画には、現実の核爆弾の落下事故が、モデルとしてある。これは一九六六年一月十七日に、スペインはアンダルシア州アルメニアにあるパロマレス村に、米軍の爆撃機が積む水爆四個が、空中給油機との衝突事故によって、爆撃機から放出されたというものだ（パロマレス米軍爆撃機爆発事故）。地上に二個、海中に二個。いずれも米軍の必死の事故処理部隊によって、数か月の期間を経て回収されたが、地上に落下した水爆の起爆装置が破裂し、周囲一帯の土地はプルトニウムに汚染され、半世紀以上が経った現在でも、周辺は立ち入り禁止の汚染地域だ（もとは砂浜であり、農地だった）。

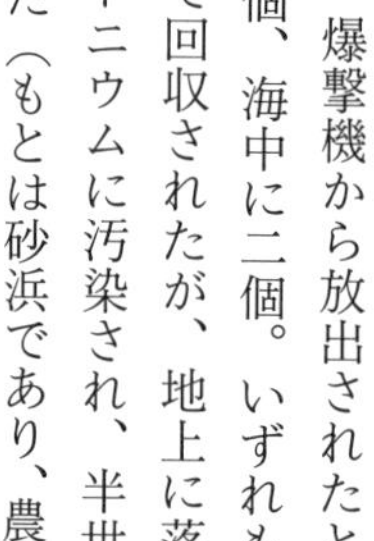

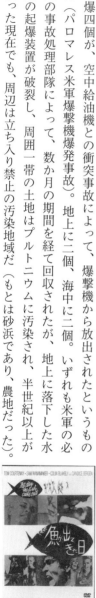

41

『魚が出てきた日』では、舞台を一九七二年のギリシアのカロス島に変え、原爆回収の米軍部隊は、観光リゾート地とするために島の土地を買い占めに来たアメリカ人という触れ込みになっている。〝落し物〟をした二人の米軍パイロットは、一文無しで、米軍基地に連絡を付けることもできず、下着姿で島をウロウロとうろつき回る羽目になる。また、絶好のビジネス・チャンスが到来したとばかりに、島人たちの間にはてんやわんやの騒動が起こる。軍人、考古学者、市民、マフィア、観光客を交えての上へ下への大騒ぎだ（ただ、問題の本質は、ごく一部の者だけしか知らない）。

結局、ボックスはヤギ飼いによって拾われ、なかに得体の知れないカプセルだけが入っているのを見て、失望した彼は、それを海に投げ捨てる。すると、海からは沢山の魚が、ぷかぷか浮かんで、出てくるのである。終末論的な〝魚が出てきた日〟なのである。

スペインのマラガを舞台に、美人のスカイ・ダイバーが、アメリカ軍の落とした水爆の起爆装置（炎の龍）をめぐって、中国のスパイたちと争奪戦を繰り広げるという『**空から赤いバラ**（Fathom）』〔**42**〕（一九九七年、レスリー・H・マーティンソン監督）も、パロマレスの事故をヒントとして作られた映画だろう。しかし、喜劇的内容のこの映画では、水爆の起爆装置というのは実は口実で、「炎の龍」は、本当は中国の故宮博物館から盗まれた美術品だった。誰が盗賊で、誰が探偵か。女優ラクエル・ウェルチのビキニの水着姿と、セスナ機、モーターボート、カーによるスピード・アクション場面が売り物の娯楽映画である。

核搭載の爆撃機が〝落し物〟をするという設定は、『クリスマス・ツリー（The Christmas Tree）』（一九六九年、テレンス・ヤング監督）の冒頭にある。父親といっしょにボートで海に出た少年は、海

42

上で核爆撃機の墜落事故を目撃し、放射能をヒバクする。父親は、水中にいて、ヒバクの程度は軽かったという設定だ。放射線障害によって、未来のない少年に、両親は彼の願い――馬車に乗りたいとか、狼を飼いたいとか――無理難題とも思われる願望を叶えさせる。しかし、そうした願望の実現もむなしく、少年の体は放射能によって蝕まれ、死期が近づいてくる。

〝最後の一葉〟のような、死期の迫った者への周囲の人間の心遣いという人情劇のパターンなのだが、最初の放射性物質の落下による致死的なヒバクという設定のみが、この映画を「放射能恐怖映画」の一編としているだけだ。

ただ、核兵器搭載機の墜落事故、落下事故、爆発事故は、現実的に、スペインのパロマレス米軍爆撃機爆発事故だけではなく、何回も起こっていると考えられ、グリーランドの氷床に落ちた核兵器が、厚い氷に大きな穴を空け、回収に困難を極めた事件が知られている。しかし、米国でももちろん、鉄のカーテンで仕切られたソ連においては、こうした事故は闇から闇へと葬られるのが常識と考えられ、英仏中などの核兵器保持国で、核兵器にまつわる事故や事件は、後を絶たないものと思われる。ソ連が廃絶した核兵器や原子力潜水艦を日本海に沈めていたというまことしやかな極秘情報の噂があり、秘密主義のソ連なら（ロシアもそうだが）やりかねないことだけに、隣国日本としては寒心に耐えないことなのである。

核兵器はパニックのもと

『核サイロ№7危機一髪（Disaster at Silo7）』（一九八八年、ラリー・エリカン監督）は、テキサス州にある米国空軍のミサイル基地サイロ7で、点検処理の時にミサイルの燃料タンクに穴をあけてしまうという事故が起こる。管理責任者のマイクは、早急に格納庫の状態を調べるために、地下基地に人をやるべきだと主張するが、上司たちは自己保身に走り、決断できない。マイクと、部下のペッパーが、地下の格納器の様子を見に行くことになり、上司の命令通り換気扇を回したことによって爆発が起こり、吹き飛ばされた部下のペッパーは死んでしまう。それでも、上司たちは、マイク一人に責任を押し付けようとする。

一九八八年に実際に起こった事故をモデルとしているといわれているが、テキサス州を一瞬のうちにアメリカ合衆国の地図から消し去りかねない核ミサイル事故が、収束されたのは、主人公たちの英雄的な活動というより、幸運な偶然に左右されたものといったほうがよいかもしれない。また、こうした核ミサイル事故が、人災の側面を持っていることをこの映画は示している。人間が扱う以上、核兵器であれ、核爆弾であれ、操作のミスや、人為的事故は完全に避けることはできない。それを破局にまで進めるか、そうでないかは、それに関係する人々の判断力や決断力、人間的な精神力にかかっている。核兵器とはそういう意味で、相対的ではなく、絶対的な最終兵器であることを為政者はもっと自覚するべきだろう。

『ラスト・カウントダウン　大統領の選択（By Dawn's Early Light）』（一九九〇年、ジャック・ショルダー監督）は、いかに人間の判断が、核兵器パニックに関わっているかを示している。トルコのNATO軍からソ連へ核ミサイルが発射された。ソ連は直ちにアメリカに報復攻撃を仕掛けたが、核攻撃は陰謀によるものと判明した。ソ連大統領は、アメリカ大統領に三つの選択肢を持ちかけてきた。一、攻撃を甘受すること。二、ソ連に同等程度の爆撃をすること。三、全面的な核戦争を始めること。アメリカ大統領の乗った飛行機が墜落し、大統領は一命をとりとめるが、政府高官や軍首脳たちは大統領が死んだものと思い、国務長官が大統領の後任となり、彼は攻撃的な軍人の言葉に動かされ、ソ連を全面的に攻撃する命令を与える。

陰謀やちょっとした偶然や情報のミスが、地球を壊滅させる全面的な核戦争を惹起させかねない。核兵器を持つということは、そうした危険性、危機感を常に働かせていなければならないものであり、ある意味では人間に耐えられる範囲のものではないのである。

広島と長崎に原子爆弾を投下したのは、低劣な知性の持ち主だった大統領のトルーマンの〝愚かさ〞だったことは周知のこととなっているが（もちろん、軍の意向も強かった）、個人の愚昧さが、地球全体、世界そのものを危うくする危機を孕んでいるのが、核／原子力のエネルギーが解放された現代の宿命なのである。よりによって、こんな愚劣な人間が、核兵器のスイッチ・ボタンを押す権限を持っているのかと、慨嘆しなければならないことも少なくないはずだ。私たちにできるのは、それをブラック・ユーモアとして、笑い飛ばすこと以外しかないのだろうか？

アトミック・コメディー

不謹慎のようだが、原爆や原子力、核戦争などのテーマをコメディーのネタとした娯楽映画、ブラック・ユーモアともいえる映画が存在する。『マチネー』や『魚が出てきた日』も、ブラック・ユーモアに満ちたドタバタ喜劇の映画といえるものだが、『あとみっくドカン（Bombs Away）』（一九八六年、ブルース・ウィルソン監督）は、まさに原爆をめぐってのスラップステック・コメディーだ。愛称「メアリー」という原爆が、国防省から間違って軍需品を放出する街の商店に送られてしまう。商人たちはそれを基にアメリカ政府をゆすろうとする。とんまなタクシードライバーのケイブルが、軍人と商人たち、新聞のレポーターたちとともにてんやわんやの騒ぎに巻き込まれるのである。

核兵器をめぐるコメディーといっても、『魚が出てきた日』のような諷刺や皮肉があるわけでもなく、演技や演出、展開やストーリーにも特に見所といったものはない。おふざけだけに終わったとしかいいようがない。

『弾丸特急ジェットバス（The Big Bus）』（一九七六年、ジェームズ・フローリー監督）は、ニューヨークからコロラド州デンバーまで走る原子力エンジンを搭載した超大型バスが登場する。運転手も乗員も乗客も、すべてイカれた、変な人物ばかり。数々のパニック映画のパロディーを満載しながら、バスは走りに走り続けるのである。

この原子力バスを阻止しようとするのが、石油マフィアの面々。原子力エンジンが開発されたら、石油業界はあがったりになってしまうからだ。しかし、今世紀どころか来世紀においても、原子力エンジンは開発されそうもない。原子力の「平和利用」は、近未来では実現されない、見果てぬ夢なのである（高速増殖炉や、核融合炉も、そうだ）。

『裸の銃《ガン》を持つ男 2½ 恐怖の香り（The Naked Gun 2 ½ :The Smel of Fear）』（一九九一年、デビッド・ズッカー監督）も、徹底したおフザケ映画というほかないだろう。石油危機、環境破壊を理由に原子力発電を推進しようとする原子力マフィアたちがいる。画期的な太陽エネルギーの活用法の発明のために、彼らは窮地に追い込まれる。そこに〝裸の銃《ガン》を持つ男〟フランク・ドレビン警部が登場。環境破壊計画を練る悪党たちを、ユーモアとズッコケの大活躍で阻止するというものだ。単なるドタバタのコメディーにしかすぎないともいえるのだが、原子力発電やエネルギー問題、環境破壊が絡んでくると、事態は本質的に深刻なものとならざるをえないのだ。

『飛べ、バージル プロジェクトX（Project X）』（一九八七年、ジョナサン・カプラン監督）は、バージルと名付けられたチンパンジーの子どもが、大学の研究所で女性心理学者から手話を教えられ、抜群の知的能力を発揮するが、空軍基地へ送られ、秘密のプロジェクトXの実験動物とされる。それはチンパンジーたちにシミュレーションの飛行機の操縦訓練をさせ、そこに放射能を照射し、どれだけ操縦が続けられるかという実験なのだ（核戦争後の放射能汚染された環境で、どれだけパイロットの人体が耐えられるかを調べるためだ）。

空軍のパイロットで、ヘマをしてチンパンジーの飼育係となったジミーは、バージルの世話を命じられ、手話によるコミュニケーションができることを発見し、彼ら（チンパンジー）が、放射能実験のために命を落とすことに、深い疑問を持つようになる。

チンパンジーが、自分たちだけで飛行機を離陸させ、飛行するという奇想天外なストーリーだが、放射能実験のために致死量の放射線を浴びさせ、死ぬまでの時間を計測するという非人間的（非霊長類的？）な軍事実験は批判されるべきものだ。ただ、容赦なく、広島と長崎に原子爆弾を落としたアメリカ空軍に、チンパンジーを使った放射能の被曝実験に、こんなに否定的な軍人（空軍パイロット）がいるということは、私たち日本人には皮肉なものとしてしか受け止められない。日本人は、霊長類以下の動物なのだろうか？

『ブラック・エンジェル〜ロンドンより愛をこめて（Never Say Never Mind ;The Swedish Bikini Term）』（二〇〇一年、バズ・フェイトシャンズ監督）は、英国のスパイ映画・００７のパロディともいえるもので、金髪のボンド・ガールのような美女たちが、黒いビキニ・スタイルでテロリストたちの野望を打ち砕くといった内容だ。彼女たちの得意技は、秘密兵器を使った攻撃で、特に核兵器の起爆を解除し、無力化することに長《た》けている。テロリストが、核廃棄物からプルトニウムを取り出し、核爆弾の設計図を手に入れ、脅迫してきた時には、彼女たちは目覚ましい活躍をするのだ。お色気と派手なアクションが売り物のSBTシリーズの一編として作られたものである。

43

核保有する〝個人たち〟

原爆（核兵器）や放射性物質（濃縮ウランやプルトニウム）を盗み出す、あるいは自分（たち）で作り上げる、または、核兵器基地や戦艦、爆撃機、列車をハイジャックする。それを脅迫のタネとして、一国の政府や国際社会に要求を突きつけるという、サスペンス映画が多く作られている。

フィルム・ノワール（暗黒映画）の傑作の一編として知られる『**キッスで殺せ**（Kiss Me Deadly）』［**43**］（一九五五年、ロバート・アルドリッチ監督）は、夜の道路を裸足で走る女を、私立探偵のマイク・ハマーが拾うところから始まる。ハマーは、謎の男たちに襲われ、交通事故に見せかけて殺されようとする。女は死んだが、彼は助かる。女の残した「私を忘れないで」という謎の言葉を解き明かすために、彼は捜査を始めるが、それらの関係者が次々と殺される。ついに、彼はロッカーに隠された一つの箱にたどり着いたが、その中身は青白い閃光を発するものだった。

青白い閃光とは、核分裂が臨界に達した時に放つ〝チェルネンコの光〟ということだろうか。「マンハッタン計画」「ロスアラモス」「三位一体（トリニティー）」という言葉の三題噺とすれば、そうした語彙から思いつくのは、原爆開発であり、放射性物質（プルトニウム、濃縮ウラン）ということだろう。ハマーがたどり着いた箱の中身は放射性物質であり、多くの人を殺してでも奪い合わなければならなかった貴重な物質だったのだ。映画のラストシーンは、爆発によって燃え上がる建物だが、ハマーはそれから危機一髪で逃げ出す。しかし、それは核爆発ということで、小さな箱であっても、臨界の核爆発が、こんな小さなもので、済むとは到底思えない。一軒の建物どころか、一つの村、町、都市を壊滅させたとしても不思議ではない。それに、爆発力だけではなく、放射能の拡散と汚染による被害は、まったく考えられていないようだ。一九五〇年代には、アメリカ社会では、まだ放射能による被曝や、内部被曝の恐ろしさはほとんど認識されていなかった。火薬爆弾やダイナマイトのような爆発物といった認識しかなく、この映画でも、危険物質であることは理解しているのだが、放射線障害の危険性は恐怖は、まだまだ一般的に流布し、周知されていることではなかったのだ（現在においても、そうだ）。

放射性物質（プルトニウム）を盗み出し、原爆を個人が作り上げるというアイデアは、日本映画では、**『太陽を盗んだ男』**[44]（長谷川和彦監督、一九七九年）がある。

平凡な中学の理科教師の城戸誠（沢田研二が好演）は、東海原子力発電所からプルトニウムを盗み出し、自分のアパートの部屋で個人で原爆を製造する。彼はそれを脅迫のネタに、政府に野球のナイター中継を試合終了まで行えとか、〝非常識〟な要求を突きつける。彼は、政府への脅迫の要求をラジオで公募して、ローリング・ストーンの日本公演を実現せよといった、愉快犯的な犯罪を繰り返す。

城戸を捕まえようとする警察や政府を尻目に、彼は東京都内で、さまざまなハプニング的な要求で、世間を騒がすのだ。歌手の沢田研二（ジュリー）が主人公の城戸を演じ、刑事役の菅原文太との絡みが、この事件の伏線としてあるのだが、個人的

44

なルサンチマンや、社会への復讐といった、これ以後の〝劇場的犯罪〟の通念となった社会的な病状はあまり深刻には描かれない。しかし、原爆製造の過程で、放射性物質に触れていた彼の身体はすでに放射線障害の症状が出ている。

『アトミック・ハザード（Critical Assembly）』（二〇〇二年、エリック・ラニューヴィル監督）は、大学内で反核運動をしている大学生のグループが、簡単に原爆が作られることを証明し、人々に核兵器の危険性を知らしめようとして、原爆製造を行うというストーリーである。優秀な物理学専攻の女子学生、天才的なコンピューター専攻の学生など、四人で原爆を完成させるのだが、ロシアから原爆の材料となるプルトニウムを持ち出した〝闇の組織〟によって、作った原爆を奪われてしまう。サンフランシスコの街が、原爆によって壊滅するという危機に陥るのである。

反核兵器運動のために、原爆を作るという逆説的なストーリーを持つ映画だ。製造の過程や設備がきわめてチャチで、リアリティーがないことには、まあ、目をつぶるとしても、大学生たちの反核運動をやや斜に構えて見ているような視点に、この映画のテーマそのものの真剣度に疑問を持たざるをえない。クライマックスの爆発までのカウントダウンは、この手の映画の常套的なサスペンスの盛り上げ方で、既視感がありすぎて興ざめだ。

『マンハッタン・プロジェクト（Deadly Game）』（一九八六年、マーシャル・ブリックマン監督）は、表向き薬品研究所の看板を掲げているが、実は核兵器研究所があった。そこのジョン博士と知り合いになったポール少年は、プルトニウムを盗み出し、小型原爆を製造した。科学展に出品して一等賞を取ろうとしたのだが、製造がばれて、軍隊や警察が出動する大きな事件となった。ポールは、研究所の秘密の実態を、広く社会に知らせることを大人たちに迫るのである。核兵器を廃絶するために、原爆を作ってみせる少年の物語で、プルトニウムを溜め込む日本の核政策にも当てはまる、六ケ所村の再処理工場や、高速増殖炉「もんじゅ」の〝極秘研究〟の実態を暴かねばなるまい。

『テロリスト・ゲーム(Terrorist Game)』(一九九三年、デビッド・S・ジャクソン監督)は、ドイツの原発からプルトニウムが盗まれ、それによって作られた原爆が、軍事国家ソ連の再興を狙う旧ソ連の軍人の手に渡るという話。だが、わざわざドイツの研究者に原爆を作らせなくても、旧ソ連、ウクライナ、ベラルーシには、〝闇〟の核兵器が流通していたと思われるが、どうだろうか。イラン、北朝鮮の核兵器開発は、旧ソ連から流出した原爆材料、技術、技術者の関与があったことは公然の秘密ではないか?

『トゥルー・ライズ(True Lies)』(一九九四年、ジェームズ・キャメロン監督)は、アラブ系テロリストが、核ミサイルを入手し、その使用をシュワルツネッガー扮する米国の秘密諜報員が阻止しようというストーリーだ。

『沈黙の戦艦(Short Under Siege)』(一九九二年、アンドリュー・ディヴィス監督)では、米軍の戦艦「ミズーリ」が、テロリストと反乱兵のために乗っ取られる。積載しているミサイルなどの兵器を、北朝鮮から奪った潜水艦に積み替え、売り払おうとしている。しかし、首謀者のテロリストは、六十年代の〝革命〟にこだわっているイカれた男(元特殊部隊員)。同じく元特殊部隊員で、船内のコックに身をやつしている男が、戦艦を取り戻すためにテロリストたちに戦いを挑む。無事、艦内を制圧するが、しかし、核弾頭を付けたミサイルは、ホノルルへ向かって発射された。この映画には、ミズーリ号や、真珠湾や、核爆発など、ヒロシマ・ナガサキを思い起こさせる要素が多く登場する。

『アトミック・シティ(The Last Bomb)』(一九九九年、ハンス・ホーン監督)は、軍縮協定のため巡航ミサイルの解体作業が行なわれているドイツの核ミサイル基地をテロリストたちが占拠し、核ミサイルを人質に身代金を要求する話である。

『新レッドブル（Armstrong）』（一九九八年、メナハム・ゴラン監督）は、アーノルド・シュワルツェネッガー主演のアクション映画『レッドブル（Red Heat）』（一九八八年、ウォルター・ヒル監督）の邦題だけにあやかったものだが、内容的には続編でもなく、まったく別箇の作品だ。

アメリカとロシアが、核削減条約に基づき、核ミサイルを廃棄していた。しかし、ロシアの軍隊の上層部とマフィア組織が、核弾頭付きのミサイルを密かにテロリストたちに売却しているという情報をアメリカは入手した。元ＣＩＡで、現在は旧ＫＧＢの訓練に当たっているロッド・アームストロングは、ロシア軍内の信頼すべき知人とともに、この核ミサイルの密移出を防ごうと立ち上がる。

ロシア製の核ミサイルで、モスクワを攻撃しようとしているのは、アメリカのマフィアの狂人的な男だった。アメリカ人とロシア人との協力によって、無事、核ミサイルの使用や拡散は阻止された。いかにも、冷戦後の新しい状況だ。

『ハミルトン（Hamilton）』（一九九八年、ハラルド・ツァート監督）も、主人公の名前を原題とした、核兵器の盗難、不法入手をテーマとしたアクション・スパイ映画だ。ロシアから核ミサイル二基がテロリストたちに盗まれた。スウェーデンの特殊部隊所属のハミルトン中佐は、スウェーデン国境からはミサイルを運び出そうとしていた橇部隊を襲い、皆殺しにして、ミサイルを取り戻した。しかし、それは陽動作戦で、核ミサイル一基がリビアに運ばれていた。ハミルトンは、リビアに飛び、ＰＬＯの女ゲリラとともに、秘密基地を急襲する。氷雪原のツンドラ地帯から灼熱のリビア砂漠まで、ハミルトンの苦難の旅は続くのである。

『合衆国最後の日（Twilights Last Gleaming）』（一九七七年、ロバート・アルドリッチ監督）は、脱獄囚が米国空軍基地のミサイルサイトを占拠する話。刑務所を脱獄した三人が、モンタナの空軍基地のサイト3を占拠した。そこの核弾頭ミサイル九基の発射ボタンを押すと、アメリカ政府を脅し、彼らの要求を突きつけた。それは、金と脱走の手段としての飛行機と、アメリカ大統領を人質とすることだった。脱獄した一人は、空軍の要職にありながら、アメリカ政府の陰謀めいたベトナム戦争の政策の真実を国民に知らせようとしたことから、犯罪者に仕立て上げられ、刑務所に押し込められていたのだ。彼は、大統領にその裏の政策を公表せよと迫る。

ソ連に見せつけるために、勝つあてもなくベトナム戦争を続けて、人々を死傷させているというのが、〝裏の政策〟ということらしい。しかし、そんなことが仰天するような秘密だろうか。ベトナム戦争の犠牲の大きさに憤慨している〝愛国者〟が、世界を破滅させる核ミサイルの発射ボタンを押すというのは矛盾ではないだろうか。

『魔都・核ジャック（Deadline）』（一九八二年、アーチ・ニコルソン監督）は、舞台はオーストラリアで、プルトニウムを盗んだギャングたちが、要求のために原爆一発を砂漠地帯で爆発させる。オーストラリアは世界最大級のウラン産出国で、輸出国だ。

『ミッション・インポッシブル／ゴースト・プロトコル（Mission:Impossible/Ghost Protocol）』（二〇一一年、ブラッド・バード監督）は、核戦争によって世界は一度滅びるべきだと考えるマッドサイエンティストが、ロシアの核弾道ミサイルの発射コードと起爆装置を手に入れ、アメリカを攻撃しようとしているのに対してイーサン・ハントがそれを阻止しようと戦う。コンピュータ・システムによって管理された刑務所や核兵器。悪役も正義の側も、コンピュータに強くなければ話が始まらないのである。

相手はアメリカだけじゃない！

以上のように見てきたとおり、核兵器が民間に流出したり、テロリストたちに奪われたり、脅迫や威嚇の材料にされたりするというのは、アメリカ合衆国だけの独壇場ではない。ロシア（ソ連）側だって、核兵器を手中にした悪漢たちに脅されたり、すかされたり、混乱させられたりするというのは、核大国としてのロシアも同じだ（中国では、まだそんな映画はないようだ）。

『大統領のカウントダウン（Countdown）』（二〇〇四年、エヴゲニー・レヴンティフ監督）というロシア映画の〝大統領〟は、アメリカ大統領ではなく、プーチン大統領をモデルとしたような、ロシア共和国の〝大統領〟だ。これには、いわゆるチェチェン情勢が絡んでいる。アラブとチェチェンのテロリストたちが、モスクワのサーカス劇場を占拠した。彼らは観客の子どもたちを人質にして、ロシア政府に要求を突きつけた。装甲車による彼らの仲間の脱出・逃亡と、輸送機を、である。

一方で、彼らの仲間は、研究施設からプルトニウムを盗み出した。それを輸送機に搭載し、テロ対策のサミットが開かれているローマの上空で爆破させようというのだ。チェチェンで敵側に捕らわれ、ロシア軍の特殊部隊が自作自演のテロ活動を行ったと、偽の告白をさせられたロシア兵の主人公が、人質となった自分の娘を救出しようと、サーカス劇場へと向かうのである。

ストーリーからして、チェチェン攻撃を正当化しようとするロシアのプーチン大統領の側からのプロパガンダ映画である。ただ、実際のモスクワの劇場ドブロフカ・ミュージアム占拠の事件（二〇〇二年十月二十三日）を基としているので、リアリティーは十分であり、ロシア軍が全面的に協力したとあって、兵器や装甲車、輸送機など迫力は満点だ。反プーチン勢力と、チェチェン独立派とイスラム教過激派のテロリストたちは全部つながっているというロシアのプーチン政権な露骨なモスクワからのプロパガンダと見ることもできる。実際の劇場攻撃は、チェチェン・ゲリラのテロとされているが、ロシア軍の自作自演だったという〈偽の告白〉は、実は真実の告白なのではないかと、逆に思えてくる（この事件で犯行グループ四十二名全員のほか、人質百二十九名が死亡した。プーチン政権はこうしたプロパガンダ映画によって国民の非難をかわそうとしたようだ）。ロシアでも、こんなハリウッド的な謀略テロ映画が作られるようになったのか、という感慨と、やはり映画はプロパガンダの具か、という諦念が湧いてくる。

『アルマゲドン・コード』（二〇〇七年、ワディム・シメリェフ監督）も、女性のスパイを主人公とした、ロシア製のスパイ・アクション映画である。アラブのテロリストたちが、沈没したロシアの原子力潜水艦から、核弾頭四基を盗み出した。四基は、ロンドン、ニューヨーク、東京、モスクワに設地され、三つの暗号コードで起爆できるという。コードをめぐるテロリストたち、ＫＧＢ、ＣＩＡなどによる奪い合いが繰り広げられる。

『ブラック・シー・レイド（Black Sea Raid）』（一九九六年、ジュノ・ホディ監督）は、ロシアの核兵器廃棄処理の過程で、核弾頭ミサイル一基が軍の反乱分子に奪われ、黒海沿岸の街ソチに運ばれようとしている。それを目撃したロシアの女性核物理学者は軍に監禁され、モスクワにいたＣＩＡの特殊工作員が彼女とミサイルの奪還の作戦に立ち上がる。チェチェン革命軍、ハマス、そしてロシア軍と、死闘の結果、ミサイルは黒海に沈められるのである。

冷戦時代には、スパイ・アクション映画といえば、〝敵〟はいつもロシア（ソ連）側だった。それが、ロシアの、しかも女性スパイが主人公になるなど、隔世の感がある。ただし、この女スパイにはあまり魅力がなく、007シリーズの魅力からは遥かに遠い。アメリカ、アラブ世界のテロリストたちを〝仮想敵〟とした政治的な意図を感じざるをえない。〝ロシアより憎しみを込めて〟、スパイ・アクションがプロパガンダされているのである。

異色作として、ロック歌手の泉谷しげるが製作、監督をした『ネイビー・ロック・ウォー　撃破せよ！』(一九九〇年)を挙げておこう。

東鳥島から異常な電波が出ており、防衛庁に「独立宣言書」なるものが送られてきた。その海域では、核物質を運んでいた貨物船が行方不明となる事件も起きていた。海上自衛官の三人、沖、長門、小杉は、観光客を装って島へ渡る。そこで見たのは、花火に興じたり、ロシアン・ルーレットをやる酒場、薬物中毒で銃を乱射する若者たちだった。島は、甲斐将軍と名乗る男に軍事占領されていた。自衛官三人は、命をかけて島を奪還しようとする。

核爆弾と潜水艦を持つ甲斐将軍の軍隊は、自衛隊と協力して、白人の帝国主義的支配を終わらせ、日本を真の軍事国家にしようと主張する。熱狂的な軍国主義者だ。沖の活躍で、核攻撃は寸前で阻止され、潜水艦は海上自衛艦によって撃沈される。しかし、自衛官艦が、バンバン敵を射殺し、殺戮する、こんな映画によく防衛庁、海上自衛隊が協力したものだ(この映画には、自衛隊=防衛庁が、撮影協力している。クレジットに、防衛省、海上自衛隊協力とある――たとえわずかでも、税金が投入されているのである!)。シナリオの検閲はなかったのだろうか、あるいは単なる見逃しか。映画の出来としては、ハチャメチャの〝怪作〟と評価する以外に言葉はないのである。

地球の黙示録

もし、第三次世界大戦が起きたら？　全面的な核戦争が勃発したら？　こうした問いを投げかけ、それを作品化したものとして、『**渚にて**（On the Beach）』〔45〕（一九五九年、スタンリー・クレイマー監督）がある。一九六四年（映画公開時には、近未来だ）、第三次世界大戦が勃発する。東西の両陣営（社会主義圏と自由主義圏）に分かれていた世界は、互いに核攻撃を繰り返し、地球全土を放射能の雲が覆い尽くすのも間近だ。アメリカの原子力潜水艦一隻だけが、オーストラリアのメルボルンの港に入った。北半球では、都市は破壊され、生き残った人類も、放射能によって死滅した。南半球のオーストラリアでは、まだ放射能の原子雲が到達するのが遅く、人類も生き残っているが、早晩、ここに放射能は到達するだろう。略奪、混乱、放火、殺人、自殺などがメルボルンの町でも始まっていた。潜水艦の艦長タワーズは、滅びたはずの北半球のアラスカから、解読不能の無電を受信した。無電を打ち続けている者がいるのなら、全滅と思われた人類も、北半球にもひょっとしたら生き残っているかもしれない。タワーズ艦長は、生存者のいることに希望を見つけ、帰ることのない航海へと出航するのだった。

核戦争の勃発＝世界の終末、というのが、二〇世紀の、いや二十一世紀になっても、それが必然＝当然のことだった。冷戦下、世界は二つの陣営に分かれ、その両陣営とも、相手側を倒すだけではなく、全世界を完全に滅ぼすだけの破壊力を持っている。戦争が始まれば、そこに勝利者も敗北者もなく、共倒れであり、互いに互いを抹殺しあう殲滅戦が繰り広げられるだけなのだ。中世の戦争から、近代戦争となり、そ

45

して現代の戦争、あるいは近未来の戦争は、勝敗の問題ではなく、紛争の解決を目指すものでもなく、ただひたすら、人類の滅亡につながってゆく、絶対的な〝世界最終戦争〟なのだ。

冷戦の破局の光景を現出してみせたのが、『渚にて』という映画だった。水平線上に浮かぶ摩天楼の廃墟の光景が映し出される。これ以後、多くの映画作品のなかに、大都市が廃墟となった映像が映し出されるのは、常套的な画面ともなったのだが、これ以前に、そうしたアメリカの大都市が、崩落寸前の摩天楼が建ち並び、壊れた自動車や塵芥が散乱する風景と変わってしまうことはなかったのだ。『渚にて』は、二〇〇〇年に、アメリカ・オーストラリア映画として、『エンド・オブ・ザ・ワールド（End of the World）』（ラッセル・マルケイ監督）という題名でテレビ映画としてリメイクされた。さすが、『渚にて』では、無電の通信であったものが、電子メールの通信というように、〝現代化〟されているが、全世界が核戦争によって滅亡するという設定は同じである。

しかし、『渚にて』と、そのリメイク版である『エンド・オブ・ザ・ワールド』との四十一年の間に、むしろ観客としての〝こちら側〟、現実の社会の側が変化したと思わざるをえない。それは、もちろん冷戦の一方の側のリーダーだったソビエト社会主義連邦が崩壊して、ロシア共和国となったことだ。東西対立の東の一方が崩れ落ちたのである。東欧の社会主義圏の国々は、社会主義体制を棄て、軍事的に対決していたNATOに参加したり、経済圏としてユーロ通貨圏に加盟するなど、東側は、イデオロギー的にも、軍事的にも、経済的にも、西側の軍門に下った（東ドイツは消え、西ドイツが残った）。

だが、それは西側の自由主義、資本主義、民主主義が、完全に勝利したということではない。社会主義社会の矛盾の方が、相対的に高かったからであって、資本主義・自由主義の社会が、その固有の病巣を抱いていることも、また確かなのである。それは、二〇〇一年の九・一一のニューヨークの貿易センタービル二棟への旅客機攻撃によって象徴される。まさに、崩れ落ちた摩天楼という象徴的出来事のなかに、これこそが、「世界の終末」であり、現代の黙示録的事件であると、地球上の人々は思わざるをえなかったのである。

全世界の都市が、一度に廃墟になるという〝世界の終末〟は、訪れることはなかった。世界の一部――それがニューヨークであれ、バグダッドであれ、カブールであれ、世界の一部にしかすぎない――が、攻撃され、多数の死傷者が出て、摩天楼が崩壊したとしても、『渚にて』や『エンド オブ・ザ ワールド』や、あるいは『ザ・デイ・アフター（The Day After）』（一九八三年、ニコラス・メイヤー監督）が描いたような〝黙示録的世界〟ではありえないのである。

これは、もはや〝世界の終末〟の心配がなくなった、とか、〝第三次世界大戦は起こらない〟とか、〝全面的な核戦争は勃発しない〟ということではない。第三次世界大戦は、今日にでも起こるかもしれない。全面的な核戦争の火蓋は、明日にも切られるかもしれない。そうすれば、〝世界の終末〟は、目前だ。しかし、全世界が終焉を迎えようと、迎えまいと、私の住むこの家が、この町が、この国が滅びれば、それは私たちにとって〝世界の終末〟にほかならない。カブールで、銃弾に当たって死ぬ少女にとって、パレスチナでミサイルで吹き飛ばされる少年にとって、アフリカで、飢えに迫られてゲリラとなって爆殺される青年にとって、〝世界の終末〟は、今、ここにそのままあるものにほかならないのだ。

私たちは〝世界の終末〟よりも、今、ここにある黙示録的状況を気に懸けなければならない。放射能の雲が、地球上を覆い、全人類を滅ぼすことを怖れることよりも、目に見えない放射線が、福島県に住む人々のみならず、東日本に住む人々、日本列島に住む人々の体のなかを透過して、細胞や遺伝子を傷つけていることを心配するべきではないだろうか。三・一一以降の日本においては。

映画が変わったのでない。私たちが変わったのだ。私たちを取り巻く社会、世界そのものが変わったのだ。『エンド・オブ・ザ・ワールド』のなかに映し出されるサンフランシスコの廃墟の風景がある。それを、繁栄と過飾と喧噪の現実のサンフランシスコを重ねて眺める時、映像としては映っていない、〝世界の終末〟の映像を私たちは観ることになる。

『**風が吹くとき**（When the Wind Blows）』〔**46**〕（一九八七年、ジミー・T・ムラカミ監督）は、日系英国人の監督が製作したアニメ作品だ。イギリスのロンドン郊外に住むジムとヒルダの老夫婦が、政府の指示に従い、核兵器攻撃に備えて核シェルター（といっても、単に家のなかに囲いを作った程度のもの）を作り、食糧の備蓄も行って核戦争の勃発にそなえていた。戦争が起こり、外の世界は潰滅したようだ。忍び寄る放射能による死を待ちながら、それでも老夫婦は政府による救済を待っている。

郊外の農村地帯の平凡で善良な老夫婦を襲う「死の灰」の恐怖。それでも、二人は政府の広報を信じ、シェルターにこもり、ひたすら救済が来るのを待っている。核戦争は、そんな普通の人々の知らないところで起き、その被害だけはみんなが負わなければならない。従順な国民性ということでは、英国人と日本人は似ているのかもしれない。だが、これは日系英国人監督という民族性にも、少し負っているのかもしれない。大仰な黙示録世界ではなく、ありふれた田舎町の静寂のなかの核戦争による死の世界が描かれているのである。

『スレッズ（Threads）』（一九八四年、ミック・ジャクソン監督）は、ＢＢＣ製作のテレビ映画で、英国のシェーフィールドの街に核ミサイルが撃ち込まれ、〝核の冬〟になった世界に生き残った人々が、

46

苦難の生を送る姿を描く。平凡な家族、市長の暮らしが崩壊し、悲惨な犠牲者や廃墟の映像が続く。究極の核戦争ホラー映画との評判がある。スレッズとは撚り糸のことで、冒頭のクモの巣のシーンのように、すべてがからみ合って存在していることを意味しているか。

同じようなテーマの米国のテレビ映画として『テスタメント（Testament）』（一九八三年、リン・リットマン監督）がある。アメリカの平凡な一家族を突如、核戦争が襲いかかる。夫は帰ってこなかった。廃墟となった町のなかで、子ども二人と母の家族は悲惨な生を生きることになる。テスタメントとは、遺言のことである。

核戦争後の世界

現代の〝原子力／核〟映画の主流となっているのは、「核戦争」その後の世界を描くものだ。シリーズ化された娯楽作品としての『猿の惑星』や『ターミネーター』や『マッドマックス』などがあり、日本のアニメでも、『宇宙戦艦ヤマト』（一九七七年、舛田利雄監督）や『世紀末救世主伝説 北斗の拳』（一九八六年、芦田豊雄監督）や『GOHST IN SHELL／攻殻機動隊』（一九九五年、押井守監督）など、核戦争その後の世界を舞台設定、時代設定としたものが多く、枚挙のいとまがないほどだ。

シリーズもの以外でも、多くの作品が、「核戦争」後の世界を描き出している。日本の代表的なアニメ映画、『風の谷のナウシカ』（一九八四年、宮崎駿監督）と『アキラ AKIRA』（一九八八年、大友克洋監督）は、核戦争後の「風の谷」や、「東京」で活躍する少年少女を主人公とした物語である。

これらの映画作品の特徴は、核戦争がどのようなきっかけで勃発し、どんな過程で戦争が推移し、どのような結果をもたらしたかということを欠落させているということだ。ほとんどの作品は、すでに「核戦争」は起こっているし、その戦後だけが示される。『風の谷のナウシカ』では、「火の七日間」という象徴的な戦いが示唆されているにしかすぎないし、核戦争後の地球の荒廃は（それは大抵、砂漠化と廃墟化として示される）自明のものなのである。

二〇一二年にスタジオ・ジブリが作った短編アニメ映画『巨神兵東京に現わる』（樋口真嗣監督）では、『風の谷のナウシカ』に出てくる巨神兵が、現代の東京に現れて、すべてを焼き尽くすというストーリーである。弟から姉への手紙という形で、東京が壊滅的に破壊されるという予言を受ける。その通りに、巨神兵が東京のビル群のなかに現れ、ただ破壊と破滅を実行するのだ。そこには、原因も理由も物語もなく、ただ巨神兵が口から吐く光線によって都市を破壊し尽くすだけなのである。「火の七日間」というのは、昔のことではなく、現代の、今のことであることが示されている。

『風の谷のナウシカ』や『アキラ AKIRA』以外にも、『未来少年コナン』（劇場版、一九七九年、佐藤肇監督）や、『エヴァンゲリオン』（庵野秀明監督）シリーズのような日本産のSF的なアニメーション映画には、核戦争（世界最終戦争）の〝その後〟の世界を舞台としたものが多く、その源流には手塚治虫の『鉄腕アトム』のマンガ、テレビ・アニメの作品があり、核戦争後とは謳っていないものの、科学文明が究極的に進化した時代の戦争がその作品世界の背景となっている場合が多い。もちろん、アトムが原子力エネルギーによって百万馬力の威力を持ち、弟のコバルトくん、妹ウランちゃんなど、原子力や放射能の申し子たちといってよい兄弟であることはいうまでもない。

核戦争後の世界は、近未来であれ、遠い未来であれ、SF的な発想から逃れることはできない。そのなかでも、『猿の惑星（Planet of the Apes）』のシリーズは、ユニークな立場を主張していると思われる。宇宙飛行士が何百光年もの距離のある宇宙旅行へ出かけた。宇宙船が故障し、不時着した惑星は、猿たちがそこを支配する〝猿の惑星〟だった。人間は、野蛮で原始的な動物として、猿たちの〝狩り〟に遭う存在だった。猿の支配から逃れた宇宙飛行士は、海のそばで半ば砂に埋もれた自由の女神像を見る。彼が不時着したのは、何千年後かの地球だったのであり、ここはニューヨークの荒れ果てた跡地だったのである。

この第一作（一九六八年、フランクリン・J・シャフナー監督）の結末によって、〝猿の惑星〟が核戦争後、人類が文明を失い、猿たちにその文明が簒奪された結果であると分かるのだが、『続・猿の惑星(Beneath the Planet of the Apes)』（一九七〇年、テッド・ポスト監督）では、旧ニューヨークの地下に住む人類は、放射能の影響によってミュータント化し、猿の攻撃にそなえて、旧人類から受け継いだ最後の核兵器、コバルト爆弾を〝神〟として崇めている狂気の集団と化していた。核戦争は、文明の衰退をもたらすと同時に、人類の野蛮への退行を伴い、人類以外の生物が地球上を支配するという事態をもたらすのである。『猿の惑星』は、人間（ホモ・サピエンス）と猿、文明と野生の立場をひっくり返すことによって、核兵器や原子力科学が、その絶頂を極めることによって、むしろ暗黒の知や野蛮へと転げ落ちてゆくことを示したのである。

シリーズの最終作『最後の猿の惑星（Battle for the Planet the Apes)』（一九七三年、J・リー・トンプソン監督）は、未来社会からやって来た猿の宇宙飛行士のシーザーとその仲間の猿たちは、人間たちと共存して暮らしていた。シーザーは、その父母が遺したビデオテープがあり、それは核戦争によって破壊されたニューヨークの地下の記録保存所にあることを知って探しに行く。しかし、ニューヨークの地下世界には、放射能汚染地域が広がり、そこでは人間は放射能によってミュータント化して、生き延びていた。彼らは、猿と人間の共生する村を侵略することにし、おんぼろのバスやトラックを先頭に攻撃してくるが、シーザーの戦略によって敗北を喫する。猿と人間との共生世界は続くのである。

核戦争後の世界を描いた映画として、『猿の惑星』シリーズは傑出しているといわざるをえない。ただし、最初からシリーズ化を計画していたわけではないので、続編、続々編で、前の話と辻褄の合わないところが出てくるのはやむをえないが。『続・猿の惑星』で、核戦争で滅んだ人間の文明社会だが、それを引き継いだ〝猿の帝国〟も、結局は、コバルト（核）爆弾の爆発で滅んだはずだ。地球の破滅は何度も繰り返されるのだ。

宇宙にいたおかげで、地上（地球上）の核戦争に巻き込まれたなかったサバイバー（生存者）の物語としては、『デフ–コン4（Def-Con4）』（一九八五年、ポール・ドノバン監督）がある。三人の宇宙飛行士が軍事衛星に乗り込んでいた。その間に、地球上では核戦争が勃発し、アメリカとソ連のほとんどの都市は壊滅した。軍事衛星に向かってきたミサイルは、何とか撃破したものの、宇宙船は地球のある場所に誘導され、着陸する。そこでは冷酷な若い男が暴力的に人々を支配する弱肉強食の世界だった。生き残った宇宙飛行士の一人が、そのボスたちと戦い、ヨットを奪って放射能の影響の少ない場所に脱出しようとする。核戦争によって、人類は強い者が弱い者を支配し、人肉すら食べるという野蛮人たちの原始世界に戻ってしまった。

生き残った人類の食人鬼化、モンスター化、ミュータント化は、「核戦争後」ものの映画の一つの特徴であって、イタリア映画の『ラッツ（The Rats）』（一九八四年、ヴィンセント・ドーン監督）では、ネズミ人間であり（ただし、この映画では人間がネズミになったのか、ネズミが人間化したのか分からない）、『少年と犬（A Boy and His Dog）』（一九七五年、L・Q・ジョーンズ監督）は、顔を白く塗った、不気味な人類であり、『世界が燃え尽きる日（Damnation Alley）』（一九七七年、ジャック・スマイト監督）や、『ラジオアクティブ・ドリーム（Radioactive Dreams）』（アルバート・F・ピュン監督）、そして、フランス映画の『デリカテッセン（Delicatessen）』（一九九一年、マルク・キャロ、ジャン・ピエール・ジュネ監督）では、人肉や死肉を食べる食人種化した野蛮人にまで退行している。

スペイン映画『人獣戯画（Human Animals）』（一九八三年、エリジオ・ヘレーロ監督）では、核戦争後に生き残った二人の男と一人の女は、言葉さえ失い、獣性を剝き出しにしているし、『核戦士シャノン（Endgame）』（スティーヴン・ベンソン監督）や、『スティール・ドーン　太陽の戦士（Steel Dawn）』（一九八七年、ランス・ホール監督）では、中世的（あるいは超未来的）な闘争の世界、修羅の世界が現出するのである。

『未来警察　サイボーグコップス（The Bronx Executioner）』（一九八五年、ボブ・コリンズ監督）の舞台は、核戦争後のニューヨークのブロンクス地区。ヒューマノイドとアンドロイドのロボットたちが二手に分かれて戦闘を繰り返している。人間の保安官がそこに介入。ヒューマノイドのグループに肩入れして、暴力的なアンドロイド集団を殲滅する。核戦争後という前提のようだが、画面にはそれらしき風景も、説明もなく、明示されていない。ロボットたちが痛がったり、暴行するのは不自然だ。

『マッドマックス（Mad Max）』（一九七九年）は、ジョージ・ミラー監督による、息の長いカー・アクション映画のシリーズだが、作品の舞台は、核戦争後の近未来のオーストラリアである（第一作は近未来だが、必ずしも核戦争後ということではないらしい）。

第二作の『マッドマックス2（Mad Max2 :The Road Warrior）』（一九八一年）、第三作『マッドマックス／サンダードーム（Mad Max Thunderdome）』（一九八五年）、『マッドマックス　怒りのデスロード（Mad Max Frry Road）』（二〇一五年）などは、大規模な戦争によって文明が滅び、砂漠化、廃墟化した世界を、ポンコツの愛車に乗って、マッドマックスが愛犬といっしょにさすらうというロードムービーとなっている。

『マッドマックス2』では、油井を持つ集団が、その貴重な石油を狙う暴走族集団に襲われているのをマッドマックスが救けるという内容だ。彼らは、枯渇しかかっている石油をめぐって死闘を続けている。原子力時代から、元の石油時代に舞い戻り、さらに石油の争奪戦が繰り広げられている。自動車とオートバイと飛行機は、あくまでも「石油時代」の機械であり、それは前時代の遺物なのだが、他にエネルギー源を持たない未来人にとって、その獲得は死活問題につながるのである。

『ファイアー・マックス（Wheels Of Fire）』（一九八五年、チリオ・H・サンチャゴ監督）も、核戦争後の荒廃した世界が舞台である。主人公のトレイスは、一人で要塞のような頑健な車を乗り回すハイウェイ戦士だった。妹の恋人を助けたばかりに、凶悪な軍団と戦うハメとなり、やはりその軍団と敵対する女性戦士スティンガーといっしょに、軍団にさらわれた妹を救出するために敵地に乗り込む。邦題だけ、「マッドマックス」の人気に便乗しようとしているが、内容は明らかに二番煎じである。

同じ監督作品の『未来戦士スレイド（Equalizer 2000）』（一九八六年、チリオ・H・サンチャゴ監督）では、さらに『マッドマックス』の三番煎じといえるもので、時代設定は、最終核戦争の厳冬期を過ぎて百年。世界は砂漠と化している。石油を独占的に支配するオーナーシップが、〝政府〟として軍隊による暴力支配を行っていた。スレイドは、政府軍の戦士だったが、仲間の裏切りによって負傷し、敵対する組織の女性戦士カレンに救われる。カレンたちは、オーナーシップの支配に抵抗するグループだった。スレイドは、新しい武器を作り、山の民などといっしょにオーナーシップの〝政府軍〟を攻撃する。

核戦争後の荒廃した世界でのバイオレンスたっぷりの作品。最後に武器を火中に投じるのは、武器亡き永遠平和の夢を物語っているのだろうが、いかにもとってつけた印象だ。

ウォーカーとポストマン

こうした暴力による支配、文字通りの弱肉強食の世界が、核戦争後の世界には繰り広げられる。西暦二〇一三年、今ではすでに「過去」となってしまった時代のアメリカを描く『ポストマン（The Posaman）』（一九九七年、ケビン・コスナー監督）は、核戦争で焦土と化し、それぞれに孤立化したアメリカの各地を、郵便配達夫として手紙を届けることによってつなげようとする一人の男を主人公としている。彼は、ボス支配の暴力集団から逃れて、たまたま見つけた郵便配達夫の帽子や鞄を身につけた偽のポストマンにすぎないのだが、いつしかアメリカという連邦国家を再建する重要な指導者となってゆくのである。

つまり、これはアメリカの建国神話をもう一度、初めからやり直してみようとした映画なのであり、人と人、町と町、国と国をつなぎ合わせるのが、手紙であり、メールであって、そうした人間たちのつながりを結びつけてゆく者こそ、建国神話の主人公にふさわしいのである。北部の十三州から始まった合衆国は、南部州やニューメキシコ州、アラスカ州、ハワイ州へと領土を拡大し、連邦国家として形成された。ポストマンがやったことは、こうした州と州との連携を強め、連邦国家としてのアメリカを再建したことに尽きる。核戦争も、アメリカの連邦制を壊すことはできなかったのである。

また、『ザ・ウォーカー（The Book of ELI）』（二〇〇九年、アルバート&アレン・ヒューズ監督）では、核戦争以後の世界で、文明・文化が破壊され、廃墟となったアメリカ東部から西へと向かう。黒人の放浪者（ウォーカー）が、暴力的なボスの支配する町へ足を踏み入れるのだが、ボスは、旧時代の遺物であり、文明の象徴である一冊の「本」を手に入れたがっている。黒人男は、その世界を支配するという「本」を持っていて、暗唱している。世界で唯一の本、偉大なる書物、「バイブル（聖書）」を。それは破壊された文明を、人間の世界を回復させ、新たな精神世界を復活させるよすがになると思われているのである。

ボスの手下たちとの対決などには、黒澤明の『用心棒』（そのリメイクとしてのマカロニ・ウェスタン『荒野の用心棒』）の影響があると思われるが、核戦争後の砂漠のような町の風景が、『用心棒』の空っ風の吹く場末の宿場町の様相を彷彿とさせる。すさみ切った心の人々が住む場所に、風来坊が一人やってくる。暴力と恐怖で支配された街は、そうしたよそ者を排除することで、かろうじて支配の秩序を保っている。ウォーカーとは、旅の者、無宿者、風来坊の訳語にほかならないのである。『ポストマン』にしろ、『ザ・ウォーカー』にしろ、四分五裂して、地域社会として孤立化し、分断化されたアメリカという国家をもう一度、再建しようとしたり、滅びてしまった人類の文化遺産である「書物」を復元させようとしているところに、アメリカ的な楽天主義的な向日性を見出すことは可能である。核戦争後の世界が、弱肉強食の原始社会への退行としてだけとらえる映画が多いだけに、文明の復興や文化の復活を目指す、この二つの作品の特質を語ることは可能だろう。ただし、いったん破壊された文明社会を再構築することは、その文明を作り上げただけと同じほどの時間を必要とするものではないだろうか。あるいは、それは、本質的に不可逆的なものではないだろうか。核戦争後の世界に、未来はあるのか？　それともありえないのか？　そうした疑問を、この核戦争後の〝復興期〟を描いた映画は問いかけるのである。

核戦争後の不思議な世界

核戦争後の世界を一種のワンダーランド（不思議な世界）として描いているのが、『リチャード・レスターの不思議な世界（The Bed Sitting Room）』（一九六九年、リチャード・レスター監督）だ。第三次世界大戦が勃発した。それは核戦争であり、二分二十八秒で終わった。その四年後のイギリスの生存者は二十名。停まらない円環状の地下鉄の電車のなかで生活している老夫婦と孕み腹をした娘の三人家族。そこに紛れ込む若い男。発電のために自転車を漕ぎ続ける軍人。テレビの枠だけを持ち、各家にニュースを出前して歩くニュースキャスター。気球に吊り下げられたパトカーの残骸でパトロールをする警官。ワンルーム・ハウスに〝変異〟してしまった自称貴族など、奇想天外な人物の奇矯な行動と、古靴の山と瓦礫とガラクタの風景が延々と映し出される。

卑猥でブラック・ユーモアに満ちたジュールレアリズム的な作品。核戦争後の世界を、アリスの不思議な国を見る視線で眺めている作品といえようか。人民服姿の毛沢東が出てくるところも、英国風の悪ふざけが躍如としていて面白い。

しかし、こうした〝不思議な世界〟も、一九六〇年の『タイム・マシン（The Time Machine）』（ジョージ・パル監督）に乗って行った「八十万年後」のロンドンと比較すれば、それほど不思議でもなくなる。一八八九年の大晦日に発明家のジョージは、自分の作ったタイム・マシンに乗って一九六〇年に行った。ロンドンは核攻撃され（相手はドイツらしい）、文明は破滅的な危機に瀕していた。彼はさらに八十万年後の人類の未来社会を見てきた。そこでは、地上に人は住めず、地下に住む食人種と、その食人の対象となる家畜のように温和《おとな》しいイローイ族と分かれていた。本も読まず、文字も知らず、協力も共感も知らない羊のように温和で従順な奴隷的な人間たちが、生きている世界なのだ（これは戦後の日本社会をモデルにしたものではないだろうか?）。これが、〝不思議の世界〟でないとしたら、いった何と呼べばいいのだろうか?

ジャン＝リュック・ゴタールのほか、ロッセリーニ、パゾリーニ、グレゴレッティの四人の映画監督が作ったオムニバス映画『ロゴパグ（RoGoPaG）』（これは、四人の監督の名前の頭文字を並べたもの）の第二話「新世界」（ゴタール監督）では、パリの上空で原爆が爆発した。しかし、地上ではあまり変わりはなく、人々の行動が少しおかしくなった程度だ。やたらと薬を飲む。会話の受け答えがちぐはぐだ。しかし、新聞では大きな変化はなかったと報道する。何もかも変わっていないように見える。原爆が投下されても、パリの街に特段の変化はない。ただし、エッフェル塔の上半分がなくなっている場面が一瞬出てくる。本当に、何も変わっていないのだろうか?　ゴタール監督のエスプリが横溢している。何も変わっていない。しかし、だからこそ、世界は根本的に変わってしまったのだ。復元しようもなく。これもまた、原発事故後の日本の社会を先取りしたような映像といえるだろう。

『デリカテッセン（Delicatessen）』（一九九一年、マルク・キャロ&ピェール・ジュネ監督）も、核戦争後十年の世界を描いているが、きわめて個性的で特色のある作品だ。荒廃した街に一軒の精肉屋がある。元道化師の男が、新聞広告を見てやってくる。建物の管理、修繕という職種の人間を求人していたからだ。しかし、その古びた建物の住人は、広告に釣られてやってきた人々を〝精肉〟にして食べる人々だった。肉屋の主人の娘は、そんな道化師を助けようと、地下組織と手を結ぶのである。

核戦争の十年後のパリという設定だが、作品だけではそんな内容や事情は分からない。黙示録的世界と簡単にいうことはできるが、フランス文学にあるようなブラック・ユーモアの諷刺が辛辣過ぎて、息苦しく感じられる。

核戦争後とは明示されていないが、『バンカー・パレス・ホテル（Bunker Palace Hotel）』（一九八九年、エンキ・ビラル監督）も、酸性雨が降る黙示録的世界で、政府軍と反乱軍の組織が互いに戦いあっているという設定となっている。地上世界から避難して、地下のバンカー・パレス・ホテルに集められた政府の要人たちは、ホテルのアンドロイドたちに世話されている。しかし、彼らのなかにも、反乱軍の手は伸びてきている。疑心暗鬼の高官たちの殺し合いが始まる。近未来の黙示録世界なのである。

日本における核戦争の可能性

一九六一年に作られた日本映画『**世界大戦争**』〔**47**〕（松林宗恵監督）では、ニューヨーク、東京、モスクワ、パリ、ロンドン、北京は、潰滅し、地球の「未来」などまったくありえないラストとして、それをリアルタイムで観ていた十一歳の私を、深い絶望と恐怖の淵へたたき落とした。私たちの文化には、〝ポスト・マン（人間の後）〟の希望はない。アメリカの核戦争後の映画作品を観ながら、私はそう考えざるをえなかった。

フランキー堺演じる主人公は、平凡で変哲もない運転手。娘を船員の恋人と結婚させ、息子を自分の行けなかった大学に進学させるというのが、彼のささやかな希望だった。米ソによる冷戦が、いっきょに世界大戦争へと拡大。彼らの住む東京にも、あと数時間で核ミサイルが飛んでくるという。必至に逃げ惑う群集たち。しかし、

47

彼と彼の家族は、ご馳走を作り、静かに最後の時を過ごそうとしている。ささやかな庶民の希望と夢を潰してしまったものは何なのか。娘と恋人は、無線通信によって最後の愛を語る。ラスト・シーンは、円谷英二特技監督による、世界各都市の崩壊の情景である。マグマのように流れる火流、爆発する建物、崩れ落ちる鉄橋、立ち上るキノコ雲が、スクリーンいっぱいに映し出されるのである。

『世界大戦争』とほぼ同時期に、第二東映の製作による『第三次世界大戦　四十一時間の恐怖』（一九六一年、日高繁明監督）が作られた（未見）。これは、『世界大戦争』と同工異曲で、平和な日本の社会に暮らしている何組かの家族の生活を脅かす、第三次世界大戦が、米ソの両陣営の衝突として始まる（そのために、『世界大戦争』とプライオリティーの問題が生じた）。ミサイルによって攻撃される世界の各都市。モノクロの画面であるからこそ、キノコ雲がたなびく世界の破滅のシーンは、よりいっそう強烈に観客の眼に焼き付けられる。一九六〇年代の初頭には、こうした〝世界最終戦争〟の設定は、きわめてインパクトの強い、現実性を持っていた。

『復活の日』（一九八〇年、深作欣二監督）は、「核戦争」ものというより、生物兵器の開発によるパンデミック、伝染病ウィルスの世界的な流行によって、各国の南極基地にいた観測隊員のみが生き残るという設定である。これは、次章で述べる、「核シェルター」ものと似通った設定であり、南極という大陸が、一種の広大な核シェルターとして機能していたともいえる。生き残った隊員たちは、「南極政府」を設立して、人類の滅亡を防ごうとする。しかし、日本人の隊員吉住（草刈正雄）は大地震を予想して、それによって破壊される軍事基地で、南極向けの核弾頭ミサイルが起爆してしまうことを防ぐために、一人、アメリカへ向かう。

直接的な核戦争の結果ではないが、全世界は滅亡した。人類は、南極と、北極に近い南米のパタゴニア近くにわずかに生き残っているらしい。南北大陸を縦断する、一人の男の孤独な旅が続く。

なお、深作欣二監督には、『ノストラダムスの大予言』（一九七四年）という、監督作品があるが、これは上映中止の運動が起き、ビデオ化、ＤＶＤ化がなされていないという曰《いわ》くつきのもの。テレビの映画チャンネルでも放映されることがなく、未見なので、語ることはできないが、核戦争をテーマとした作品ということらしい。放射能によって奇形化し、巨大化した人類が食人を行うシーンなどが問題とされたのである。

こうした世界核戦争ものとは違って、近未来的に核攻撃、核戦争をシミュレートした政治的な映画が、日本にもある。『宣戦布告』（二〇〇二年、石侍露堂監督）は、日本での核戦争を想定した、一種のシミュレーション戦争映画である。

敦賀半島の海岸で国籍不明の潜水艦が座礁した。艦内には、朝鮮語をしゃべる男が一人がとり残されていた。「北東人民共和国」のゲリラ部隊が日本に上陸し、原発をテロ攻撃しようとしているのだ。警察では手に負えない彼らを掃討するために、内閣総理大臣は、自衛隊の出動を命じる。しかし、日本政府の情報は、〝北〟に筒抜けで、〝北〟は、核ミサイルの発射を準備する。核戦争が勃発するのだろうか。

国内に侵入したコマンドを自衛隊が自衛的に攻撃（掃討）するのに、〝北〟が日本側の〝宣戦布告〟とみなすというのは、いくら何でも国際法や国際常識では無茶だろう。領海侵犯し、不法入国し、原発へのテロ攻撃を目論《もくろ》むゲリラ部隊をテロ活動を抑止することは、独立国家に認められた当然の防衛措置だ。〝北〟がそれに対して宣戦布告と見なすということは、それが自分たちの作戦であり、工作であることを公然と認めることであり、国際正義の観点からしても、〝北〟にとって何の正当性もなければ、正義もない。

麻生幾の原作小説も日本の〝軍事強化〟を目指す、軍事オタクの妄想的なものだが、映画の出来も「一級のポリティカルサスペンス」の謳い文句にはほど遠い。また、この映画は企画段階で自衛隊＝防衛庁に製作協力を申し込んだが、安保体制の不備や混乱をリアルに描き、政治体制への批判的側面が強いということもあって、素気《そっけ》無く断られたという（そのため、自衛隊の制服一つでも協力してもらえず、製作費の高騰を招いたという）。自衛隊にとって、こんなに簡単に〝北〟のゲリラにやられてしまうという映画には、協力したくないのも無理はないだろう。大金だけかけて、この程度の映画しか作れないのが、バブル期の日本映画の実力だったのだ。

逆に、自衛隊＝防衛庁の全面的に協力を得て作られたのが、『ミッドナイトイーグル』（二〇〇七年、成島出監督）である。戦場カメラマンだった西崎は、心に傷を負い、戦場を離れ、山登りにひたっていた。ある夜、北アルプスに墜落する飛行機を見る。それは、横田の基地で某国の工作員に爆弾を仕掛けられた米軍のステルス機だった。ミッドナイトイーグルと呼ばれるその機が搭載していたのは、日本の中心部を根こそぎ壊滅させるような核兵器だった。工作員たちは、ステルス機の墜落現場にたどりついた西崎や後輩の落合、自衛隊員の佐伯三佐を銃撃する。核兵器を爆発させようとしているのだ。それを阻止しようと西崎たちは、必死に活動する。

「某国」としているのは、もちろん「北朝鮮（朝鮮民主主義人民共和国）」という具体的な国名を出していないためだ。しかし、こうした国際紛争ものをリアルに撮ろうと思えば、製作者側の腰がきちんと決まっていなければ無理だろう。ロケット砲まで持った何十人単位もの工作員（侵略者）が日本内部の北アルプスで銃撃戦を展開するというのはあまりにもリアリティーのなさすぎる設定だ。自衛隊の描き方、とらえ方も、面倒な議論から逃げている。「軍隊ではない。自衛隊だ」という、いかにも公式的なセリフが、自衛隊員である佐伯三佐の口から吐かれる。これが、自衛隊の協力を取り付けられた要因の一つだろうが、相手側を殲滅する攻撃を敢行できない日本国内の〝平和維持活動〟に限界があることは、誰の目にも明らかだろう。『宣戦布告』レベルの日本の安全保障政策に対する批判の視点もない。核戦争への対策もゼロであり、原発・放射能事故やテロに関する備えも構えも、現状の自衛隊にはまったく存在しない（拙著『紙の砦　自衛隊文学論』［インパクト出版会］参照）。

『外事警察　その男に騙されるな』（二〇一二年、堀切健太郎監督）は、北朝鮮と韓国と日本の三国を跨いだ「原爆」もののスパイ映画。北朝鮮から濃縮ウランが流出し、震災で立ち入り禁止の日本の大学の研究室から、原爆の起爆装置になるプラグの設計図が盗まれた。北朝鮮で原爆開発に当たっていた徐《ソ》博士は、脱北してソウルにいた。韓国で原爆を作り、テロリストたちに売ろうという計画がある。それを阻止するために「内閣調査室」の〝外事警察〟の面々が動き出した。

　だが、日本や韓国の技術が、北朝鮮の核開発に利用されていることは自明のことで、今更そんなことが秘密にされなければならないとも思えない。非情なはずの国際スパイ戦に、親子や夫婦の人情的なものが絡みつきすぎる。これも東アジア社会の特徴だろうか。

　これらは、韓国映画の『シュリ』（一九九九年、カン・ジェギュ監督）や『ＪＳＡ』（二〇〇〇年、パク・チャヌク監督）などの北朝鮮対韓国という分断国家の現状を踏まえたサスペンス映画の影響を受けたものと考えられるが、韓国映画には、核戦争、核兵器などの要素などはほとんど登場しない。逆に、そうした核兵器の使用といったことが身近にあるからこそ、それに対しての関心をむしろ忌避しているのかもしれない。

アメリカ対北朝鮮

『エスピオナージ・エクスプレス（In The Company Of Spies）』（一九九八年、ティム・マシスン監督）、核兵器をめぐるアメリカと北朝鮮とのスパイ合戦や葛藤を描いている。

平壌に潜伏していたCIAの工作員マルコが北朝鮮に捕まった。何か非常に重要な情報を入手したらしい。彼を救出するために、元CIAの工作員のケビンが呼び戻され、特別対策班を作り、北朝鮮がロシアから核弾頭を搭載させるミサイルを搬入するという情報を突き止める。マルコはスパイ罪で、北朝鮮人民の前で絞首刑にされ、彼を救出するために、平壌入りした工作員は、それを目撃する。大統領の決断で、清津港に入ろうとするロシア漁船を爆破することにする。その工作以前に、CIA工作員は、平壌から脱出しなければならない。平壌発東京に乗り込もうとする。

もちろん、平壌発東京行きの航空便など、今も昔もまったくない。平壌市内の映像などは本物を使っている部分もあるようだが、セットは、北朝鮮というより東南アジアの下町風だ。英語新聞が平壌の街角のスタンドで売っているわけもなく、電話ボックスに電話帳などもないはず。処刑も、公開の絞首刑ではなく、北朝鮮の幹部や市民だけの前で銃殺されるはずだ。赤い幟《のぼり》も、中国やベトナムならいざ知らず、北朝鮮的ではない。全体として、北朝鮮に対する知識が不足しており、リアリティーを著しく削《そ》いでいる。

『エネミーライン2（Behind Enemy Line2）』（二〇〇六年、ジェームズ・ダッドソン監督）は、北朝鮮の核弾道型ミサイルを破壊するために、米軍の特殊部隊が、北朝鮮にパラシュート降下するところから始まる。しかし、作戦は中止され、先に降下した四人の米兵は孤立する。二人は北朝鮮軍との戦闘で死亡し、二人は韓国軍の救出部隊に救われる。彼らは、命令に違反して、ミサイル爆破を敢行する。

一九九〇年代末、大陸弾道ミサイルの配備に対して、米国と北朝鮮とは一触即発の危機にあった。また、北朝鮮のミサイル基地の近辺で何らかの爆発があり、米軍、あるいは韓国軍の特殊部隊による作戦ではないかという噂が流れた。核戦争の危機はいつでも、どこでもあり、日本の隣の半島は特に危ない。しかも、それはアメリカが同盟国である日本の頭越しに行わないとも限らない核戦争の発端なのである。

『レッド・ドーン（Red Dawn）』（二〇一二年、ダン・ブラッドリー監督）は、アメリカが共産軍に占領されるというテーマの『若き勇者たち（Red Dawn）』（一九八四年、ジョン・ミリアス監督）のリメイク版である。『若き勇者たち』では、ニカラグア・キューバの共産軍がロシアの後押しでアメリカのコロラド州の田舎町をパラシュート部隊で急襲し、占領する。サッカー部の高校生の兄弟や、高校生など、若いアメリカ人にそれに抵抗するというのが、オリジナルなストーリーだが、それをリメイクするのに、敵方の共産軍が、中国軍、北朝鮮軍と一転、二転した結果、北朝鮮軍となったのである。

占領されたのはワシントン州のシアトル。海兵隊の兄と、彼と不仲の高校のラグビー選手の弟が主たる登場人物で、悪役は朝鮮人の趙《チョー》大佐だ。核兵器に関する言及は、セリフのなかで、北朝鮮軍（背後にはロシア軍がいる）が新兵器として核兵器を無力化する装置を使い、原子力潜水艦や核兵器による侵入者の掃討ができなかったという。やすやすと、アメリカの領土への敵軍の侵略を許してしまった原因である。

ポスト冷戦以降、核兵器は絶対的な兵器でなくなり、むしろ使用が難しい（作戦的に、戦略的に）兵器となってしまったのだが、現代の戦争は核兵器を禁じ手とすることによって、開始されているように思える。この映画はそんな時代を象徴しているのかもしれない（北朝鮮は核爆弾保有国である。なぜ、この映画では大陸間弾道ミサイルによる核攻撃を試みなかったか。金正恩《キムジョンウン》なら、やりかねないとみんなが思っているうちは、そんな設定はタブーなのだろう）。

核シェルターという〝地獄〟

日本映画には、まったくない「原子力／核」映画の範疇として、「核シェルターもの」がある。これも一種の核戦争後の世界を描いたものの一つなのだが、核シェルターという狭い、閉ざされた空間のなかでの物語というところにその特異性がある。

『ディヴァイド（The Divide）』［**48**］（二〇一一年、ザヴィエ・ジャン監督）は、ニューヨークのアパートの地下の核シェルターに閉じこもった、少女を含めての九人の男女の閉鎖空間での出来事の物語だ。突然、ニューヨークに核爆弾が落とされる。核戦争が始まったようだ。アパートの住人は、管理人が準備した核シェルターに閉じこもる。そこには水や食糧、空気清浄機などが用意されている。しかし、外部の様子は分からない。閉じ込められた九人の精神は不安感と恐怖感、閉鎖的感情によって徐々に蝕まれてゆき、厚い金属製のドアの外側から、侵入者たちがやって来る物音が聞こえる。九人の精神状態は異常なものとなり、ついに陵辱や暴力や殺人がひき起こされる。

まさに息詰まるような〝閉所恐怖症〟の症状をたどる映画なのだが、「外部」で何が起っているのか、皆目分からないということが、この映画のホラー映画たるゆえんだろう。防護服を着てマスクを付けた侵入者たちとは何者なのか。トイレから下水道を経て、「外部」へ出た登場人物が、そこで見た廃

48

墟とはいったい何だったのだろうか。不条理で、悪夢のような世界。それが、核シェルターなどに頼らざるをえない、核時代、核社会の実相なのである。

「近くに、キューバ危機の時におじいさんが作った核シェルターがある」というセリフが作中で話されるのが、『キューブ・I・Q・ハザード（Omega Diary）』（一九九九年、ベンジャミン・クーパー監督。邦訳題は、原題とは何の関係もない。『キューブ』というヒット映画にあやかっただけ）である。

海辺に遊びにきた友達同士四人の男が、ラジオから「核攻撃」が始まったことを知らされる。海岸で知り合った男から、前述の言葉を聞かされ、車に分乗して、間一髪のところで、核シェルターに潜り込む事が出来たのである。外部の状況も分からず、シェルター内部の水、食糧が尽きてくるなかで、友達同士といいながら、これまで鬱積してきた人間関係の軋轢や齟齬が高まり、ついに暴力沙汰、殺し合いにまで事態は発展してゆく。

閉鎖状況、密室空間のなかで、人間はどれだけそのような〝出口なし〟の状態に耐えうるのか。結果的に耐え得ないとする結論が多いのだが、そもそも「核シェルター」というものが有効なのかどうかという視点が、概して欠けているように思える。外部の世界が全滅した状況において、たかだか何週間か、何か月かの間、延命することが出来たとしても、それが一体何になるだろうか。もちろん、たとえ、一時間でも一日でも、命を長らえる方を選択するのが人間の常態だと思うのだが、我先にシェルターのなかへ逃げ込み、食糧や水を奪い合うのが、人間たちの本質や限界状況を表現しているとは思えない。

アメリカの一般の人たちの「核シェルター」についての考え方、感じ方を知るには、『核シェルターパニック（Massive Retalition）』（一九八四年、トーマス・A・コーエン監督）を観ればよいかもしれない。

独立記念日の休日をいっしょにすごそうと丘陵地にやってきた三家族は、そこで突然、ソ連が核攻撃を仕掛けてきたというニュースを聞く。彼らは共同で所有していた核シェルターに避難するが、そこに、自分たちも避難させよ、という外部の人間がやってきた。彼らを銃で威嚇して、引きあげさせようとする男と、それに反対する男女。核シェルターの内部から、人間関係のひび割れは始まってゆくのだ。

核シェルターの外側に地雷を埋め、外部の者をシャット・アウトしようというエゴイズムと個人主義。襲撃して、核シェルターを占拠しようとする男たち。核シェルターは、あくまでも自分たちが生き延びるためのものであって、外部の人間に開かれたものではない。自分たちと外部の者という線引きが、結局はアメリカ（味方）／ソ連（敵）という冷戦思想の二分法を強化し、核戦争の脅威というものを増幅するものであることに気が付かないままに、自分たちだけの〝安全〟を確保しようとする戦いは続くのである。

閉鎖空間に置かれた人間たちの状況を、より深く考えようとしたのが、イタリア・フランス合作の『戦慄の黙示録（Control）』（一九八七年、ジュリアーノ・モンタルド監督）だ。邦訳題は、この作品の内容とまったく釣り合わないものだが、「核シェルターもの」としては、個々の人物の心理や関係性をうまく描き出している。

核シェルターで、二十日間の体験生活をすれば、一万ドル以上の報酬が貰える。こんな実験の募集に、十五人の老若男女が応募してきた。民族も、年齢も、来歴もそれぞれ違う人々が、閉鎖された空間のなかで、共同生活をするのだ。実験も終わりに近付いた日、突然、核爆弾がその街に落下するというニュースが入ってくる。実験が、本物の体験となってしまったのだ。外部からは、シェルターに入り込もうと避難者が押しかける。生活物資の不足を理由に外部者を入れないとする現実主義者、入れようという人道主義者たち。二分された集団は、だんだん暴力性を帯びてくる。

実は、核爆弾の飛来そのものが、実験者側の仮想現実の設定であり、被実験者たちは、外部の人間に〝コントロール〟されていたわけだが（『キューブ・I．Q・ハザード』も、結果的に「核パニック」は仕掛けられたものだったのだが）、こうした実験の非人間性は明かなことだろう。幼い娘を亡くした若い母親は、ほとんど人格を崩壊させ、ユダヤ人家族に対する陰湿な差別がカビの菌糸のように培養される。「核シェルター」という〝地獄〟がそこに現出したのである。

クロアチア映画の『**101日**（101 Day）』〔49〕（二〇一〇年、ネヴィオ・マラソヴィッツ監督）も、似たような設定である。テレビ番組の企画のために六人のカップルが集められる。彼らは六か月間、出口のない空間から出ることが出来ない。視聴者は、投票によってその参加者を脱落させることができる。その間に、大規模な戦争が始まり、参加者はそれを知らないままに、核シェルターに移送される。核ミサイルが発射された。到達までに一時間。五人の男女は、いかにして「核戦争」の〝今〟を生き延びるのか。

なお、この『１０１日』に、似た設定の作品として『４００デイズ（400 Days）』（二〇一五年、マット・オスターマン監督）があるが、これは宇宙旅行の訓練のために、四百日間、地下のロケット（シェルターと同じようなもの）で生活する四人（女一人、男三人）のパイロット訓練生の話だ。地上との連絡が取れなくなった。外界で何かが起こったらしい。砂塵の降る、無人の街へ出て、四人は不気味な人間たちに出会うが、月が隕石と衝突して、地球はその砂塵で覆われてしまったらしい。それは実験の続きなのか、現

49

実なのか、はたまた悪夢なのか。ただ、核戦争の勃発でないことは明らかなのだ。

イギリス映画『アフター・クライシス（After Crisis）』（二〇一〇年、ジョナサン・グレイティング監督）は、ロンドン市内にテロリストが仕掛けた核爆弾の処理に失敗。核爆弾は爆発し、ロンドン郊外のSNUB（地下核シェルター）には、そこを管理する軍人や、政府高官、上流階級の令嬢、配達人が閉じこもることになった。核シェルターの建物の近所には、凶悪犯を収容している監獄があった。彼らは放射能によってミュータント化し、核シェルターに入り込み、そこを奪って生き延びようとしている。外界との連絡のために、アンテナを直すか、無線をつなぐために、外部へ出なければならない。怪物化した凶悪犯たちが徘徊している外部へ。

オーストラリア映画の『ワン・ナイト・スタンド（One Night Stand）』（一九八四年、ジョン・ダイガン監督）は、ヨーロッパで第三次世界大戦が始まり、米軍基地のあるオーストラリアにも核爆弾が飛来するという内容だ。シドニーのオペラハウスに四人の男女が閉じこもっている。彼らは最後に地下鉄駅に逃げ込むのだが、これも一種の核シェルターと考えることができる。地下鉄構内に避難していた人々が一斉に合唱するシーンに、「新世界」の希望が残されているのかもしれない。

こうした現在の「核シェルターもの」の映画を観ていて感じるのは、現代の社会において、戦争の破滅から免れる〝安全地帯〟がどこにあるのか、ということである。クロアチア映画の『１０１日』のリアリティーは、どこにいても、どこからでも、飛び込んでくる爆弾があるということだ。テレビ局の喫茶室でお茶を飲んでいる時でも、ミサイルや爆弾は、飛び込んでくる。これがクロアチアの現実であり、そうした戦争の在り方が、この映画をリアルなものと感じさせるのだ。イスラエルの少女が、街のなかにいても、学校でも、家でも、いつ自爆テロの爆発や、ミサイル爆弾によって、日常の生活が、そして「未来」が断ち切られるかと怖れる、という発言があった。

核シェルターのような安全地帯が、〝安全〟だと信じられた時代は、まだ牧歌的な、〝いい時代〟だったのかもしれない。だから、核シェルターのなかで生まれ、三十五年後にはじめて外の世界へ出てきた〝箱入り息子〟のアダムと、ロサンゼルスで暮らす現代女性イブとの恋愛を描いた『タイムトラベラー　きのうから来た恋人（Blast from the Past）』（一九九九年、ヒュー・ウィルソン監督）というコメディー・タッチの「核シェルターもの」の作品が、きわめて神話的で、牧歌的に見えるのは、無理からぬことと思える。

一九六二年、キューバ危機のさなか、自分の家に落ちた飛行機の事故を、共産国の核攻撃だと勘違いした発明家は、妊娠中の妻といっしょに家の地下に作った核シェルターに閉じこもった。そこで主人公のアダムは生まれ、三十五年の月日が経つ。そろそろ放射能の汚染の影響もなくなり、地上の世界へ出てもよいと思った発明家は、息子のアダムを外界に送り出す。ロサンゼルスの郊外だった家の周囲はすっかり変わっていて、けばけばしく、いかがわしいダウンタウンに変化していた。聞くもの・見るものすべてが新鮮であるアダムは、バサデナ生まれのイブを、健康で素朴な女性と思い込み、プロポーズする。彼の持っていた野球カードや株券は、三十五年の間に、何千倍にも値上がりし、彼は大富豪となっていたのである。

このアメリカ版〝浦島太郎〟の物語は、玉手箱から白い煙が出て、幻滅という最後の場面にはならない。しかし、三十五年間の「核シェルター生活」が、ハッピー・エンドのままで終わるとは思えない。核戦争の危機、恐怖に翻弄され、失われた（父母の）壮年時代と（息子の）青春。それは、口中にほろ苦さの残る終幕といわざるをえない。

『ラジオアクティブ・ドリーム（Radioactive Dreams）』（一九八六年、アルバート・ピュン監督）は、核シェルターに入っていた〝浦島太郎〟の物語が、〝アンハッピイ・エンド〟に終わらざるをえなかった例だ。核シェルターで育った二人の若者が十五年後に外界に出た時に、世界は核戦争後の悪徳と頽廃のはびこった〝ソドムとゴモラの市〟以外のものではなかった。人肉食や奇形の人間が出てきて、核ミサイルの鍵をめぐっての争奪戦に二人は巻き込まれる。核シェルターのなかで、核戦争をやり過ごしたことが彼らにとって本当に幸福なことだったのか？　核シェルターの内も外も、地獄に変わりはなかったのである。

核シェルターものの変わり種としては、『スポンティニアス・コンバッション　人体自然発火（Spntaneous Combustion）』（一九八九年、トビー・フーバー監督）がある。

水爆実験に耐えるシェルターと、放射能への人体の抗体の実験のために、若い夫婦が、水爆爆発の地下のシェルターに籠もった。実験は成功し、二人は爆発現場直下でも死なず、被曝もなかった。しかし、そこで妊娠した妻は、男児を生み、その子は人間を自然発火させ、焼失させるという超能力を持っていた。実験の主体となった企業は、その男児を育て、人体自然発火の現象を研究しようとする。すべてを知った、青年となった男児は、自分と両親を実験材料とした人々に復讐を企てる。

なぜ、放射能に被曝した両親から生まれた子供が、人体自然発火の能力（？）を持つようになるのか、ウソでもいいから、（偽）科学的であってもいいから、何らかの説明が欲しい。体が燃えているのに、服は燃えない。近くのプラスチック製品が燃えるだけというのも、科学的に納得できない。核シェルター、放射能への抗体、原子力発電が、一つの企業の営業品目というのも、肯《うなづ》けないのである。

地球の危機に対処する

地球の危機は、核戦争だけではない。SF的な、地球や人類の〝クライシス〟を掻き立てる映画は、決して少なくはない。怪獣や異星人、エイリアンの襲撃や襲来はすでに見てきたが、大地震や隕石、彗星の衝突、コンピューター（人工頭脳）の反乱、人造人間たちの支配する機械たちの人類への攻撃、全世界に広がるパンデミック（伝染病の蔓延）、地球の自転の停止など、地球と人類のパニックは、ありとあらゆる可能性をもって表現されている。

『妖星ゴラス』（一九六二年、本多猪四郎監督）や『天空が燃えつきる日（The Day the Sky Exploded）』（一九六一年、パオロ・オイシュ監督）や『ディープインパクト（Deep Impact）』（一九九八年、ミミ・レダー監督）や『アルマゲドン（Armagedon）』（一九九八年、マイケル・ベイ監督）、『メテオ（Meteor）』（一九七九年、ロナルド・ニーム監督）、『メテオ2（Meteor Path to Destruction）』（二〇〇九年、アーニー・バーバラッシュ監督）は、彗星、小惑星、隕石との地球の衝突というパニックを題材としている。こうした地球の壊滅的な危機と、原子力／核とは、密接な関係を持つものが多い。それは、地球に衝突しようとする小天体を原水爆によって破壊する、あるいは軌道を変えるという方法が取られるということだ。世界中の核兵器が集められ、集中して小天体へ向かわせる。しかし、あまり地球に近い場合には、大気圏に放射能の影響が残るのではないかと心配されるのだが、それはさほど問題とならないようだ。

『妖星ゴラス』の場合は、北極に核兵器を集め、それを爆発させ、そのエネルギーで地球の軌道を変えようとするものだが、ゴラスとの衝突は免れても、地球環境の激変を伴い、やはり地球の生物の絶滅を実現させてしまうのではないかと懸念される。『天空が燃えつきる日』では、地球に隕石が降り注ぐ結果となったのは、ロケットの原子炉が爆発して、小惑星群の軌道を変えてしまったためである。原子力／核の失敗を、核ミサイルで弥縫《びほう》しようとするところに、人類の愚かさは如実だろう。『アルマゲドン』はやや趣向が変わっていて、衝突する小惑星に宇宙ロケットで人間が着陸し、その惑星の地下で核爆弾を爆発させ、破壊させようというものだ。海底油田の石油掘りの専門家集団が急遽集められ、宇宙服を着て、この作業に携わる。『ディープインパクト』では、アメリカとロシアが共同で、惑星の軌道を変えるという難題に取り込む。地球の危機に対応するためには、「冷戦」を棚上げしなければならないのである。

逆に『スペースカウボーイ（Space Cowboy）』（二〇〇〇年、クリント・イーストウッド監督）では、かつて宇宙飛行士に憧れていた米空軍のテストパイロットだった老兵たちが、「冷戦」の忘れ物である、ソ連製の核ミサイルを搭載した兵器衛星を宇宙にまで〝片付け〟に行く話だ。七十代の彼らには、ソ連はいつまでも厄介な〝敵方〟なのである。

『アースクエイク（Ground Zero）』（二〇〇〇年、リチャード・フリードマン監督）と『マグニチュード8・5（M8.5）』（二〇〇三年、ティボー・タカクス監督）は、その題名通り、地震ものである。ただし、『アースクエイク』は、核爆発によって大地震が誘発される話であり、『マグニチュード8・5』は、大地震によって原発の原子炉が暴走する話である（「原発危機一髪」の章、参照のこと）。

『ザ・コア（The Core）』（二〇〇三年、ジョン・アミエル監督）は、地球のコア（核）の回転が止まり、電磁波に混乱が生じ、鳥たちの方向感覚が狂ったり、ペースメーカーの使用者が急に倒れたりする現象が起きた。アメリカの地震兵器の実験が、コアの回転を止めてしまったためだ。コアの回転を復活させるために、地表からマントル層を抜け、外核から内核にたどり着き、そこで核爆弾を爆発させ、コアの回転を蘇らせる計画が立てられた。決死の六人が、地中ロケットに乗って、地球の内部に至ろうとする。

コンピュータの反乱は、『地球爆破作戦（Colossus:The Fobin Project）』（一九七〇年、ジョセフ・サージェント監督）、ハッカーによるコピューターの乗っ取りは『ウォー・ゲーム（War Game）』（一九八三年、ジョン・バダム監督）、コンピューターの誤作動は『メルトダウン・クライシス（Countdawn to Chaos）』（一九九九年、ディック・ローリー監督）、人類と非人類との戦いは、『猿の惑星』でも、『ターミネーター』のシリーズでもテーマとされている。『猿の惑星』では、人類が核戦争で原始時代まで退化したのに対し、猿たちが人類並みの知能の進化を遂げている。『ターミネーター』の未来世界では、人類は自分たちが作った機械（人工知能）類と死闘を演じなければならなくなっていた。

『ソーラー・ストライク（Solar Strike）』（二〇〇六年、ポール・ジラー監督）は、太陽のコロナの熱線が、地球のオゾン・ホールを抜けて大気圏まで届き、大気中のメタンが燃えて、地表が炎に包まれるというパニックに陥るサスペンス映画だ。地球を守る手段は、ただ一つ、北極の氷を核ミサイルで融かし、大気中に水蒸気として噴きあげさせ、炎の層を消火しようという大胆なアイデアだ。通信衛星が爆発し、電磁波が大混乱になったために、ミサイルを発射できるのは、ロシアの潜水艦しかない。アメリカとロシアの大統領の、核ミサイル発射の指令をいかに潜水艦に伝えるかが、主人公であるアメリカ人の科学者の大きなミッションとなるのである。

地球を救うといっても、ニュージーランドは燃え尽き、上海やロンドンも壊滅状態になってしまった。結局はアメリカ（とロシア）の都市と国民を助けるための計画ということになるのだから、地球と人類の滅亡を救うといっても、大国のエゴが透けて見えるように思われる。それに北極に核ミサイル五発も爆発させ、氷が溶けて海面が上昇したり、放射能の被害が残ることをどう思っているのか、というような疑問は解けないのである。

地球の大気圏の外側にあるヴァンアレン放射帯が突然に燃え始め、地球上が灼熱地獄と化すという設定は、この作品以前に『地球の危機（Voyage to the Bottom of Sea）』（一九六一年、アーウィン・アレン監督）があり、これも原子力潜水艦から核ミサイルを発射し、その爆発で炎の層を燃やし尽くしてしまおうという展開となっている。細部の違いはあっても、『ソーラー・ストライク』は、この『地球の危機』のリメイク版といってもいいだろう。オゾン・ホールのことや、極地の氷の溶解など、現代的なトピックは取り入れているものの、放射能に関する懸念など、一切見られないところが、アメリカ映画らしい大らかさであり、核兵器の〝平和利用〟ともいえるストーリーとなっているのである。

『壊滅大津波（Killer Wave）』（二〇〇六年、ブルース・マクドナルド監督）は、核弾頭を海底で爆発させ、人為的に大津波を起こすという設定だ。大地震もないのに、アメリカの大西洋側に大津波が押し寄せてきた。それは、大規模な防波壁を造るために、悪徳企業家が企んだ陰謀によるものだった。海底での核爆発によってそれほど大規模な津波が生じるものなのかどうか疑問だが、人や家を飲み込む大津波が押し寄せてくる映像は、二〇一一年の東日本大震災の津波を経験している日本人としては、今から観れば、刺激が強すぎるだろう。

また、放射能恐怖映画に変わって、ＳＦ的恐怖映画の主流となった思われるパンデミック（伝染病）に対しては、その発生し、流行し、蔓延する場所を、町を、国を核爆発によって壊滅させ、ついでに病原体を全滅させるというものだ。

『アウトブレイク（Outbreak）』（一九九五年、ウォルガング・ペーターゼン監督）は、アフリカのザイールで発生した伝染病が、アメリカ国内に侵入した。米軍は、感染した人々もろとも町を核兵器で焼く尽くそうとする。ザイールの村で行ったように。それは、恐るべき生物兵器の開発から生まれた病原菌だったのだ。

こうした地球の危機を救うための核兵器の利用や核爆発は、まさに「原子力／核」の「平和利用」の一つというべきだろうか。小天体そのものを破壊するとか、軌道を動かすというエネルギーとして利用するというのは、一見、人類の救済や地球の危機の回避のように思えるが、それは核兵器の開発と同じように、かなり危険な〝科学の力〟の利用であると考えられる。核爆発による放射能の飛散の危険性は、いずれの場合も考慮されていないし、目の前の危機は回避されても、その後に起こりうる宇宙環境、地球環境の激変については、誰にも、予測することさえも困難である。核兵器を利用することは、科学の進歩や展開を肯定的にとらえることであり、それはマンハッタン計画が、科学の進歩の勝利として寿《ことほ》がれたことと同義ではないのか？　その人類の科学力の勝利の結果が、ヒロシマ・ナガサキにつながったことを私たちはもう一度、謙虚に考え直してみるべきなのである。

冷戦の終わり

冷戦にも終わりはやってくる。朝鮮戦争、ベトナム戦争、アフガン戦争のように、アメリカとソ連の対立が、実際の戦火となって燃え広がったケースはあっても、核強大国の両国が直接的に軍事衝突を回避し、それらの政治的、イデオロギー的対立や、外交的矛盾、国際的な関係悪化を代理的な戦争として行ったのが、それらの地域戦争であり、その時「冷戦（Cold War）」は「熱戦（Hot

War)」となった。

しかし、核兵器開発が各国で進み、国際連合の常任理事国である五大核兵器所有国、すなわち、アメリカ合衆国、ソビエト社会主義連邦（ソ連解体後、ロシア共和国が後継する）、イギリス、フランス、中華人民共和国以外の、インド、パキスタン、イスラエル、北朝鮮が核兵器保有国となり、五大国による核兵器の独占体制が揺らぎ、核拡散が否定できないものとなった時、こうした核バランスの上に成り立っていた「冷戦」は、その存立基盤を失ってしまった。

もちろん、それは「冷戦」が終結して、完全な世界平和が実現されたということとはほど遠く、核拡散は戦争の危険性の拡散をもたらしたのである。

カナダ・イスラエル合作で、イスラエル空軍が全面的に撮影協力した『メタル・ブルー（Iron Eagle II)』（一九八八年、シドニー・J・フューリー監督）は、米空軍兵士とソ連兵とが、協力して一つの軍事作戦を行うという内容の作品である。アラスカの上空で訓練をしていたアメリカ空軍の戦闘機が、ソ連の領空を侵犯して、撃墜された。僚友機が撃墜されたのを目撃した米軍パイロットのクーパーは、秘密作戦に従事するためにイスラエルへと派遣される。それは、ソ連の書記長と米国大統領が合意した、緊張緩和、デタントのために、米軍・ソ連軍の兵士が共同で軍事訓練し、宿舎を共通し、協力して軍事作戦に当たるというものだった。

対立した米ソの兵士たちが、共同生活し、合同訓練をしているうちに、さまざまな軋轢と葛藤が生まれる。まさに、一つの兵舎の中での「冷戦」構造なのだ。しかし、厳しい訓練の中で、両国の兵士たちは、互い理解と友愛を深めてゆく（このあたりが、いかにもアメリカ映画的だ——実はカナダ・イスラエルの合作映画だが）。

彼らの軍事作戦とは、アラブ世界の山岳地帯に、核ミサイル基地が作られている。米国ともソ連とも同盟国・協力国ではない、第三国の秘密核基地だ。それが完成しないうちに、破壊することは、米ソ両国にとって、軍事的価値がある。核基地が出来上がらないうちに、米ソが核攻撃をすることはできるが、それでは放射能拡散などで犠牲者、被害者が多く出る。秘密作戦で、核基地のみを破壊できればそれがベストだ。かくて、米ソの余り者、はぐれ者、厄介者の兵士たちが、選ばれてやってきたのだ（軍部の上層部は、この作戦が失敗することをむしろ望んでいた。「冷戦」構造がなくなり、緊張が緩和されれば、自分たちの存在価値がなくなるからだ）。

現実的には、これはイスラエル空軍が、イランの原子力研究基地（核爆弾、核ミサイルの開発基地とされる）を事前に攻撃、破壊した事件にヒントを得たものだろうが、「冷戦」の終結（米ソの軍縮やデタント）が、逆に地域的な戦争や、大規模なテロの蔓延につながることを、この映画は見通していたといわざるをえない。

米ソのデタントとは、米国とソ連（ロシア）とが手を組んで、自分たちの世界支配を互いに認め合い、そのために共同軍事作戦をも辞さないという状況を作り出したのである。これは、イラク・シリアの内戦的な状態から生まれた〝イスラム・ステート（ＩＳ国）〟に対するアメリカ・ヨーロッパとロシアとの共同歩調の空爆などによって、現実に一部実現されていることだ。

「冷戦」の終わりは、テロリズムと虐殺と宗教対立による難民の群れの増大という、世界の不安要因、不安定要因を強める結果となりかねない状況なのだ。「冷戦」の終わりとは、「正義」と「不正義」、「善」と「悪」とが明白に対峙する二分法的なイデオロギーの終焉でもあった。自由と財産（資本）と人権とを守る〝ヒーロー〟たちの活躍の場所も、こうした冷戦の終結とともにやって来たのである。

アメリカのスーパーヒーローと核兵器

ゴジラやウルトラマンは、日本（ＴＶ）映画が戦後に産み出したスーパーヒーローといってよいキャラクターだが、アメリカには、とりわけサブカルチャーの世界では、これまで多くのスーパーヒーローが生み出され、大都会といわず、郊外といわず、また地球のみならず、大宇宙まで狭しと、縦横無尽に活躍していた。弾よりも早く、飛行機よりも高く飛ぶスーパーマン。耳のついたマスクを被り、腰に手を当てて高笑いをするバットマン。手足から粘り強い糸を出してビルの壁面を自由自在に動き回るスパイダーマン。これらのスーパーヒーローは、コミック、テレビ、映画のなかのお馴染みのヒーローたちだ。これらのヒーローたちは、人間業《わざ》ではない超能力で、悪と闘い、勝利するという役割を担わされているのだが、その「善」や「正義」の前提となる彼らの超能力と、原水爆に象徴される原子力／核のエネルギーは、無関係のままではいられないもののようだ。

もちろん、これらのスーパーヒーロー映画は、シリーズとして何作も作られていて、必ずしも全作品が、原子力や核兵器などと関係しているわけではない。たとえば、これらのスーパーヒーローの中でも、最も早く登場し、アメリカのサブカルチャー文化を代表すると思われるスーパーマンでは、劇場用に作られた『スーパーマンⅣ　最強の敵（Superman The Quest For Peace）』（一九八七年、シドニー・J・フューリー監督）が、「原子力／核」との関係性が強いストーリーとなっている。この作品では、スーパーマンは、国会で核兵器廃絶の演説を行い、発射された核兵器を集めて、太陽へと投げ込むという反核の運動家となっている。

一方、悪の天才レックス・ルーサーは、スーパーマンの遺伝子と太陽エネルギーとを使って、「ニュークリア（核）マン」を作り出す。スーパーマンの遺伝子を持ち、彼よりももっと強いエネルギーを持つ彼によって、スーパーマンを殺そうとする。

このニュークリアマンは、太陽のように核融合のエネルギーであるらしい。スーパーマンが、核分裂による原爆的なエネルギーを持つとしたら、ニュークリアマンは、水爆並みのエネルギーによって、スーパーマンを圧倒しようとする。

もちろん、ニュークリアマンはスーパーマンによって、原子力発電所に投げ込まれて、原発の燃料にされてしまったのだが、核融合を原発に使うのは、きわめて危険なことだ。それにしても、スーパーマンの力は、核分裂、核融合の生み出すエネルギーに匹敵するもので、別の一面から見れば、スーパーマンという存在は、核兵器と同じような危険で、剣呑なものといわざるをえない。彼が、「悪」の方面へと道を間違わないことを切に祈るばかりだ。

スパイダーマンでは、二〇〇四年の『スパイダーマン２（Spider-Man 2）』（サム・ライミ監督）に、核融合実験をしているドクター・オクが登場し、冴えない大学生のピーター・パーカーが変身するスパイダーマンと戦うのである。

ピーターが大学生活を送っている大学で、核融合実験をしていたドクター・オクは、自分の体に装置した人工アームの人工頭脳に自分の頭脳を乗っ取られ、悪の怪物と化してしまう。危険な核融合実験を継続しようとする人工頭脳のモンスターとなったドクター・オクは、恋と友情とに悩むスパイダーマンとの間で壮絶な戦いを繰り広げる。

核融合で人工の太陽を作ろうとしている狂った科学者との対決なのだから、スパイダーマンとしても、容易に勝てる相手ではない。最後には敵を水中に沈めて辛うじて勝利するのだが、核融合が水に沈める程度で収束するものかどうか疑問だ。

バットマンでは、『バットマン　ダークナイト　ライジング（Batman Dark Knight Raises）』（二〇一二年、クリストファー・ノーラン監督）も、悪の権化のようなベインが、こともあろうに、バットマンことブルース・ウェインの経営する会社の秘密の核融合原子炉から、核燃料を盗み出して、核爆弾を作った。バットマンはその爆弾を奪い返そうと戦う。ガードマスクのベインは倒すことはできたが、しかし、本当の黒幕は意外な人物で、核爆弾の起爆装置を稼働させたままで死んでしまう。世界の破滅を目指す敵の手によって起爆装置はカウントダウンを始め、原子炉に戻そうにも原子炉自体が破壊されている。バットマンは、核爆弾を自分の飛行体にぶらさげ、街から離れ、海上へと飛び去ってゆく。そして橋の上にいた人々に一瞬の光が襲う。遥か水平線上にキノコ雲が立ち上るのが見える。

なぜ、バットマン＝ブルース・ウェインの会社は秘密の核融合の原子炉などを作ったのだろうか。また、それが盗まれ、簡単に核爆弾に作り変えられるということも解《げ》せないし、核融合爆弾（水爆ということか）のキノコ雲を肉眼で見える距離で見た人たちが、無事でいられるとも思えない。身を犠牲にして、ゴッサム・シティを守ったバットマンは、銅像が建てられるほどの英雄かもしれないが、最初から原子炉なんか作らなければよかったのではないかという疑問は消えない。バットマン・シリーズの最終作として、バットマンは核爆弾とともに消滅してしまったようだが、そのうちに蘇ってこないとは絶対にはいえないと思う。

現代のスーパーヒーローともなれば、核分裂程度のエネルギーではなく、核融合ぐらいのエネルギーを敵としなければ、物足りないということも、これらのスーパーヒーロー映画は物語っているのかもしれない。

スーパーヒーローたちがまとまって登場するのが、『ウオッチメン(Watchmen)』(二〇〇九年、ザック・スナイダー監督)だ。不気味に青く光る「Dr.マンハッタン」をはじめ、「オシマンディアス」「シルク・スペクター」「ロールシャッハ」「コメディアン」「ナイトオウル」の六人のスーパーヒーローたちが、今は現役を引退して、普通人としての生活を送っている。こうした設定は、この作品がそうしたスーパーヒーローもののパロディー作品としてあることを意味している。

そのうちの一人「コメディアン」と呼ばれるヒーローが殺されるという事件が起きる。悪をさんざん懲らしめていたヒーローたちが、報復によって狙われているのではないか。「ロールシャッハ」たちは、その真相を知ろうと手がかりを求めて、危険な行動に出るのである。

年老いて、二代目に交代したり、普通人として、マスクを脱いで活動している元スーパーヒーローたち。作品の時代設定は、一九八〇年代後半で、ウオッチメンたちは、キューバ危機やケネディ暗殺などの政治状況のなかで暗躍し、ニクソン政権を支えていた。スーパーヒーローの中でも、最も超能力を持っている「Dr.マンハッタン」や「コメディアン」は、ニクソン政権に協力して、ベトナム戦争に参戦し、アメリカを勝利に導いたのである。

そんなスーパーヒーローたちも、時代とともに〝汚れた英雄〟として、世間から爪弾《つまはじ》きに遭うような状況ともなっていたのである。その中で、ウオッチメンを次々と暗殺予告をする〝ヒーロー狩り〟が始まったのだ。それは、一体、誰が、何のために?

これらの一連の出来事が、米ソの冷戦による核戦争を阻止するために、仕組まれたものであることが明らかになる。しかし、それは本格的な核戦争を阻止するために、ロンドンや東京、ニューヨーク、北京、モスクワなどのほ主要都市を、核兵器より威力のあるエネルギーで壊滅させた上で、ようやくもたらされた核戦争の防止に向けての平和の条約であり、国際協力だった。地球に平和をもたらすために、あえて犠牲を求めるという悪魔的な平和計画。昔のスーパーヒーローたちも、それぞれに自分たちが実現しようとした正義や平和を噛みしめなければならなくなった。ベトナム戦争以後、ヒーローたちは、自明の「正義」、当然の「善」を主張できなくなった。これこそ、核時代におけるスーパーヒーローの凋落《ちょうらく》の始まりだったのである。

大量破壊兵器という陰謀

『フェア・ゲーム（Fair Game）』（二〇一〇年、ダグ・リーマン監督）は、実話に基づく、核兵器の存在をめぐる陰謀事件をテーマとしている。イラクが中国から大量のアルミ管を買い込んだ（ウラン濃縮用と疑われる）。アフリカのウラン産出国からウランを買ったという疑惑がある。核爆弾を開発し、製造しようとしているのではないか。時のアメリカ大統領のブッシュ（息子のほう）は、その教書で、イラクの大量破壊兵器の保有を指摘し、その使用を未然に防ぐためにイラク侵攻を開始した。しかし、CIAの女性諜報員とその夫の元大使は、それがホワイトハウスの一部の人間による陰謀的な情報であり、イラクの核兵器開発は中断され、その危険性もないことを突き止める。しかし、彼女らが明らかにした真実は、ホワイトハウスでは対イラク戦争には不都合なものとして、報復的な対処に遭う。

女性諜報員ヴァレリー・プライムは、表の顔は二人の子どもを持つ母親で、元ニジェール大使のジョー・ウィルソンの妻だが、裏の顔は辣腕のCIAエージェントで、世界を股にかけて活躍している。イラクの核開発疑惑を調べるなかで、サダム・フセイン側に取り込まれている核科学者たちから何とか情報を取ろうとする。しかし、その核疑惑は根拠の薄いものであることが分かり、元ニジェール大使の夫の調査で、ウラン密輸入の疑惑も事実無根との結果が出る。だが、イラク攻撃の口実をでっちあげたいホワイトハウスの政治家、官僚は、こうしたCIAの調査の結論を認めず、ブッシュ大統領に偽の情報を吹き込み、開戦へと踏み切らせた。そして、不都合な真実を主張するヴァレリーとジョーのマスメディアでの信用を失墜させ、抹殺するために、あらゆる権力を使った陰謀を張り巡らせるのだった。

核兵器の独占的な世界体制を持続させようとする勢力は、国家的な規模で不都合な情報や真実の暴露を殲滅しようとする。それは、核拡散を防ぐという美名の下に、核大国がエゴイズムが、露骨に示されるということだ。核拡散防止条約や、IAEAの国際的な役割は、核大国（実質的には、米露仏英中の五大国）の核兵器独占を、半永久的に維持しようという思惑に忠実に働くことだ。

米国大統領やCIAすら、自分たちのエゴイズムの陰謀に巻き込む、核兵器や戦争のマフィアたちが、国際的に連携し、戦争やテロリズムの裏に暗躍し、蠢動している現実を私たちは認識しなければならない。かつては、陰謀と秘密工作の権化だったCIAが、あたかも、正義と民主主義の味方となり、ホワイトハウスが、陰謀、術策の伏魔殿となる。そうした国際的な政治状況の変転のなかで、核兵器も、彼らにとっては使用価値よりも、その存在するという情報自体が、戦略的価値を持つ。そうした核状況の変化を見ていなければ、何が〝フェア〟で、何が〝正義〟であるかを私たちは見失ってしまう危険性に陥ってしまうのである。

III

原発恐怖映画の巻

原子力潜水艦という密室

原子力潜水艦ものも、核シェルターものと同じく、一種の〝密室もの〟だ。閉鎖された空間に、男たち（時には女も）が生活している。しかも、原子力潜水艦には、絶対的に密閉されていなければならない原子炉の機関室がある。狭いなかでも狭く、閉ざされなければならない空間が、彼らの息をする世界なのである。

『原子力潜水艦浮上せず（Gray Lady Down）』（一九七八年、デヴィッド・グリーン監督）は、今では原潜ものの原型を示しているともいえる作品であるが、浮上した潜水艦が海上の貨物船と衝突、そのまま海底に沈んでしまうというストーリーである。限界深度を超え、沈んで行く艦艇。酸素が足りなくなり、艦員の間には、パニック症状が出始める。救助艇の到着を待つ間にも、原子炉は制御の効かない状態へとなってゆく。

また、『サブダウン（Sub Dawn）』（一九九七年、アラン・スミシー監督）も、原子力潜水艦ポートランドが、演習のため出航し、国籍不明の潜水艦と接触し、厚い氷の下の海中から浮上できないという事態となる。生存者は船尾に閉じ込められた。この間、小型潜水艦で調査のため艦外に出ていた研究者三人は、コントロールルームに入って何とか、原潜を浮上させようとする。

こうした事態は、別段、原潜だけではなく、潜水艦そのものに付随する事故なのだが、原潜がその内部に原子炉という、きわめて厄介で、危険なものを抱え込んでいるということが、原潜もののサスペンスの基となっている。原子力潜水艦の原子炉とは、いわば、獅子心中の虫なのだ。

原子力潜水艦ものは、こうした内部に〝異物〟〝異質なもの〟を抱えることによって、物語を発動させる。
その最たるものが、核弾頭を付けた核ミサイルだ。現代の核ミサイルは、核基地の核サイロだけから発射されるのではない。核爆撃機や核ミサイルや核魚雷を積んだ潜水艦からも発射されるのだ。爆撃機の核攻撃は、目標にかなり近接しないことには、発射あるいは落下させることが出来ない。それに対し、戦艦から、そして潜水艦からは、相手に存在を察知されないうちに、核攻撃をすることが出来る。原子力潜水艦が、核兵器としてきわめて重宝がられるのも、こうした性格によっている。

だが、原潜の危険性もまた、そこに存在する。原子炉や核ミサイルと、狭い艇内で共存しなければならないし、全面的な核戦争を引き起こしかねない「核」の引き金を、艦長、および副艦長といったごく少数の人間に委ねられているということだ。つまり、フィードバックが非常に効きにくい環境のなかで、おおげさにいえば〝世界の運命〟がごく少数の人間によって牛耳られることの〝違和感〟なのだ。

『勃発！　第三次世界大戦　ミサイルパニック（The Fifth Missil）』（一九八五年、ラリー・ピアス監督）では、塗料の化学物質によって精神に異常を来した艦長が、訓練としての非常事態を本物と思い込んで、次々とミサイルを発射させる。五発目のミサイルが、本物の核弾頭を搭載したミサイルであることが、原題の〝五番目のミサイル〟という意味だ。

前出の『クリムゾンタイド』では、艦長と副艦長とが、やはり核ミサイルの発射について抗争するし、『**レッド・オクトーバーを追え！**（The Hunt for Red October）』〔50〕（一九九〇年、ジョン・マクティアナン監督）では、ソ連の原子力潜水艦レッドオクトーバー（赤い十月！）号の航行をめぐって、アメリ

50

カ側はそれがアメリカ沿海からの核攻撃を企図したものではないかと、疑心暗鬼に陥るのだ。

いずれにしても、原子力潜水艦は、〝動く核兵器〟であり、〝見えない核兵器〟でもある。攻撃用としてはきわめて重宝な兵器でありながら、防御するには実に厄介な兵器なのだ。こうした兵器としての原子力潜水艦の特徴が、原潜ものの映画の魅力の源泉となっていることも確かなことだろう。

『K‐19（K-19 The Widowmaker）』（二〇〇二年、キャスリン・ビグロー監督）や、『ファントム　開戦前夜（Phantom）』（二〇一二年、トッド・ロビンソン監督）あるいは、韓国の原子力潜水艦ものの『ユリョン』（一九九九年、ミン・ビョンチョン監督・韓国映画）では、相手国への敵意や攻撃性は、密かに潜行している。

『K‐19』は、ソ連の新型原子力潜水艦で、軍首脳が、部下に信頼のあるポレーニンを副長に更迭し、融通の利かないボストリコフを新しい艦長に据えた。偵察任務を遂行するK‐19の原子炉にひび割れが発見された。炉心が溶解し、放射能が海水を汚染したら、世界中に深刻な影響を及ぼすとともに、その海域にあるNATOの基地を壊滅させることになり、アメリカとの全面的な核戦争ともなりかねない。必死の修復作業が海底で行われる。

アメリカが、ソ連の原子力潜水艦ものの映画を作った。お粗末な新型原潜といえるわけだが、現実にあった原潜事故に材を取ったものといわれ、肝の冷える思いがするのは、これがあまりにもリアルだからだ。

『ファントム　開戦前夜』は、ソ連の老朽潜水艦に乗り込んだ老艦長は、自分の艦で、「ファントム」と呼ばれる秘密兵器の実験を行われることを知る。ソ連の共産党や政府の「冷戦」の政策に不満を持つKGB（秘密警察）の一部が、潜水艦から核ミサイルをアメリカに発射し、それを中国からものと誤解させ、米中の核戦争を引き起こし、ソ連として漁夫の利を得ようとするテロリストたちの計画なのだ。

老艦長は、乗っ取られた潜水艦の中で、彼らの陰謀を挫こうと決死の抵抗を行い、潜水艦は敵と味方の双方を含めて沈没死してしまうのである。核戦争の勃発を未然に防いだソ連の老軍人。これは、『K-19』で描かれた原潜の原子炉事故と同じように、ソ連の潜水艦事故をモデルとした映画作品だが、たまたまアメリカの諜報によって発覚した潜水艦事故以外にも、多くの原潜事故がソ連にあったことを物語っていよう（もちろん、アメリカや中国にもあったはずだ）。ソ連の潜水艦の沈没事故の真相を、アメリカ側が推測した結果であり、ソ連の潜水艦を引き上げる、このサルベージ計画を「プロジェクト・ジェニファー」と呼んで実行されたことが明らかとなっている。

『ユリョン』も潜水艦の陰謀にかかわるテーマである。韓国海軍は原子力潜水艦を持っていないことになっているため、その存在は機密事項であり、乗組員の全員が、国籍も住民登録も持たない不在の兵士たちなのだ。「ユリョン」は、韓国語で幽霊のことで、彼らは軍籍上は死亡したことになっている。初出航にあたって、その指令の内容を知っているのは艦長だけだ。しかし、秘密の目的を知った副艦長は、艦内でクーデターを起こし、艦長を殺害する。核ミサイルの照準は日本に当てられる。世界大戦の勃発の危機を回避するために、一人の艦員が戦いを挑む。密かな海底における、幽霊たちの死闘が繰り広げられる。

『ディープ・クラッシュ（Submarines）』（二〇〇二年、ディヴィッド・ダグラス監督）は、ロシアの潜水艦インフェルノがイスラム教徒のテロリストに奪取され、米国の原潜マンタを攻撃するのだが、マンタは体当たり攻撃でインフェルノのロサンゼルスなどへの核ミサイルを阻止する。

『タイド・オブ・ウォー（Tide of War）』（二〇〇五年、ブライアン・トレンチャード＝スミス監督）は、米国の原潜が北朝鮮のステルス潜水艦の攻撃を受けるというもので、見えない〝敵〟との海中での必死の戦いが行われる（とばっちりで、日本の潜水艦が撃沈される）。

ソ連（ロシア）はともかく、イスラム教徒のテロリストや、北朝鮮が原子力潜水艦を操縦したり、製造したり、アメリカの原潜を攻撃したりする能力を持っているとはとうてい思えないが（こうしたタカのくくり方は止めたほうがいいかもしれないが）、アメリカ側としては、イスラム教徒や北朝鮮の軍部などは理解不能な人間（非人間）たちであって、何をしでかすやら、何を考えているのかまったく分からないだけに、恐怖と不安の対象なのだといってよい。つまり、これらは、地球がその内部に持っている悪意であり、敵意であるものなのだ。サブマリン（Submarine 潜水艦）は、人間のサブコンシャス（Subconscioua 意識下、潜在意識）に働きかけるもので、それがこうした潜水艦映画に如実に表されているというのは、言いすぎというべきだろうか。

原子力潜水艦ものの映画としては、まさに古典的作品である『駆逐艦ベッドフォード作戦（The Bedford Incident）』（一九六五年、ジェームズ・B・ハリス監督）は、アメリカの駆逐艦ベッドフォード号の艦長が、氷山の下を潜行するソ連の原子力潜水艦を執念深く追い詰める話だ。領海内でソナーでとらえた原潜をどこまでも追ってゆく。

潜水艦は、鯨と同じように、一定時間内に海上に出て、空気を取り入れなければならない。氷海の水面に出て〝呼吸〟をする間に、仕留めようという艦長の狙いなのだ。それは、この映画が下敷きにしたという、メルヴィルの小説『白鯨』のエイハブ船長の執念と似ている。そこまで追いかけ、追い詰める執念の根拠を本人も知らない。それはまさに、サブコンシャス（潜在意識）にあるサブマリン（潜水艦）へのこだわりなのだ。自分の意識のなかに、何があるのかを私たちは知らない。ただ、核兵器というものが、アメリカの国民にとって、その意識下に常に潜在しているものであることは間違いない。それはいつも〝独立〟と〝民主主義〟を、ことあらば犯そうという、共産主義者やイスラム教徒の狂信や妄想に対抗するための敵愾心として現れてくるのである。

『クリムゾン・タイド（Crimson Tide）』（一九九五年、トニー・スコット監督）は、ロシアの反乱軍が核ミサイルを奪取し、アメリカと日本を核攻撃の対象とすると脅迫してきたのに対し、アメリカの原子力潜水艦アラバマが出動し、これを防ごうする話だ。目的海域に到達したアラバマだったが、指令を受信している最中に、魚雷の攻撃を受け、受信機能が壊れる。核ミサイルを発射せよとの指令をそのまま受け取ろうとする艦長と、機械の故障を直し、もう一度指令の確認をすべだと主張する副艦長との間で、のっぴきならない対立が生まれる。

白人の艦長と黒人の副艦長との意見の対立は、人種問題絡みということで、密室空間として潜水艦内部の息苦しさを倍増させる。副艦長のほうが理性的、知性的で、艦長は感情的であり、教条主義的にものを考える。ポリティカル・コレクトネス（政治的公正）が含意されているのだろう。最後に、こうした白人対黒人の人種的対立は融和的となる。題名の〝クリムゾン・タイド〟とは、〝真っ赤な潮流〟という意味。赤（共産主義ロシア）、白、黒というカラーの使い分けという意味を持たせたのだろうか。

こうした潜水艦映画（原子力潜水艦ではないが）の嚆矢と考えられるのは、『**地獄と高潮**』〔**51**〕（一九五四年、サミュエル・フラー監督）である。冷戦時代に、中国（中共）軍が、原爆をB29に載せて、

51

朝鮮か満洲で爆発させ、その責任をアメリカに押し付けようとする陰謀作戦を立てた。北の海の島に基地を作り、貨物船で原爆起爆装置を運ぼうとしている。第二次世界大戦の時に潜水艦乗りとして鳴らしたジョーンズは、フランス人のモンテル博士という原子力学者に頼まれ、日本軍の中古潜水艦イ-203号を引き揚げて、その陰謀を未然に防ごうと北極海に出航する。しかし、その潜水艦の後を、不明な潜水艦が追尾してくる。かろうじて、攻撃から退避して、孤島の基地に潜入した彼らは、中共軍のそうした陰謀を挫折させるために活躍するのだった。

潜水艦が、原子力潜水艦ではなく、日本帝国海軍のポンコツ潜水艦だったというのはご愛嬌のようなものだが、「中共」を〝敵〟として、日本が米中の対戦に関わるという構図には、冷戦の時期といっても見過ごせないものがある。密室で、孤島で、海底で、密かに行われている〝戦争〟。冷戦という時代には、陰謀や核実験、スパイ戦、テロリズムという形で、〝戦争〟そのものは顕在化されていたというべきなのだ。

『インサイド・マン（The Inside Man）』（一九八四年、トム・クレッグ監督）は、深い海中を走る原子力潜水艦を探査できる優秀なレーザー装置が、スウェーデンの科学者マンデルによって発明されたことから話が始まる。しかし、そのレーザーを作ったマンデル社の工場からレーザーは盗み出され、工場は爆破される。スウェーデン情報部のラーソンは、暴力沙汰で海兵隊を首になったトマスをスパイとして使い、マンデルを監視させることにする。

核兵器よりも威力を持つレーザー装置は、本当に発明されたのか。それを米ソはもとより、第三国も交えて激しい争奪戦、スパイ戦が行われるのである。直接的な「原潜もの」とはいえないが、原潜を探査できるレーザー装置という新兵器にまつわる作品である。

日本では、江戸川乱歩の少年向け探偵小説「少年探偵団」を映画化した『少年探偵団　敵は原子潜航艇』（一九五九年、若林栄二郎監督）に、原子力で動く国籍不明の「敵」の潜航艇（鍵十字の紋章が使われていることから、ナチスドイツの残党が主体らしい）が出てくるのが、嚆矢といえよう。日本のロケット発射実験を妨害しようとした「原子潜航艇」からの破壊攻撃のためのミサイルを防御しようと、梅宮辰夫（これが彼の映画初主演）の明智小五郎と、少年探偵団の面々が活躍するのである。ただし、「原子潜航艇」と題名に入っているだけで、特に原子力や核兵器のことがストーリーに絡んでくるわけではない。

通常のディーゼルエンジンの潜水艦は製造、使用しても、原子力潜水艦を持たないことを公約としている日本（非核三原則に抵触するからである）では、敵側の〝兵器〟としてしか原子力潜水艦はありえず、原子力潜水艦を主要な舞台、主要なテーマとした映画は作られることはなかった。押川春浪原作の東宝特撮シリーズの一作『海底軍艦』（一九六三年、本多猪四郎監督）は、大和型軍艦が海中を走るという潜水艦のような兵器だが、エンジンは原子力ではなく、ターボエンジンということになっている。核兵器を持たず、作らず、持ち込まない（この原則ははたして守られているのかどうか怪しいが）という非核三原則は、原子力潜水艦については遵守《じゅんしゅ》されていると考えてよい（ただ、米・露の原潜をはじめ、中国、北朝鮮の原潜が日本近海を潜航していることは間違いない）。

原子力戦艦ものでも、『ファイナル・カウントダウン（The Final Countdown）』（一九八〇年、ドン・テイラー監督）は、原子力空母がタイムスリップして、一九四五年十二月七日のハワイに近い太平洋上に登場するという話である。いったんタイムスリップして、また元の時空間に戻るなどご都合主義的な点も少なくないが、アメリカの日本軍による真珠湾攻撃についての考え方を示していて、考えさせられる点がある。アメリカの「原爆神話」のように、「真珠湾神話」も、きわめて強固なものといわざるをえない。

地上の原潜としての原発

兵器としての原子力潜水艦を地上に持ち出し、縦にして、平和利用と称して発電機としたものが、原子力発電所である。これは決して、私の独断的で奇矯な意見ではない。原子力潜水艦や原子力船の原子炉メーカーであったウェスチングハウス社（東芝が買収し、子会社化した）とゼネラル・エレクトリック社（原子力部門は日立製作所と統合した）が、その製造技術を活かして作ったのが原発の原子炉であり、福島第一原発でメルトダウンを起こした第一号基の原子炉は、ウェスチングハウス社の沸騰型原子炉（ＢＷＲ）である（東京電力系の柏崎刈羽原発も、そうだ）。アメリカ海軍が、現在まで使っているのは、ゼネラル・エレクトリック社の加圧型原子炉（ＰＷＲ）である（関西電力系の大飯原発や美浜原発がそうだ）。原子力の平和利用（Atom for Peace）というわけだ。

原子炉でウランを核分裂させ、その熱で蒸気を作り、タービンを回して電気を発生させる。原子炉でウランを燃やすことだけが違って、あとは火力発電といっしょである。大がかりで、複雑な湯沸かしヤカンであるというのが、原子力発電と称するものの正体なのである。

これは、軍事技術の応用として始まった。燃料としてのウランの濃縮技術も、プルトニウムの生成も、すべて軍事利用（つまり、原水爆の製造）から生まれた。それを商業利用するために、原子力発電なるものが開発されたのである。原子力潜水艦は、基本的に海のなかにいるのだから、冷却水としての海水は、いくらでもある。また、海水は、放射能の拡散、放散を、大気中と較べてかなりの程度セーブすることが出来る。よほど地上に近いところならいざ知らず、深海に沈没した原潜からの放射能は、さほど心配することはない（といって、ソ連がポンコツになった原子力潜水艦や原子力船を海底に投棄したというのは、許しがたいことだ。日本が太平洋に核廃棄物を捨てようとしたことも）。

海中にあって危険なものは、地上においても危険である。アメリカでもソ連においても、原子力潜水艦の事故は多々あったと思われるが、それは軍事機密として厳重に秘匿された。だが、地上にある原子力発電所の事故を完全に隠蔽することは難しい。放射能漏れの事故があれば、大気中の放射能の濃度がいっきょに高まる。ソ連がどんなにチェルノブイリの原発事故を隠そうとしても無駄なことだった。ヨーロッパの各地で、自然の状態ではありえない放射能が観測されたのである。

原子力発電、原子力発電所に関する映画作品は、アメリカにおいても、日本においてもさほど多いとはいえない。日本では、かなり手広く集めたとしても、『原子力戦争』（一九七八年、黒木和雄監督）、『人魚伝説』（一九八四年、池田敏春監督）、『生きてるうちが花なのよ死んだらそれまでよ党宣言』（一九八五年、森崎東監督）、『聖母観音大菩薩』（一九七七年、若松孝二監督）、『罵詈雑言』（一九九六年、渡辺文樹監督）、『東京原発』（二〇〇四年、山川元監督）、『ＵＳＢ』（二〇〇九年、奥秀太郎監督）、『へばの』（二〇〇八年、木村文洋監督、未見）くらいのものだろう。いずれも「原発映画」としては中途半端であったり、娯楽性に流れたり、逆に作家性を強く押し出したりしている。

アメリカでも事情はさほど変わらないと思われる。国策としての原子力の軍事利用の技術開発や進展は、決して手放そうとはしないし、原子力発電そのものを廃止するという判断は、どんな政権であっても、踏み切ることは出来ない領域のものだと思われる。ただし、『チャイナ・シンドローム（The

China Syndrome）』（ジェームズ・ブリッジス監督）のような、原発事故を果敢に取り上げる女性キャスターを描いた作品もアメリカの映画界は作っており、この作品はまさにスリーマイルの原発事故を予見し、先取りしたものとして評判となった。原発業界が、秘密主義、隠蔽・隠匿の体質を持つのは、もともとそれが軍事体制と結びついたものであると同時に、大きな危険性を隠してでしか稼働させることが出来ないものだからだ。

そうした原発の秘密主義、隠蔽体質を糾弾する映画として、『**オレゴンの黒い日**（Plutonium Incident）』［**52**］（一九八〇年、リチャード・マイケルス監督）を挙げることができる。北オレゴンにある原子力発電所に供給する核燃料製造会社に、ジュディス・ランドンが就職する。やりがいのある、待遇のいい職場に入ったことを喜んでいた彼女は、プルトニウムの扱いなどに杜撰《ずさん》で、労働者の被曝などを問題視しない、いや、隠蔽しようとする会社の体制に疑問を持つ。労働組合の幹部に勧誘されて、彼女は会社のそんな体質を告発しようとするが、組合の幹部は、暴力団に殴り殺され、彼女は会社からさまざまな圧力を受ける。プルトニウムに汚染された彼女は、会社のプルトニウム管理のいい加減さを証明するために、保管室に侵入するが、それは罠で、彼女は核物質を盗み出し、被曝させようとしたということで、捕まる。しかし、会社も、操業を停止させられる。

アメリカと日本とに共通してあるのは、原発で多額の利益を得て、それを持続させることによって儲けている「原発（原子力）マフィア」と呼ばれる人物や企業、組織が存在することだ。彼らは、原発の立地から建設、運営に至るまで、あらゆる段階で甘い蜜を吸い、原発の危険性や被害そのものにはまったく顧慮しない。彼らは反対派を抹殺し、精神的、肉体的、社会的な暴力を使って、自分たちに楯突く、逆らう者たちを屈服

52

させるのである。政・官・財・学・労組・メディアが、スクラムを組み、反原発や脱原発を唱える者を圧殺しようとしてきたことは、三・一一以前、そして以降の日本社会を見ても明らかなことなのである。

『シルクウッド（Silkwood）』（一九八三年、マイク・ニコルズ監督）は、そうした「原子力マフィア」に一人で立ち向かった二十八歳の女性カレン・シルクウッドの物語である。核燃料工場で核燃料を調合しているシルクウッドは、離れて暮らしている子どもに会うのを楽しみに生活している平凡な女性だった。ある日、彼女は核燃料の扱いや管理が杜撰であることに気づき、それを組合で問題とした。これがマスコミに知れ、社会問題となれば、会社の存続さえも危うくなる。彼女は、同僚からも疎外され、知らないうちに核燃料に汚染されていた。会社の重要な不正の証拠を手に入れた彼女は、それを持って車で、ニューヨーク・タイムズの新聞記者に会いにゆくが、その途中で不審な交通事故に遭い、彼女は死亡する。

カレン・シルクウッドという実在の女性の実話を基にしたこの作品は、原子力（原発）業界が後ろ暗い背景を持ち、きわめて陰湿で、陰惨な体質を持っているかを糾弾している。

核燃料工場としては、日本ではJCOの臨界事故があった。正規の決まった手続きや工具や製造方法を取らない、違法で異常な取り扱いをしたために（それは管理・監督者の責任である）、核燃料であるウランの溶液が臨界に達し、強い放射線が、従業員の全身を貫いたという事故である。この事故によって、二人の人間が死亡し、一人が重傷を負った。

しかし、問題はそれだけではない。あたかも、二人の犠牲者がいなかったかのように、日本の「原子力業界」は、根本的な対策を立てもせず、それを奇貨として原子力災害についての対処、方策、対策を真剣に検討することなく、漫然としたままで、次の、もっと大きな原子力災害、すなわち福島第一原発のレベル7となる原発震災を迎えてしまったということである。福島第一原発がどれほど事故や故障を起こしていたかを真剣に検証することなく、ひたすら隠蔽やごまかしや軽視や黙殺に働いてきた関係者が、何の反省も処罰もなく、〝犠牲者〟のような顔をすることの精神的頽廃を私は許すことが出来ない。私たちは、残念ながら、一人の〝シルクウッド〟を持つことが出来なかった。そして、一本の『シルクウッド』のような映画を持つことも。

『復讐捜査線（Edge of Darkness）』（二〇一〇年、マーティン・キャンベル監督）という映画がある。ボストン警察の古手刑事トーマス・クレイブンは、マサチューセッツ州の大企業に勤めている娘のエマの帰省を迎える。父子家庭で娘一人を育てた彼は、彼女を自分の宝物として慈《いつく》しんでいる。突然の訪問者が、父と娘を狙撃し、娘は父親に抱かれて死んでしまう。刑事の父親を狙った狙撃事件として捜査が始まるが、そこに大企業の核兵器の製造の秘密を、エマが内部告発していたことが分かってくる。そういえば、娘は帰宅後、鼻血を出し、吐血し、死後に形見のために切り取った髪の毛には放射能反応があった。彼女は、何者かによって被曝させられていたのだ。大企業と米国政府の「核兵器開発」の陰謀が、関係者を次々と抹殺してゆく。

邦訳題の印象では、これが『シルクウッド』のような「核」告発ものだという認識は持てない。せめて、告発ものということを示すものであってほしかった。父と娘の感傷的なドラマともいえるが、放射性物質を使って暗殺事件などは、現実にもあるのだから、恐ろしいのである。

その他の国の原発映画

米国や日本のみならず、原子力発電所をその国内に抱えている国は、常に大小の事故の危険性と危機に直面している。原発大国であるロシア、フランス、ドイツ（原発の廃絶を国策として決定したが）も、こうした原発クライシスを見据えた映画を撮っている。ロシア（ソ連）の原発映画の古典的なものとして、『一年の九日』[53]（一九六一年、ミハイル・ロンム監督）がある。三人の原子物理学者がいる。グーセフとクリコフ、そして女性のリョーリャだ。グーセフは、シベリアの地方都市にある原子力研究所で研究し、原子炉の改良の研究をしているうちに被曝し、重い放射線症になっている。リョーリャは、そんなグーセフの研究を援助するために結婚するが、生活はうまくいっていない。グーセフは入院し、骨髄移植という実験的な手術を受けることになるが、成功の見込みは少ない。クリコフとリョーリャが手術前に見舞いに来るが、彼は彼女に会わず、昔のように元気で三人で食事をしたいというメモを渡す。

原子力の研究に携わる三人の男女の三角関係のドラマを、一年間のうち九日間だけを描いている。抑制されたセリフのなかに、祖国の科学研究のために命を犠牲とするといった社会主義的なモラルと、個人的な愛情、生命への執着が常に混在して表現される。ソ連映画としては珍しく、科学者たちの内面的なドラマを丹念に描いている。

それにしても、チェルノブイリの原発事故と、その収拾作業や処理をめぐってのソ連の国家的な秘密主義は、原子力の研究、開発の過程で、どれほどの犠牲者を生んでいたのかと思うと、暗然たる気持ちになる。一年間には、九日間だけではなく、残りの三百五十五日間がある。グーセフの犠牲は、

53

三百六十四分の九ではないか。つまり、百人いる犠牲者のうちの一人なのではないか。そんな暗澹たる思いを、この題名から受け取らざるをえない。

米国やロシアと並んで、世界最大の原発立地国であるフランスでは、レベッカ・ズロトヴスキ監督が**『グランド・セントラル**（Grand Centoral）**』**［**54**］（二〇一三年）を作っている。無職の青年ゲイリーは、ローニヌ地方にある原子力発電所に就職することができた。主任や先輩のトニーに仕事を教わり、彼は生き生きと働く。村の娘のカロルと知り合い、二人は野天で体の関係を持つような恋仲となる。だが、カロルは、トニーのフィアンセだった。原発での仕事は、常に被曝の危険と紙一重のところにある。事故は、いつでも、どんなところにも、誰のところにも潜んでいるのだ。放射能の値が高ければ、原子炉から、原発から出ることはできない。肌を擦るように洗い、髪を何度でも洗わなければならない。ゲイリーは、放射性廃棄物の入った容器を倒し、被曝する。しかし、彼にとってもっとも恐ろしいのは、被曝量を理由に、原発の仕事を失ってしまうことだ。それは、同時にカロルを失うことでもある。

フランスにも、〝原発ジプシー〟のような存在があるのだという感慨と、原発労働者の在り方は、どこの国でも同じなんだという感想が導かれる。アメリカ式だろうが、日本式だろうが、フランス式だろうが、底辺の労働者の犠牲（被曝）を前提として、原発産業が成り立っているという意味では同じなのだ。

危険を知らせるサイレンの音は、世界中共通である。スリーマイル、チェルノブイリ、フクシマの次には、フランスにサイレンの音は鳴り響くかもしれない。

オーストラリア映画だが、オーストラリアの核廃棄物処理工場での事故をめぐる

54

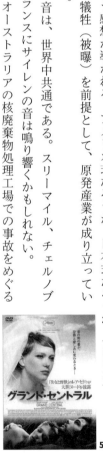

ストーリーを持つのが『チェーン・リアクション（Chain Reaction）』（一九八〇年、イアン・バリー監督）だ。地震のために工場のパイプが壊れ、汚染水が噴き出した。研究者のハインリックは、汚染水を浴びながら、地域の住民に放射能汚染の危険性を警告すべきだと会社側に要請するが、大企業であるウォルドは、事故を隠蔽し、ハインリックと、彼を救ったカーレーサとオーストラリアの看護婦のカップルを襲って、口封じを図るのである。

チェーン・リアクションとは、〝連鎖反応〟のこと。臨界に達する核分裂の連鎖反応と、事故を隠蔽するために、次々と連鎖的に犯罪的な手段を使う、大企業側の〝反応〟についても比喩的に使っているのだろう。オーストラリアは、世界屈指のウラン鉱山を持ち、日本の原発業界にも多量に輸出している、いわば基幹産業の一つ。徹底的な情報操作と、不都合な人物や言動の抹殺、抑圧、隠蔽など、手段を問わないのは、現実を反映しているものだろう。日本でも、高速増殖炉「もんじゅ」のナトリウム漏出事故の時は、それを大仰なものにしないための隠蔽工作が行われ、広報担当者が、それを突かれ、ホテルの窓から飛び降りるという死者を出したことがあった（自殺説、他殺説が乱れ飛んだ）。原子力業界には、あまりにも不透明で、闇の部分が多すぎる。この映画は、そうした原発、廃棄物処理蚕業の暗黒面を描き出している。

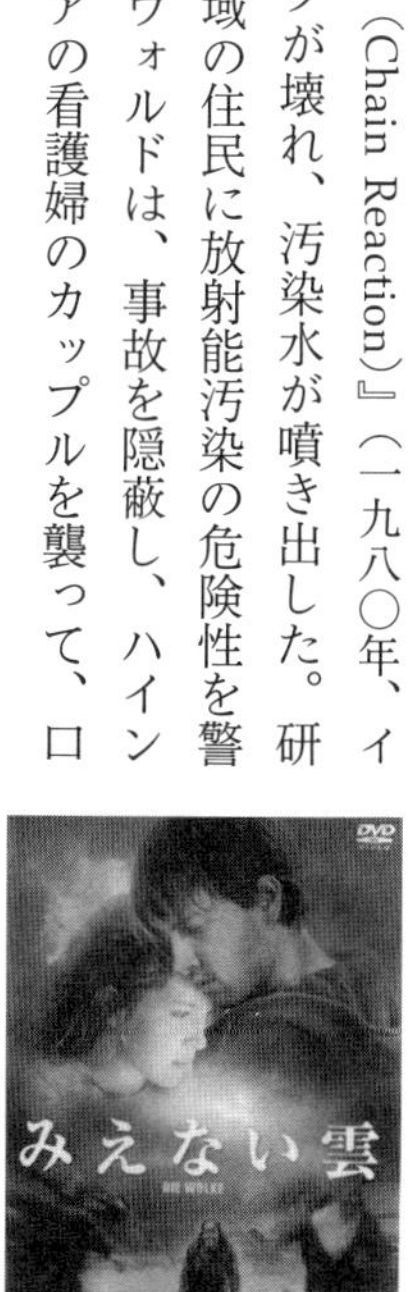

55

ドイツでは、『**みえない雲**（DIE WOLKE）』〔**55**〕（グレゴール・シュニッツラー監督）が、二〇〇六年に作られた。女子高校生のハンナが、母親と弟のウリーと三人で暮らしている町の近郊には原子力発電所があった。授業の最中に、警報が鳴り響いた。原発で事故が起こったらしい。町の人びとはあわてて避難を始め、ハンナは弟のウリーと二人で自転車で駅へと向かう。ウリーは、町から逃げようとする自動車にはねられ、死んでしまう。パニックとなった町の駅前に一人とり残されたハンナの上空を放射能を含んだ黒い雨が覆い始める。

原発事故による避難民たちのパニックを生々しく描き出している。我先に列車に乗ろうとして、争い合う避難民たち。不気味な放射能の雲が、美しかったドイツの地方都市の空を覆い尽くす。

ハンナは一命をとりとめるが、重い放射能障害の後遺症が発症する。抱擁はおろか、近づくこともできないほど放射能に汚染されているのだ（このへんの描写は、あまり科学的ではないかもしれない）。

ハリウッド・ゴジラとしての第二作である『GODZILLA ゴジラ』（二〇一四年、ギャレス・エドワード監督）は、日本のジャンジーラ原子力発電所の事故のシーンがプロローグだ。原発に勤務するアメリカ人技術者の夫婦は、原子炉の爆発によって生死の壁によって隔てられる。事故を収束させる能力のない日本政府は、アメリカと共同で（アメリカ主導で）ジャンジーラ原発の一帯を封鎖し、立入禁止区域としている。日本の国内なのに、そこはまるでアメリカの植民地、租借地扱いである。明らかに、福島第一原発の事故をヒントとして設定されたこのジャンジーラ原発事故は、日本の原子力の平和利用の政策がアメリカ主導であり、対米従属のもう一つの形であることをリアルに表現している。ゴジラが登場する前までの原発事故のエピソードこそ、この映画の見所といえるのである（「ゴジラの変貌」の章、参照）。

原発・危機一髪

原子力発電所が、危険な発電装置であるということは、ほとんど世界中の常識となっている。前章で紹介した『チャイナ・シンドローム』や『オレゴンの黒い日』、『シルクウッド』などの作品は、原発や核燃料会社という企業の悪、人間組織の問題点にもっぱら視線を注いだものだが、原発の存在そのものが危険きわまりないという原発パニック映画ともいえる作品群がある。

東京電力福島第一原子力発電所の大事故が、直接的には、大地震と大津波によって引き起こされたものであることは、衆目の一致するところだ（もちろん、それは単なる天災ではなく、幾重にも重なった人為的ミスや怠惰や怠慢、慢心や隠蔽や虚偽や失敗という人災というべきものである）。原発は地震や津波や台風などの自然災害に弱い。しかも、それに人為的な失敗が加わると、回復不可能な巨大な事故となって、地元だけではなく、周辺地域、国家、地球全体を危険に晒させる。

『アトミック・ツイスター（Atomic Twister）』（二〇〇二年、ビル・コーコラン監督）では、巨大な竜巻が、原子力発電所を襲う。原子炉は、かろうじて止まったが、燃料プールの水が蒸発して少なくなっている。プールに溜めた燃料棒が空気中に露出すれば、放射能があたり一帯にばらまかれ、核爆発と同じ事になる（福島第一原発の四号機の燃料プールで、まさに現実的にそうした危機が迫った）。女性の原発の管理責任者は、息子への心配と原発の危機に直面しなければならなくなるのである。

作中に、核燃料が空気中に露出すれば、レベル4の大惨事になる、というセリフがある。チェルノブイリで、そしてフクシマで、レベル7を体験した後では、このセリフが何とも牧歌的に聞こえることをいかんともしがたいのである。

『マグニチュード8・5（M8.5）』（二〇〇四年）は、題名通り、マグニチュード8・5の大地震が、アメリカが投資して作ったロシアの原子力発電所を襲う（福島第一原発を襲ったのは、マグニチュード9の地震だった）。地震で停止した原子炉を、ロシア人の所長は、大地震の予報を信じずに、再稼働させようとする（まるで、三・一一の日本の再稼働騒ぎのようだ）。激震が原発を襲い、建物や設備は壊れ、火災が起こり、原子炉は暴走して、冷却水がなくなる。アメリカ人の技術者は、貯水池から地下鉄を通じて原発まで導水する計画が建てたが、地下鉄の内部には、事故で取り残された人々がいた。その一人は、主人公の娘だったのだ。

まるで、福島第一原発をなぞっているかのような、原発事故の過程である。福島事故の十年近く前に、すでにこうした教訓的な映画は作られていた。経営効率のために、フルの再稼働を目論む所長は、事故によってあえなく死亡する。自業自得とはいいたくないが、これもまた教訓的であることは間違いない（責任者は、ちゃんと責任を果たし、場合によってはきちんと罰を受けなければならない）。

『アトミック・ハリケーン（Atomic Huricane）』（二〇〇七年、フレッド・オーレン・レイ監督）は、主人公のリンダが勤務する原発シービューでコンピュータシステム「ステイシー」に不具合が生じる。核燃料が原子炉の外に漏出すれば、大変な事故となる。必死にシステムを復旧させようとするが、「ステイシー」は意志あるものかのように、それに応じない。折しも、最大級のハリケーンが襲来し、外部からの応援も、救援も不可能となる。孤立無援となったリンダが、巨大な原発というシステムと対決する。

地球温暖化による気候変動がリアリティーを持って語られる現代に、巨大ハリケーンが、想定外の強力な台風が、原発やその関連施設を襲うことは、まさに真に迫った課題として考えなければならないことだ。また、コンピュータ、人工頭脳の無限大とも思われる発展や進歩は、コンピュータの反乱という事態が必ずしもＳＦの世界だけのことといえないことを示している（システムの不具合や、誤作動の危険は今すぐにでもあることだ)。一九九九年に公開された『メルトダウン・クライシス(Countdawn to Chaos)』(ディック・ローリー監督)は、いわゆる二〇〇〇年問題(西暦を下二桁で表示してきたコンピュータが、〇〇となる西暦二〇〇〇年に誤作動するのではないかと危ぶまれた問題)を扱ったものだが、原発ではその問題がきわめて深刻な事態を引き起こす危険性があった。結果的に、世界はその問題をさしたる混乱もなしに切り抜けたが、コンピュータ万能(というより、全面依存)となった世界で何が起こるか分からない。その意味で、これらの原発危機一髪の映画を、教訓とすることが望ましいのである。

しかし、こうした原発での事故が、単にホラー映画やサスペンス映画の味付けとなっているような低級な映画作品も少なくない。ともに、一九八九年に作られた『放射能クライシス 謎のレイプ殺人(Burndoen)』と『ドロドロ・モンスター 放射線レポーターの復讐劇(Reveng of the Radioactiv Reporter)』が、そうだ。両方とも、原発のある町で、殺人事件が起き、それが原発の暴走事故、放射能漏れの事故を隠蔽しようとする原発企業の経営者が関与していることが明らかにされるというストーリーである。原発の危険性を糾弾したものともいえるが、モンスター化した人間の姿を強調するなど、興味本位のサスペンス映画、ホラー映画の作品に止まっている。

『アース・フォース(E・A・R・T・H Force)』(一九九〇年)は、四人の男女の科学者が、それぞれの専門の能力を活かして、原発の原因不明のトラブルによるメルトダウンの危機を回避しようと活躍するという話だが、その危機は、原発からプルトニウムを盗み出し、核兵器を作ろうというテロリストたちが仕組んだものだった。ようやくのことで、原子炉の制御棒を降ろして、暴走を止めた四人は、今度はプルトニウムを追って、テロリストたちと対決することになる。

『ザ・マークスマン（The Marksman）』（二〇〇五年、マーカス・アダムス監督）は、ちょっと手の込んだ〝原発の危機〟ものである。ロシアの反クレムリン派のゲリラ集団に、チェチェンの原子力発電所が占拠された。彼らは原子炉を再稼動させ、プルトニウムを取り出して核兵器を製造するらしい。アメリカとロシアが協力して、原子炉に燃料棒を挿入する前に原子炉を破壊しようとする。アメリカ人の科学者が人質となっている。彼らの救出と、原子炉の破壊のための標的を、原子炉に取り付ける役目を特殊部隊のマークスマンがやらなければならない。しかし、あまりにもやすやすと原発への侵入と、二人の人質の救出に成功する。罠だと気付いた瞬間に、救出用のヘリは爆破され、特殊部隊の兵士は囚われの身となる。

アメリカに稼動中の原発を攻撃させ、何十万もの死者と放射能に汚染された無人の荒野を広げさせても、アメリカとロシアの現体制に打撃を負わせることを企む陰謀家がいる。どんな多くの被害者（被曝者）が出ようと、彼らには、自分たちの政治的目標が達せられればいいのだ。そんな政治的駆け引きのなかで、原発の存在そのものが、きわめて危険なものであることを、なぜ為政者たちは気が付かないのだろう。いっても詮のないことと知りながら、そういわざるをえないのである。

『インベイド（Invade）』（二〇〇二年、フィリップ・ロス監督）は、太陽系外宇宙からのエイリアンが、地球を滅亡させるために、ロシアの原子力発電所に侵入し、原子炉を占拠するという荒唐無稽のストーリーだが、チェチェンのグロヌズイにある発電所を実際のロケ地として、放熱塔の内部で撮影するなど、細部のリアリティーにはこだわっているようだが、しかし、原子炉内に核弾頭が配置されており、ロシアの要請を受けたアメリカの特殊部隊の一員が、原子炉プールのなかに潜って核弾頭の配線を切るなど、これまた荒唐無稽なシーンや設定が満載だ。エイリアン侵入のＳＦものか、原発パニックものか、サスペンス・アクションものか、どれにしても中途半端で、単なるエンターティンメントとしても、出来が悪いといわざるをえない。

原発がテロリストに襲われたら、という設定は、決して、荒唐無稽なものではない。これまでに現実的になかったからといって、これからもないとは限らない。日本では、映画よりも先に、小説に、原発をテロリストが狙うというテーマの作品があった。東野圭吾の『天空の蜂』、高村薫の『神の火』、高嶋哲夫の『原発クライシス』などだ。こうした小説を映画化するような企画が立てられていたとしても不思議ではないはずだが、『天空の蜂』以外はそうした動きはないようだ。映画化するにも、日本の原発には、タブーが多すぎるのである。

二〇一五年に公開された『天空の蜂』（堤幸彦監督）は、東野圭吾の同題の小説を映画化したものだが（企画自体は、三・一一以前からあった）、三・一一の福島原発事故後に、製作されたわりには、原子力発電所の脆弱性などにはあまり神経は使われていないようだ。原作には、自衛隊に入隊して、そこで「反自衛隊」的な思想を持つに至る、犯人側の一人がいるが、その内的な動機については、不明なままで映画は終わる（小説においてもそうだが――推測は可能だが）。

三・一一以後に製作されたのだから、電力会社や電事連、経産省などの原発推進派の側に立つことはありえないだろうと思ったが、原発推進派と反原発派の応酬合戦を〝五分と五分〟といった観点から見ているようで、〝隠れ推進派〟の側に一歩身を寄せている感じだ。ただ、それよりも、原作にはない設定、すなわち航空自衛隊員の奇跡的な救出活動や、その救出された少年が、長じては、自衛官となり、災害救助のプロとして活躍しているというラストシーンは、三・一一以降、自らの存在をアッピールし、東日本大震災や原発事故で献身的な被災者救援活動を自己宣伝している自衛隊＝防衛省のプロパガンダを買って出ているようで、やや気になった〈拙著『紙の砦　自衛隊文学論』〈インパクト出版会〉参照〉。

そういう意味では『天空の蜂』という映画は、「原発映画」ではなく、「自衛隊映画」であり、原作小説にあった反・自衛隊的な要素はまったく姿を消した（ただ、原作小説においても、反自衛隊という考え方であるのかどうか、よく分からない）。

福島第一原発の事故において、自衛隊のヘリコプターによる、原子炉を冷やすための散水が、〝セミのションベン〟と揶揄されたように、この未曾有《みぞう》の原発事故において、自衛隊が事故処理においてほとんど何の能力も持たないことが明らかとなった。米軍から借りた淡水を入れた浮巣のようなボートを曳航してゆく海上自衛隊の作戦も、実際の原発事故収拾には何の役にも立たなかった。核戦争や核攻撃、あるいは原発事故や放射性物質を使ったテロなどにも、何の備えも訓練もなかった自衛隊に、そうした能力を期待するほうが間違っているのだが。

核廃棄物の行方

原子力発電所が、長い間、〝トイレのないマンション〟として批判され続けてきたことは、よく知られているが、原発から出る、高度の、あるいは中・低度の放射性廃棄物についても、各国、各原発で最終処理場はおろか、中間の貯蔵場でさえ確保できない段階であることは、原発政策の最大のネックといえるものである。日々、排出される、雑巾や紙タオル、汚染された作業服の類は、ドラム缶に詰められて原発所内に積まれているだけだし、汚水や部品の一部も、蒸発させたり、焼却して体積を少なくし、コンクリートで固められ、やはりドラム缶貯蔵されるだけだし、使用済み核燃料は、原発内のプールで冷却された後、外部のプールで何年も、時によっては何十年も冷却貯蔵されなればならない。再処理して、再び核燃料に化けるものと、最終処分される〝原発のゴミ〟は、核燃料サイクルで循環されるとしているが、日本では六ケ所村の核燃料サイクルの工場、基地が稼働できないままに、すでに何十回も、稼働開始を延期し続けており、高速増殖炉もんじゅと同じように、計画の破綻を当事者たちが認めなければならないハメになることは必定だ。

日本では劇場公開されなかったアメリカ映画の『ディザスター 放射能漂流（Disaster）』（一九九六年、ニール・ホランダー監督）は、高レベルの放射性廃棄物を貨載した貨物船が、どこの港でも寄港することを許されず、大海を漂流するという、一種のパニック映画である。〝ディザスター〟とは、災害、あるいは災厄である。しかし、これはもちろん天災でもなければ、自然災害でもない。人間が生み出し、人間が責任を引き受けなければならない人災であり、公害なのである。

ニューヨークで追っ手に追われた男は、ボロボロの貨物船に乗り込み、パナマまで密航させてくれと船長に頼み込む。しかし、その船は現代の奴隷船ともいうべきもので、脛に傷を持つ男たちが乗組員で、放射性廃棄物の詰まったドラム缶を、不法に運搬、投棄しようとする船だった。ギニアビサウ、リビア、エジプト、タイと、貨物船は環境保護団体に監視され、陸揚げも、寄港もできずに大海を漂流することになる。

ボートピープル、難民、海賊、保険詐欺、覚醒剤・麻薬。現代社会のあらゆる悪徳と犯罪の輪の中に、放射性廃棄物の不法投棄（不法保管）も含まれている。現代科学の先端にあると思われている原子力エネルギーが、最底辺の犯罪や暗黒世界に支えられたものであることが示されている。

この映画が、日本で劇場公開されなかったのは、日本初の原子力船むつが、寄港地もなく、海を漂い続けたあげく、解体されてしまったという事件と、時代的に重なっていたということがあったからかもしれない。日本政府が推し進めていた原子力行政の一頓挫を示す「むつ」の記憶が、まだあまりに生々しかった時期の作品だったからである。

放射性廃棄物の不法投棄によって河川や海洋が汚染され、生物が巨大化したり、奇形化したりするモンスター映画については、『巨大アリの帝国』や『毒々モンスター』シリーズにおいて言及したが、廃棄する核物質についての問題を、正面から取り上げたドキュメンタリー映画がある。

『一〇〇、〇〇〇年後の安全』（二〇〇九年、マイケル・マドセン監督）は、こうした原発から排出される核物質を、いかに放射能の害が少なくなる十万年の未来までも安全に保管できるかという問題を取り上げたドキュメンタリー作品である。原発の稼働によって生み出される、放射性ヨウ素、セシウム、ストロンチウム、プルトニウムなど、個々の放射性元素は、その放射能が半分になるまでの半減期を持っているが、数時間や数日のようにそれが短いものから、十万年という気の遠くなるような長い時間の半減期を持つものがある。こうした半減期の異様にも長い核廃棄物を、監視、貯蔵しておく施設として、フィンランドのオルキルオトでは、永久保存のための地下貯蔵施設を作った。固い岩盤を削って、地下都市のような広大な地層処分場を作りあげたのだ。しかし、人間が文明を作り出して以来の時間よりもはるかに長い時代を隔てて、危険な核物質を、十万年にわたって人間が管理、貯蔵しておくことができると考えることの方こそ、SF的というより、妄想に近いものだろう。

この施設が、放射性廃棄物で満杯になったならば、施設は封鎖され、二度と開けられることはなくなる。だが、何万年後、いや何千年、何百年後でも、この地下の施設が何であり、何を隠したものなのか、その目的や理由は、ちゃんと記録され、記憶されている続けているだろうか。エジプトのピラミッドが何のために、どんなふうに作られたものなのか、たかだか五千年程度前のことなのに、人類はそれを明らかにすることはできない。ピラミッドの中には、ミイラが安置され、墓室に通じる迷路が走っているだけだが、核廃棄物の処分場は、人間がうっかりとそれを開けたら、たちまちに命を落としてしまうような強い放射能が十万年先にも残っているような危険な場所なのだ。閉じ込められずに地上に浸み出してくる放射能。地下水や地下水流を汚染して地表に溢れる放射能水。地震や火山の爆発によって、地層の褶曲《しゅうきょく》や断層によって、剥き出しにされる放射性廃棄物。十万年の半減期を無事に迎えられると考える現代人は、猿ほどの知能もなかったかと、未来人や宇宙人に笑われることになるだろう（その頃に、笑う存在がいれば、いいのだけれど）。

ゴジラの変貌

ゴジラが日本の映画館のスクリーンに登場してきた時、「水爆怪獣」という角《つの》書きを持っていたことはよく知られていることだろう。太平洋の深海の海底から、原水爆実験によって太古からの眠りを覚まされたゴジラは、巨大化し、口から放射線の青い炎を吐く怪獣となって、日本列島を繰り返し襲うようになるのである。一九五四年、ビキニ環礁でキャッスル作戦と呼ばれる水素爆弾の実験が行われ、日本のマグロ延縄漁船・第五福龍丸が、放射能を帯びた死の灰を浴びて、機関長の久保山愛吉氏が死亡するという事件があった年である。ゴジラの誕生が、この第五福竜丸の被曝体験と密接な関わりがあることは、否定出来ない事実なのである。

第一作の『ゴジラ』の恐怖を語る人は多い。警察予備隊が保安隊となり、そして自衛隊と改称・改組されたのが、一九五四年。『ゴジラ』第一作には、協力・保安隊というクレジットが入っている。

初代ゴジラは、一九五四年に封切り上映された。ちょうど、ゴジラの相手役になる自衛隊が発足した年だ（警察予備隊→保安隊→自衛隊となった）。もっとも、『ゴジラ』第一作の製作に協力したのは海上保安庁で、当時、保安隊といっていた自衛隊は、「防衛隊」という名前で出て来るが、基本的には〝実在の組織や団体の名前（と似ていても）とは関係はない〟のである。

日本生まれの怪獣ゴジラは、大ヒットした。最初のゴジラは、芹沢博士が発明したオキシデント・デストロイヤーで、東京湾で白骨化したはずなのだが、第二作『ゴジラの逆襲』で甦った。大阪城を背景に、アンギラスと死闘を演じたのである。しかし、ゴジラ・ファンも見逃しがちなゴジラ映画がある。一九五六年にアメリカで製作され、公開されたハリウッド版『ゴジラ』である。これは、初代ゴジラをアメリカでリメイクしたもので、『GODZILLA KING OF MONSTERS』[56]（テリー・モース、本多猪四郎監督）の題名で公開され、戦後初めて日本製映画として輸出第一作となったのである。このフィルムは、日本で『怪獣王ゴジラ』として凱旋興行を行った。内容はかなり改変されている。主人公は、たまたま、派遣先のエジプトのカイロから東京に出張中のアメリカ人の新聞記者スティーブ・マーティン（レイモンド・バー）で、東京に到着そうそう、ゴジラ襲来の被害に遭い、ゴジラ対日本人の戦いの全貌を見届ける役回りとなったのである。彼の出演シーンは、アメリカで追加撮影された。だから、不自然なところがたくさんある。彼は病院で「美恵子」役の河内桃子の看病を受けるのだが、二人が同時に画面に現われる時は、彼女はずっと背中姿だけだ。日本人俳優をアメリカに連れて行くだけの余裕などその頃はなかったので、日本製作とフィルムと、アメリカ側のフィルムを継ぎはぎして、一編の映画を作ってしまったからだ。

56

だから、彼が登場してくる場面には、東洋系のあやしげな〝日本人〟で、話される日本語もたどたどしく（日系人だけでなく、中国系の役者も使ったのだろう）、背後に映る「かもめ丸」の文字も少し変だ。これは、アメリカの観客には、馴染みのない日本人俳優ばかりが出て来る日本製ゴジラは受け入れにくいだろうと、主人公の語り手役を無理に挿入したもので、ゴジラの登場シーンや、ストーリーの基本的な部分は日本製のままだから、いきおいアメリカ人記者は傍観者で、ストーリーの説明役とならざるをえないのである（だから宝田明は出て来るが、その役割ははっきりしない）。

しかし、もっとも改変されているのは、初代ゴジラが、ビキニ環礁でのアメリカの水爆実験によって放射能の〝死の灰〟を浴びたマグロ漁船第五福竜丸事件を、その作品世界の背後に持っていることを、このハリウッド版『ゴジラ』が捨象していることだろう。日本版『ゴジラ』の冒頭場面には、のどかな漁船の甲板シーンが、突然の閃光を浴びて、いっきょに地獄図へと変わる展開がある。第五福竜丸の被曝シーンの再現である。この水爆実験による漁船の被曝というエピソードが、ハリウッド版では、場面の継ぎはぎによって、ゴジラの襲撃による漁船の遭難と受け取られるように変造されているのだ。つまり、アメリカの観客には、第五福竜丸の被曝も、ビキニ環礁でのアメリカの水爆実験も、隠されているといわざるをえない。ただし、ハリウッド版にも、山根博士（志村喬）がゴジラは水爆実験の放射能によって突然変異で巨大化した、中生代の恐竜の生き残りだと発言するシーンがある（残っている）から、必ずしも〈水爆大怪獣〉としてのゴジラの生誕の秘密を隠蔽しようとしているとは言えないのだが、そうした要素を最小限にしか表現していないこともまた確かなのだ。

このリメイク版をハリウッド版『ゴジラ』の第一作だとしたら、第二作は一九九八年に製作されたローランド・エメリッヒ監督による『GODZILLA』である。一般的には、これが海外版『ゴジラ』

の第一作とされるが、実質的には二作目である。この映画では、ゴジラの誕生地は、南太平洋のムルロア環礁で、フランスの水爆実験によって、放射能を浴びたゴジラが誕生したのである。ゴジラはそこからニューヨークへと渡ってゆき、摩天楼の街並みを走り抜ける。主人公は、アメリカ人の若い古生物学者だが、フランスの秘密情報員が絡む。フランスの水爆実験の結果によってゴジラが生まれたのだから、フランス政府はゴジラを始末しなければならない義務を負っているのだ。

もちろん、これはアメリカの観客に、自国の水爆実験がゴジラの誕生という不始末をしでかしたということの責任を、フランスに肩代わりさせようとしたのである。米ソの原水爆実験の回数と、英仏中（あるいはインドやパキスタン、北朝鮮）の実験回数は較べものとならないが、フランス（領）製ゴジラというところが、ドイツ系監督の苦肉（皮肉）の策というべきか。いかにも恐竜めいていて（『ジュラシック・パーク』みたいだ）、背の低い、魚食の、このゴジラは、日米のゴジラ・ファンにはあまり評判はよくないが、初代ゴジラの〈水爆大怪獣〉性はきちんと保存されているのである。

『ＧＯＤＺＩＬＬＡ』

ハリウッド版ゴジラの第三作が、二〇一四年、すなわち初代ゴジラ誕生から六十年目に公開された『GODZILLA』である。日本では、いわゆる昭和ゴジラ・シリーズ、平成ゴジラ・シリーズ、ミレニアム・ゴジラ・シリーズが完結して、ゴジラ映画が途絶えてからかなりの年月が経っている。日本ゴジラが大団円を迎えてから、再び（みたび）、ハリウッド映画としてゴジラが甦ったのである。監督のギャレス・エドワードは、インディペンデント映画『モンスターズ／地球外生物（Monsters）』（二〇一〇年）を脚本・監督・撮影・キャラクターデザインと八面六臂で製作した新鋭監督で、

『GODZILLA』は、二作目の監督作品である。製作者側は、このゴジラ映画を、初代の『ゴジラ』をリスペクトした作品であり、その社会的な意味を十分継承するものとして製作したという。監督はこういう。「人間はこれまで、自然災害にせよ、そうでないにせよ、理解できないような悲惨な状況を見たり、体験したりしてきた。実際に起きなければ、映画のシナリオのように思えるものをね。だから、究極のゴジラ映画を作るというチャレンジは、その現実を反映することであり、それはゴジラというものがほんとうに何なのかという根本に立ち戻ることなんだ」と。『GODZILLA』という映画の前半で、日本の原子力発電所の事故が描かれるということは、彼のいう「現実を反映すること」であり、ゴジラ映画が常に時代と社会の問題に果敢にチャレンジしてきた（そうでもないのもあったが）ことを、十分に取り入れたと、この若い監督は自信たっぷりに語ったのである。

だが、はたして本当に、三・一一以後の日本の「現実」をこのゴジラ映画は反映しているのだろうか。むしろ、相も変わらず、ハリウッドの日本に対するオリエンタリズムを無自覚のままに垂れ流しているのではないか。そうした疑念の目で、私はこの『GODZILLA』を見ざるをえなかったのだ。

映画は、福島第一原子力発電所で起こった原発事故を想起させる、日本のジャンジーラ原子力発電所における事故のシーンから始まる。ジョー・ブロディはジャンジーラ原発の所長で、妻のサンドラは原発の主任の技師だった。一人息子のフォード・ブロディは、インターナショナル・スクールに通う少年である。原発で不気味な震動が続いていた。その震動による原子炉の様子を見に行こうとサンドラが防護服を着て調べに行った最中に、原子炉の爆発事故が起こる。安全地帯にまで必死に駆け戻ろうとするサンドラと技術職員たち。しかし、夫のジョーは、放射能の防御扉を、妻の目の前で、閉じなければならなかったのである。扉の覗き窓ごしに対峙した夫の妻。妻は息子のフォードを頼むと悲痛な別れの際にいうのだった。

福島第一原発事故の際にもあったかもしれないような、悲痛で悲惨な出来事で、原発事故の恐ろしさと悲しみを見事に表現した場面といえるかもしれない。しかし、ちょっと立ち止まってみただけで、このシチュエーションのおかしさはすぐ分かる。四十年前の福島第一原発の建設期、始動期ならいざしらず、アメリカ人夫婦が、日本の国内の原子力発電所の責任者を務めているということはありえないし、現実的にない。今は、原発の製造会社であるアメリカのウェスチングハウス社は東芝の、ゼネラル・エレクトリック社の原子力部門は、日立と合弁の子会社となっており、アメリカの原発に日本人が技術責任者として赴任することはあっても、逆のケースはほとんどない（公式的には、だが）。

それに、もう一つ大きな問題は、事故を起こした原発の周辺は、立入り禁止区域となっているのだが、そこを管理しているのはなぜかアメリカ軍（と日本政府）であり、そこはいわば米軍の軍事占領地となっていることだ。なぜ、日本の原発事故による汚染地域が米軍管理下となっているのか。福島原発事故の時に、菅《かん》元総理が口走ったという「（東電や日本政府）が事態に対処しなければ、アメリカが占領しに来るぞ！」という怖れを地でいったような設定なのである。これは、日本の原子力政策、原発政策は、究極のところ、アメリカの支配下にあるという〝現実〟を皮肉にも表現しているのだろうか（アメリカが、野田政権が、閣議で将来の原発ゼロ決定しようとした時、横槍を入れて覆《くつがえ》したことは、よく知られているだろう――知られていないか？）。そもそも、ジャンジーラ（雀路羅と表記するようだが）という名称（地名だろう）は、日本にはまずありえない名前であり、「雀」という字は、麻雀《マージャン》という言葉を日本語そのままだと思っている半可通の外国語人がつけたものだろう（パチンコのチンジャラが語源か〈笑〉）。日本人には、原発を作ったり、操作するだけの実力はそなわっていない（それは、その通りなのだが）。だから、アメリカ人が日本の原発を管理し、その事故の対応もアメリカ人が行うという設定が、何の疑問もなしにスクリーンに示されるのだ（渡辺謙の演じる芹沢猪四郎博士は、画面の真ん中や隅に突っ立っているだけで、ほとんどストーリーに関与してこない。英語風の〝ゴッジラ〟ではなく、ゴジラと発音する役目だけのような気がする）。

問題はそれだけではない。ジャンジーラ原発の事故は、実は原子炉の構造や、地震や津波などの天災が原因なのではなく、地下に眠りつつある大怪獣の心臓の鼓動であって、その大怪獣が目を覚ますことよって、原発事故は引き起こされていたのだ。まるで、福島原発の地下には大ナマズが眠っていて、その目覚めが事故の原因となったとでもいうかのように。

非水爆大怪獣GODZILLA

ゴジラがいかにして誕生したかということについても、『GODZILLA』は大胆な改変を行っている。初代ゴジラは、その宣伝文句で明らかにように「水爆大怪獣」だ。すなわち、アメリカ軍によるビキニ環礁などでの原水爆実験によって、ジュラ紀以来の眠りを妨げられ、放射能によって突然変異した古代恐竜の単体が、初代ゴジラとされるのである。しかし、『GODZILLA』では、そもそもゴジラ（と、その寄生生物のようなムートゥー）は、ジュラ紀以前の地球に放射能が蔓延していた時代の生物であって、もともと放射能を帯びていたのであり、一九六十、七十年代に頻繁に行われた原水爆実験は、実はゴジラを倒すための攻撃兵器だったというのである。製作者側は無意識かもしれないが、これはアメリカ（とソ連、英仏中）の原水爆実験を肯定的に認めることになる見解といわざるをえない。

初代ゴジラでもっとも肝腎なところ、すなわちゴジラは、アメリカ（とその他の核大国）の原水爆実験から生まれたモンスターであり、人間の科学的な知や、テクノロジーの〝悲惨な失敗例〟であるというメッセージを無化してしまうものなのだ。これが、ハリウッド・ゴジラ映画一作目、二作目、そして三作目を通じてアピールしている、アメリカ側の自己欺瞞の一例なのである。

だから、ギャレス・エドワード監督やスタッフが、いかに初代ゴジラに対するリスペクトを口にしても、「水爆大怪獣」という看板を下ろしたゴジラは、アメリカにとって都合のよい大怪獣にしかすぎず、よりによってサンフランシスコのチャイナ・タウンというオリエンタリズムそのものの場所で、ゴジラとムートゥーは、雌雄を決する闘いを演じるのである。監督や脚本家や製作者が、初代ゴジラではなく、『キングコング対ゴジラ』以降の〝怪獣大合戦〟（やウルトラマン）映画のファンだったことがよくわかるのである。

それにしても、夫婦、親子のファミリーの最終的な出会いや和解という、ハリウッド映画の予定調和としての紋切型の物語は、このゴジラ映画でも貫かれている。夫婦愛に結ばれた怪獣ムートゥーを倒すゴジラは永遠の独身者であり、単独者である。サンフランシスコから太平洋に向こう側（日本列島だ）に向かって泳ぐゴジラの背びれは厳めしいが、その背中から孤独感は匂うように立ち上ってくる。

結論をいおう。アメリカはヒロシマ・ナガサキに対する原爆投下を今に至るまで反省していないし、ビキニ環礁における原水爆実験も、そしてそれによる全地球的規模での放射能汚染も、さらに原子力潜水艦を地上に持ち上げた原子力発電所を世界各国に売り込み、欠陥商品としての沸騰型原子炉で事故を起こしたことの責任も、一切取ろうとはしていない。これが、ハリウッド版ゴジラにおける無意識である。そんな国と同盟関係を結び、さらに集団的自衛権によって、その国の引き起こそうとする〝大義のなき戦争〟に、忠犬ポチ公のように馳せ参じようとする日本の愚劣な政権は、一刻も早く〝呉慈羅大明神〟によって踏み潰してもらわなければならないのだ。もちろん、彼らの企む原発の再稼働なども、もってのほかなのである。

シン・ゴジラ

それにしても、ゴジラほど息の長い、日本映画のキャラクターは存在しないだろう。フーテンの寅さんや、釣りバカのスーちゃんが、いかに息が長いといっても、生身の俳優が演じている限り、限界がある。００７のジェームズ・ボンドのように、俳優を次々と新陳代謝してゆけばいいようなものだが、私にとってジェームズ・ボンドは、ショーン・コネリー以外ではありえない。その点、ぬいぐるみ怪獣のゴジラは、極端にいえば、誰がなかに入っていようと、ゴジラはゴジラなのである。

もちろん、この長いシリーズのなかで、ゴジラは変化している。フーテンの寅さんが、加齢による衰えを隠せなくなった渥美清が死ぬまで、その設定や性格を一切変えなかったのと違って、ゴジラはある意味では、生まれ変わっているほど変わっている。息子のミニラといっしょに怪獣ファミリーとなったり、怪獣バトルロイヤルの勝者になるなど、〝子どもだまし〟いわれた低迷の時期を過ぎ、ゴジラが新しく生き返った時、常に〝原点回帰〟が語られるのであり、その「原点」とはいうまでもなく、「水爆大怪獣」としてのゴジラということだ。

二〇一六年に公開された『シン・ゴジラ』（庵野秀明監督）は、これまでの着ぐるみから、全面的にＣＧによるものに変わったようだが、原子力、核との関わりは、初代の「水爆大怪獣」の時代から、この新作まで、持続されているようだ。ハリウッドGODZILLAが、米ソなどの核実験をGODZILLA退治のためのものであったと、我田引水的に強弁したのに対し、久々に作られた日本製のゴジラは、〝百まで（核の）踊り〟を忘れずにいたといえるのである。

ただ、ゴジラのエネルギーが、体内での核分裂であるという説明（設定）は、一九八四年の、いわゆる平成版『ゴジラ』の第一作（橋本幸治監督）ですでに強調されていたことで、ここではゴジラは〝井浜原子力発電所〟のある海岸に上陸し、原子炉の建屋を壊し、その中から原子炉格納容器を掴み出して、そこから、放射能エネルギーを吸収するという場面が描かれる。ゴジラの食べ物は、放射能であって、そのためにソ連の原子力潜水艦や原発を襲うという設定が導き出されてきたのである。

一九九五年の『ゴジラvs.デストロイア』（大河原孝夫監督）では、ゴジラは、第一作でゴジラを倒したオキシジェント・デストロイアから生まれた怪獣デストロイアと戦うが、戦い終わり、ゴジラの心臓の原子炉はメルトダウンして、倒れる。メルトダウンも、メルトスルーも、福島第一原発の事故以来、よく知られるようになった用語だが、この頃はまだ一般化していなかった。ゴジラ映画は、原子炉事故を先取りしていたといえる。

この作品では、ゴジラは最初から体内で赤く燃える核爆発の危険性を振りまきながら、香港に登場し、台湾、沖縄と北上し、東京湾でデストロイアと戦うのである。

『シン・ゴジラ』で、ゴジラが未知の放射性物質の核分裂反応のエネルギーを糧《かて》としているという設定は、これらの〝アトミック・モンスター〟としてのゴジラの性格、性質を十分に踏まえて構成されたものなのだ。

また、初代『ゴジラ』が第五福竜丸ヒバク事故、放射能マグロ騒動といった社会的な事件を背景としていることと同じように、『シン・ゴジラ』は明らかに、福島第一原子力発電所の事故を、十二分に意識したストーリーとなっている。大田区の呑川《のみ》を遡る川の逆流は、東日本震災の津波をイメージしたものであるし、ゴジラの体内の核分裂反応を〝冷却〟するために、長い、建設用のクレーン車が使われることや、零下百九十度に冷凍して、核反応の暴走を食い止めようとするとするのは、福島第一原発で冷却水を注いだり、凍土壁を作ったりしたことをモデルとしたものであることは一目瞭然だ。逆にいうと、福島第一原発事故というリアルな危機がなければ、この『シン・ゴジラ』という映画は作られることはなかった。その意味で、このゴジラ映画は、三・一一以降の日本の映画界の一つのメルクマールといえるものなのだ（東京都民の避難所での生活や、放射能汚染地域の除染など、これまでのゴジラ映画には見られなかった要素があるのも、三・一一以降の特徴だ）。

だが、新しいゴジラ（〝シン・ゴジラ〟とは〝新ゴジラ〟だろうか、〝真ゴジラ〟なのだろうか？――庵野監督の言によれば、〝神・ゴジラ〟というのもアリだという）が、最初の『ゴジラ』に結果的に及びつかなかったのは、〝新しい恐怖〟や〝危機〟を創造（想像）することができなかったということにあるだろう。初代ゴジラは、〝先の大戦〟を集団的無意識として、第五福竜丸事件を契機として、放射能という〝新しい恐怖〟を観客に植え込むことに成功した。しかし、『シン・ゴジラ』は、せいぜい原発事故の恐ろしさを、ただなぞっただけのものであって、〝新しい恐怖〟や〝危機〟を実感させるものではなかった。政治家の愚劣さや官僚制度の非効率さなど、どんなに強調してもそれは諷刺レベルでしかない。高級官僚や防衛省、自衛隊の幹部層の活躍など、いくら防衛省、自衛隊の協力の下に撮影を続けなければならなかったにせよ、日本国内の既成の政治体制や社会秩序を破壊する絶対的な〝破壊王〟がゴジラであったことを、『シン・ゴジラ』の製作者たちは、忘れてしまっていたようだ。

ゴジラ・シリーズに限らず、東宝ＳＦ映画、あるいは特殊撮影の怪獣映画は、そのつど、〝新しい〟社会的恐怖を表現してきた。初代ゴジラが、東京大空襲や第五福竜丸の放射能によるヒバク死を象徴していたように、ラドンやモスラ、キングギドラやヘドラやデストロイアは、放射能、公害による環境汚染、食糧危機やパンデミック、カルト教団やテロリズムといった、現代の〝新しい恐怖〟をそれぞれに表現し、描き続けてきたのである。そのなかでも、「水爆大怪獣」として誕生したゴジラは、永遠に不滅の〝恐怖の大魔王〟でなければならない。時代と社会の不安と恐怖を先取りし、あるいはそれを集合的無意識のなかで強化し、シンボリックに描き出すことが、ゴジラ映画の真骨頂だったのである。そういう意味で、『シン・ゴジラ』は、〝新〟であり、新機軸のゴジラであると評することができるだろうが、本質的な意味で〝真〟ゴジラではありえないのである。

血液凝固剤を注入した後、現状を凍結したままで時間稼ぎをするというのは、まさにフクシマの原発事故そのままで、解凍ができるまで、ゴジラを凍結させておくというエピローグは、単に次作のための〝つなぎ〟であるとしか見えない。〝神・ゴジラ〟、すなわち現代の神話的存在としてのゴジラは、この映画で達成されているとは思われないのである。

日本の原発映画

日本でも、原子力発電所を舞台としたり、テーマとした劇映画は製作されていたが、やはり三・一一の以前と以後とによって、断絶線が引かれることは当然といえるだろう。

一九七八年の『**原子力戦争**』[57]（黒木和雄監督）は、田原総一朗の同題のドキュメンタリー作品を原作としているが、映画はもちろんフィクションであり、原作から離れて、かなり自由に作られているという印象を受ける。ロケーションは、日本原子力発電の東海原発がある東海村で行われており、砂浜の遠景に原発の建物が不気味なたたずまいで見えている。

原発のある町の海岸で、男女の心中死体が発見された。男は原発の技術者、女は町の有力者の娘で、東京から故郷の町にUターンしてきた女性だった。その女を追って、東京からヤクザ者らしい男（原田芳雄）がやってきた。彼は、女のヒモとして生活していたのだが、女が逃げたので、その実家に押しかけてきたのだ。彼は、そこで女が、男と心中したという話を聞かされる。そのことが信じられない男は、地元の新聞社の支社でくすぶっている記者といっしょに、真相を探り出そうとする。彼に絡む女の妹（風吹ジュン）、原発技術者の妻、地元の暴力団、原発の御用学者など、有象無象《うぞうむぞう》の人物が関わってくる。

三・一一の福島第一原発事故の後に、天下周知のものとなった「原子力マフィア（原子力ムラ）」の群がる〝黒い闇〟の世界が、おそらく当時としては、限界に近いところまで深く掘り下げられているといえよう。偽装心中事件の要因には、原発の事故の隠蔽工作があり、それは地方の政治家、原発関係者、ヤクザ集団のみならず、国家の中枢に近い人々までを巻き込んでの陰謀であり、事件だったのである。

原田芳雄が、アポイントメントなしに、東海原発の敷地内に入ろうとするシーンがある。これは、実際に、原発のガードマンと、原田芳雄、カメラマンなどのやりとりを盗み撮り的に撮影したもの

57

らしい。もちろん、正式のロケの許可など、こんなテーマの映画のために原電側が出すわけがない。はからずも、こうしたシーンが、「原子力マフィア」の暴力的な本質を表現しているといえる。

農民作家・吉野せい（樫山文枝）と、農民詩人・三野混沌（風間杜夫）の夫婦が福島の山奥の土地を開墾して、子供たちを産み、育てた一生を描いた自伝的作品『洟《はな》をたらした神』が、テレビドラマ化されたが（脚本・新藤兼人、監督・神山征二郎）、その中に、二人の長男ノボルが、「小名浜の発電所に勤めていて、母親のせいに一度、勤めぶりを見に来てくれというセリフがある。これは、最初の段階では「原子力発電所」であり、その描写もあったらしい。

しかし、スポンサーの意向で、セリフや描写が問題視され、「原発」から単に「発電所」と変わったのだが、原作にない設定を加えたということで、著作権継承者とスポンサー側からのクレームで製作は中止され、もちろんテレビでの放映は実現されなかった。製作者側は、自主的に改訂版を製作し、福島県内で限定上映されたほか、ビデオ版（一九七八年）が作られた（これは映画専門チャンネルでの放映はあった）。作品のごく一部であっても、「原発」を取り上げることが、いかにタブーに触れるものであったかを、この事件は示している。もちろん、福島第一原発事故のはるか前の出来事である。日本のテレビ局などのマスメディアが、いかに東電や電事連（電力事業連合会）に牛耳られ、「原子力村」「原子力マフィア」の支配下にあることが垣間見られる事件である。

『生きてるうちが花なのよ死んだらそれまでよ党宣言』（一九八五年、森崎東監督）は、原発で働く不定期の季節労働者、いわゆる〝原発ジプシー〟を画面に映し出した特異な映画作品なのだが、その本領は、沖縄から本土へと移住（脱出）してきた、〝さまよえる琉球人〟の生態を描こうとしたものであると思われる。心身ともに逞しい、ドサ回りのストリッパー、倍賞美津子を中心に、東京の海岸地帯のスラム街に住むおこぼれ教師、流れ者の労務者、零細商人、無職の遊び人、子どもたちが登場する群集劇でもある。

裏日本の北陸地方には、原発銀座といわれる原発群が存在する。定期点検と称して、原子炉が止まる数か月間は、〝原発ジプシー〟と呼ばれる労務者が、日本の津々浦々から流れ込む。人手というより、被曝しながらの肉体作業には、被曝要員が多数必要とされるからである。彼らは、暴力団が手配し、プレハブやバラック建ての建物にぎゅうぎゅうづめに押し込まれる。ピンハネをされ、ごまかされ、博打で給料をかすめとられる。逃亡をくわだてれば、ヤキを入れられ、時には半殺しではなく、本当に殺されてしまう。原子炉内での事故の死者は、まともに葬られずに、ドラム缶に詰められ、ヘリコプターで運ばれ、海中深くに投棄される。もちろん、原発での事故死、放射能障害による死亡が公表されることはない。そして、これは現在に至るまで厳重にタブーとされている。福島原発の事故後二年以上の月日が経っても、私たちはまだただ一人の労働者も、放射能障害で命を落としたという事例を聞かかない。もちろん、それがないわけではない。ない、ことにしているだけなのだ。

東電入社以来、七八ミリシーベルトの放射線を浴びていたという福島第一原発の吉田昌郎元所長の食道ガンによる死が、放射線障害とは無関係であると思われると発表した東電である。死者に口なしと、ほっと胸をなで下ろしている輩《やから》がいることは、火を見るよりも明らかなのである。

『人魚伝説』(一九八四年、池田敏春監督)は、原発立地をめぐる「原子力マフィア」たちと、それにほとんど素手で立ち向かう一人の海女《あま》の復讐の物語である。夫の啓介が舟の上で命綱を操り、海女の妻(みぎわ＝白都真理)が、海中で鮑《あわび》などを採集しているという海女の夫婦がいた。ある夜、啓介は海で一艘のボートが爆発して、炎上するのを見る。海辺に原発を誘致しようとする町の有力者による、反対側の人間に対する明瞭な殺人事件だ。しかし、警察は目撃者がいないことを理由に、事件化しようとはしない。そして、啓介は、「みぎわ」が潜水している間に、何者かに殺害され、海中に沈まされる。「みぎわ」は、それを警察に訴えようとするが、逆に夫殺しの犯人とされ、逮捕されようとする。警官を突き飛ばして海に飛び込んだ「みぎわ」は、離れ小島の民家に隠れ、売春宿に勤めて、一夜の客から事件の真相を知らされる。夫の親友が裏で糸を引いていたのだ。「みぎわ」は、漁に使うモリを持ち、原発建設開始の記念式典のパーティーに潜り込み、そこの主催者、招待客の多数の人間を次々と血祭りにあげてゆく。

水中の潜水漁の場面のエロチシズムと、殺戮場面の血なまぐささは、この映画の圧巻である。白都真理の潜水服に包まれた肢体と、海中での泳ぎの動きはなまめかしく、蠱惑《こわく》的な音楽とともに、官能的である。一転して、血まみれの殺戮シーンは、類を見ないほど、残酷に、残虐に、延々と続く。橋やトンネルを走りながら、モリを突き立て、刺し、返り血を浴びる白都真理の姿は凄惨である。監督・池田敏春の映像的なこだわりが、こうした異形ともいえる映像美、残酷美をスクリーンに現出させたのである。「悪い奴をいくら殺したってキリがない」という「みぎわ」の呟きに同感せざるをえない。

原作は宮谷一彦のマンガだが、原作には原発のことなどは登場せず、原発映画となったのは、映画独自の展開といえるものだ。しかし、原発は、映画の単なる味付けではなく、必然的な意味を持っていると感じられる。

若松孝二監督の**『聖母観音大菩薩』**〔**58**〕（一九七七年）は、若狭の町を舞台に、八百歳まで生きていたという八百比丘尼の生まれ変わりだと信じている主人公の比丘尼《びくに》に絡んでくる男たち、女たち、少年少女のエピソードをオムニバス的に描いたファ

58

ンタジックな映画だ。神社の境内で小屋掛して、神社に奉仕する比丘尼のもとへ、長崎でヒバクしてケロイドを負った老人、殺人犯として追われるウタリと名乗る青年、出雲の狐憑きという若い女の盲人芸人、母親からも死ねといわれる、反原発の過激な闘争へ参加して警察に追われている若者。そうした人物が逃げ込んでくる。どんな人間であってもそれを癒し、慰めるのが比丘尼の仕事だ。そのなかに、明らかに性格異常であり、痴漢であり、性的変質者がいた。比丘尼を襲うことによって初めて歓喜を知った男は、橋を渡って、原子力発電所の建物のある構内へと帰ってゆく。彼はそこの所長だった（らしい）のだ。

比丘尼の体を通り過ぎて死へと向かう登場人物たち。その一つ一つには示されていないが、若狭という場所をロケ地として選んだ（舞台を若狭とした）時点から、この映画が反原発映画となることは必然だった。「原発銀座」若狭地方を背景とした、きわめてポリティカルな映画といってもいいはずだ。

『東京原発』[59]（二〇〇四年、山川元監督）は、東京に原発を作ろうと言い出した東京都知事の言動に、右往左往する都庁の官僚たちをドタバタ喜劇調に描いた、原発映画である。広瀬隆の、電力会社や経産省や原子力村がそんなに安全を強調するならば、いっそのこと『東京に原発を！』（広瀬隆）と主張する、反語的な原作本を基に、都庁の裏に原発を建設しようという都知事の突飛な主張に、てんやわんやの騒動が引き起こされるのである。

新宿公園に原発を作ろうという都知事の提案は、原発問題を都民に啓蒙しようという知事の目論見《もくろみ》だが、一方で、核廃棄物を運ぶトラックがテロの対象とされ。荒唐無稽なコメディーとして受け取られたが、今から見れば、ありうべきブラック・ユーモアや、シミュレーション的な映像作品だったといえよう。しかし、これをリアリティーのある映像ととらえるには、まだ時代は早すぎたのである。

59

『ＵＳＢ』（二〇〇九年、奥秀太郎監督）は、放射能の影響の人体実験に応募する若者の話である。茨城県つくばは、数年前に原発の事故があり、放射能汚染が進む町だった。医学部受験を目指す浪人生の祐一郎は、高額なアルバイトとして、病院の放射能の被曝の臨床実験に自分の身を曝した。危険地帯に駆け落ちしていた幼馴染と、暴力団の娘とのカップルとつきあい、祐一郎はどんどん破滅の道へと進んでゆく。映画としてはいろいろと詰め込みすぎで消化不良の感が否めない。監督が桃井かおりなどのベテラン俳優をうまくリードできていなかったのでは、と思われる。

これらの三・一一以前の「原発映画」には、当然のことながら「原発」そのものの存在の不安や恐怖というより、そうした原発の背後に潜んでいる「原子力マフィア」、「原子力ムラ」の存在の剔抉《てっけつ》であり、その隠匿のベールを剝がそうとする、社会派的な情熱をそのモチベーションとしているといっていいだろう。不正と悪、不正義と不公正、虚偽と邪悪と欺瞞とが、「原発推進勢力」の本性であって、そこには悪徳と不正と頽廃が、満ち満ちている。ウランの採掘から、核燃料の精製、製造。原子炉の建設から、反対運動の圧殺、恐喝、脅迫、暴力による地上げや買収。工事の不正や建設過程の欠陥や詭計はもちろんのことで、完成してからも、稼働状況や点検の不正や不備、下請け労働者からの搾取や奴隷的労働、ヒバク線量のごまかしとでたらめは、一貫している。事故や故障の隠蔽と修理・保全・管理の怠慢と手抜きと欺瞞。事故現場からの逃避と無責任。失敗と無反省。鎌田慧がいうように、まさに「原発」は不正の塊りにほかならないのである。

これらの一部だけを、『原子力戦争』や『人魚伝説』などの映画が取り上げて批判しているのだが、不正と腐敗の総合商社である「原子力ムラ」あるいはマフィアは、そんなことで驚いたり、反省したりするタマではない。三・一一の「フクシマ」震災があっても、そうした不正義で卑怯、悪徳的で虚偽や、見え透いた嘘を並べ立てることは、まさに〝習い性になって〟継続されているといわざるをえないのである。

チェルノブイリを描く

『チャイナ・シンドローム』［**60**］は、米国のスリーマイル原発事故の数か月前に公開され、スリーマイル事故を予言（予告）したものとして話題を呼んだが、ソ連やその衛星国においても、チェルノブイリにおけるそうした大きな事故を想定したり、予想したものはなかった。秘密主義に蔽われたソ連の政治社会はもとより、一般の市民生活においても、自分たちの利得にならない、むしろ損害にしかならないことに関しては、徹底的に情報を漏らさず、あるいはそれを操作し、隠蔽して決して外部に漏らさないというのが、全体主義国家の権力の源泉ともいえるものなのだ。

　情報公開は、そうした権力の命取りになる。ソ連邦最後の書記長であり、最初の大統領であったゴルバチョフが、「グラスノスチ」すなわち情報公開することによって、政治と社会の改革を目指したのだが、それは結果的には共産党の崩壊と、ソ連の解体とに直接的につながってしまった。情報の公開というアリの掘った小さな穴から始まった情報の漏出は、遂には全体主義国家、社会帝国主義としてのソ連を崩壊するまでに追い詰めたのである。ポーランドが、ルーマニアが、ブルガリアが、チェコが、スロバキアが、ハンガリーが、雪崩を打って社会主義を放棄し、自由主義となり、ソ連はウクライナ、ベラルーシ、そしてイスラム圏の中央アジアを分離し、縮小したロシア共和国として再生の道を歩み出すことにしたのである。

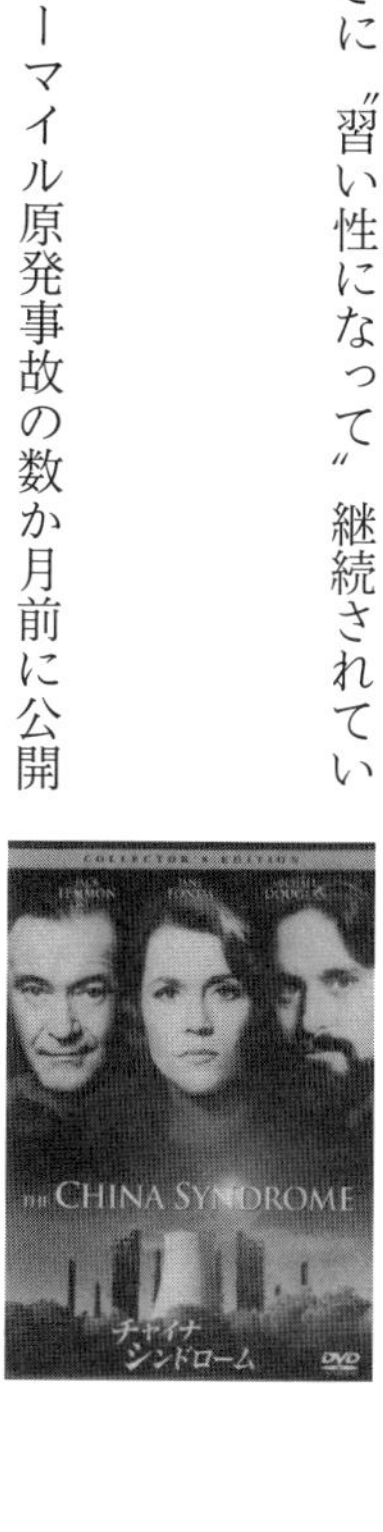

60

ソ連邦の崩壊は、秘密主義の官僚国家体制の瓦解でもあった（もちろん、本質的な意味で、ロシア共和国、ベラルーシ共和国、ウクライナ共和国には、そうした強権的な官僚の国家体制は持続しているのだが）。放射能に汚染されたチェルノブイリ近郊の立ち入り禁止区域には、国家体制の締め付けから逃れようとする人々のための、一種のコンミューン（自治的共同体）ができているように思われる。避難してゆく先もなく、手段もなく、いわば置き去りにされた棄民的な存在なのだが、逆にそうした立場を利用して、汚染地域で生活している人々の姿がある。

本橋成一監督による『**ナージャの村**』［61］（一九九七年）と、同じく『**アレクセイと泉　百年の泉の物語**』［62］（二〇〇二年）の、二部作といっていい作品がそれだ。ナージャは、ベラルーシ共和国のドゥヴチ村に住む八歳の女の子である。チェルノブイリの原発事故で放射能汚染されたこの村は、本来住人がいてはいけない、立ち入り禁止地域の村だった。ナージャの通うべき学校は閉鎖された。だから、ナージャは、町から来るお姉さんに勉強を教えてもらう。自然の美しいその村には、六家族が住んでいる。麦やジャガイモを育て、森にキノコを採りに出かける生活が続いている。

しかし、それは、国から黙認された、治外法権的な場所としての被災地なのだ。そして、私たちは、ある事実を知って愕然とせざるをえない。その村の放射線量は、住民の帰還を政府から認められた、フクシマの「避難命令解除」の地域の二十マイクロシーベルトよりも、遥かに低いものだということに。

アレクセイは、ベラルーシのブジンチェ村に住む若者だ。やはり、その村は、チェルノブイリの原発事故で、放射能汚染された地域である。その村には、長年村人

61

62

たちが、飲用に、炊事に、そして洗濯のために使ってきた泉がある。村の畑や森は汚染された。しかし、不思議なことに、この泉からは放射能は検出されない。馬を飼うアレクセイの生活を中心に、村を見棄てることのできない村人たちが、協力しあいながら、泉を守り、今日もいっしょに住み続けているのである。

ナージャの村も、アレクセイの村も、長年耕されてきた畑と野原と森は、限りなく美しい。鳥も獣も家畜も、草木も、昔と変わらずに育っている。しかし、「あの日」からすべてが変わってしまった。村人たちは、強制的にこれまで住んでいた家、村から追い立てられ、見知らぬ町や土地で住まわなければならなくなった。どうしても村を離れられない人、どこにも行き先のない人、老人とわずかな子どもと若者が村に残った。村の出入り口には兵士が立ち、道を柵が塞いで、自由な行き来も、物資の流通も妨げられている。暮らしのための必要最小限のものしか、その細道をくぐりぬけることはできない。目に見えない放射能が、そこに住む人々にどんな影響を与えるのか、確かなことは誰もいえない。

『カリーナの林檎』[63]（今関よしあき監督、二〇一二年）は、ナージャと同じく、ベラルーシの八歳の少女だ。母親の入院、父親はモスクワへ出稼ぎに行っており、ミンスクにある母の弟（叔父さん）の家に住んでいる。義理の叔母さんと、従兄弟のセルゲイもいっしょで、セルゲイは優しいが、失業中の夫を持つ叔母さんは厳しい。カリーナは、おばあさんの家で、両親といっしょに住みたいと思っている。しかし、チェルノブイリに住んでいる悪魔が、毒を、おばあさんの家のすぐそばの森へ吹き込んでいるのだ。そのせいで、お母さんも、おばあさんも、カリーナ自身も病気になってしまったのだ。カリーナが捥《も》いだ、おばあさんの家の庭になった林檎の実は、叔母さんがそのままゴミ捨てに棄てて

63

しまった。それは毒の実なのだから。

美しい空と森と湖の風景が広がるベラルーシの村。しかし、すぐ近くには軍隊が見張りをする立ち入り禁止区域が広がっている。放射能の重濃度汚染地域だ。悪者が、毒のある風を森や村に吹き込んでいる。ベラルーシだけでなく、フクシマの子どもたちに、同じようなおとぎ話を聞かせるようになったことは痛ましい。

もちろん、日本人監督だけではなく、地元ヨーロッパでも、チェルノブイリ近郊を舞台としたドキュメンタリー映画や劇映画は作られている。

立ち入り禁止

『チェルノブイリ・シンドローム（Chernobyl Syndrome）』（一九八七年、ロラン・セルギエンコ監督）は、ソ連で撮られたドキュメンタリー映画だ。避難した村人、消防隊員、原発労働者やその家族たちへのインタビューが収録されている。牛や馬などの家畜を置き去りにして避難するよう強要する共産党政府、〝石棺化〟を進めながら、あるいは入院中の身でありながら、原発関係者は、原発の再開を確信している。〝みんなあの事故を忘れている〟というセリフがある。フクシマと同じように。ソ連時代に製作したものとしての限界はあるが（むしろ、現在のロシアのほうが検閲など厳しいのかもしれない）、危険を顧みずに放射能汚染地域に入り、調査したり、撮影しているその〝蛮勇〟に敬服せざるをえない。

『プリピャチ　放射能警戒区域に住む人びと』［64］（ニコラス・ゲイハルター監督、一九九九年）は、オーストリア映画で、「プリピャチ」は、チェルノブイリに隣接し

64

た町の名前だったが、事故原発から三〇キロ圏内の立ち入り禁止区域である。ウクライナの兵士が検問をしている。その立ち入り禁止区内で暮らしている老夫婦がいる。故郷の我が家に二人きりで生活しているのだ。ウクライナ政府の役人はそれを黙認しているが、生活インフラはなく、二人は凍った湖で水を汲み、川で魚を捕り、農業をして暮らしている。ここに住んではいけない、危険だという研究所の女性検査員や医者のいうことも聞かれることはない。

放射能に汚染された車どころか、ヘリコプターまで核廃棄物として保管している広大な土地の管理人など、原発事故から十二年目のプリピャチの地に暮らしている人々にインタビューしたドキュメンタリー映画である。

事故を起こしたチェルノブイリ原発四号炉の隣の三号炉などは、十二年後にも稼働中である。そこで働く技術者たちは、政府のいう安全を信じて働いている。事故の時は、黒鉛を手でつかんだり、その上を歩いていた兵士たちがいたと、研究者は証言している。チェルノブイリ原子炉は黒鉛炉で、爆発で飛び散った、高濃度に汚染された黒鉛などの瓦礫を、若い兵士たちは無防備のまま処理させられていたのである。安全でもなければ、安心でもない。しかし、そうした土地で暮らさなければならない人々がいることもまた確かだ。一筋縄ではいかない、現実の重さがそこにはある。

『チェルノブイリ・ハート（Chernobyl Heart）』（二〇〇三年、マリアン・デレオ監督）は、事故後十六年のベラルーシのホットゾーンに住み続ける人々をドキュメンタリーとして描いたものだ。事故当時生まれた子どもたちはさまざまな放射性障害を負っている。心臓に欠陥を持って生まれた子どもたちのことをチェルノブイリ・ハートと呼ぶのである。

『故郷よ』（ミハル・ボガニム監督、二〇一一年）は、フランス・ウクライナ・ポーランド・ドイツの共同制作映画である。

川の流れのほとりのチェルノブイリ原発近くの農村で、今しも結婚式が行われている。レーニン像の前での記念写真を撮る時に、急に雨が降り出し、皆はテントのなかで式を続ける。しかし、消防官の花婿に突然非常招集がかかる。夜が明けても、帰ってこない花婿を捜しに、病院へ行った花嫁のアーニャは、彼が莫大な放射能を浴び、モスクワに搬送されることを知る。山火事の消火に行ったはずなのに、なぜ？ それはチェルノブイリの原発の事故だったのである。

十年後、チェルノブイリのバス・ツアーの案内役をしているのが、アーニャである。原発職員だった父と生き別れになった青年など、あの日から人生の変わった人々をアーニャは、案内し、ガイドする。さまざまな悲劇を生みながら、チェルノブイリ原発のふもとの川は流れているのだ。

チェルノブイリの原発事故の以前と以後では、世界は変わったはずだ。フクシマ以前と以後の日本が変わったように。もう二度と、それ以前には戻らない（戻れない）。そうした「過去」に抗う人々には、もはや「未来」もありえないのだ。チェルノブイリ原発の近郊の風景は、立入禁止区域で撮影されている。そうした映画人がいることだけでも、フクシマよりは、チェルノブイリの方が、〈文化的な意味〉を持っているし、世界史の教訓となっている。翻《ひるがえ》って、フクシマをめぐる日本の映画人の動きを見ていると、残念ながら、ここまで心に食い込む映像はとらえられておらず、禁止区域の線の外側から、おそるおそる撮られているだけだ。

そうした日本の映画人の喝を少しでも癒すのは、『Dear Fukushima　チェルノブイリからの手紙』（大竹研吾監督、二〇一三年）くらいなものだろう。

「私」（監督による一人称的な映画である）は、二〇一一年の三・一一を体験して、チェルノブイリに飛んだ。四半世紀前に、原発事故を起こしたチェルノブイリの現場へ行き、そこで事故の収束に当たった人、放射能技師、避難民、元市長などに会い、フクシマについてどう考えているか、何か提言はないかと、問いかけるのだ。事故の当時、日本からロボットが送られてきたが、使い物にならなかったという技術者。日本はミスを冒した、冒している、冒し続けるだろうという経験者。人命尊重といい、やれることさえやらなかった東電の幹部たち。当時のソ連と日本との違いは何か。国際的支援を求めない日本。チェルノブイリから何も学ぼうとはしなかった日本は、フクシマでも何も学んでいないのだ。チェルノブイリを他山の石とすることに、日本は失敗したのである。

65

原発ドキュメンタリー

『原発廃炉は可能か？　史上最大のミッション・インポッシブル』（二〇一三年、ベルナール・ニコラ監督）は、フランス、アメリカの原発を廃炉とする作業の問題点や疑問点を描き出したドキュメンタリー映画である。廃炉にかかわる膨大な予算と、技術の継承の問題、放射能漏れや、原発推進派によるプロパガンダ、買収の問題などを問うている。フクシマ第一原発の廃炉の問題は、すでにフランス、ドイツ、アメリカで実験済みで、危険で、どうしようもないことであることは承知済みのものなのだ。過ちを改めず、先延ばしにするだけの愚昧さは、世界中同じなのか。

『**イエロー・ケーキ　クリーンなエネルギーという嘘**（Yellow Cake）』〔**65**〕（二〇一〇年）の題名のイエロー・ケーキとは、天然ウランを生成して、黄色い粉末を固めた原発の燃料の基になるものだ。東ドイツ、オーストラリアの原住民居住地区、ナミビアなどの各国の鉱山で、ウラン鉱石の採掘が行われ、周囲の環境の放射能汚染、労働者の被曝などの影響があった。東ドイツからソ連へ向けられたウラン原料、原住民の土地を奪ってウラン鉱山開発を行おうとする原子力企業、そして旧植民地大陸としてのアフリカにウラン資源を求めて進出して行く帝国主義者たちの陰謀的な開発。企業側の言い分、地元住民たちの粘り強い反対運動、社会主義、帝国主義と連動するウラン鉱石の開発の暗黒面を鋭く彫り込んだドキュメンタリー映画である。

『アンダー・コントロール(Unter Kontrolle)』(二〇一一年、フォルカー・ザッテル監督)は、二〇〇〇年に原発廃止を決めたドイツの原発をはじめとした核施設を、その内部に踏み込んで撮影したドキュメンタリー映画だ。ナレーションや文字による情報は極力抑えて、廃炉となった原発、調査・研究のための実験所に転換された原発や核施設。廃止となった高速増殖炉や、放射性物質室の中間貯蔵所など、日本では撮影禁止となり、秘密とされる原発内部の建物内や原子炉が〝可視化〟される。無人の中央制御室で警報が鳴り響くラスト・シーンは、スリーマイルやチェルノブイリやフクシマで実際にあったことだと思うと、その静かな恐怖が身のうちに漲ってくることを止めえない。

『シェーナウの想い(Das Schönauer Gefühl)』(二〇一六年、フランク・ディーチェ、ヴェルナー・キーファー監督)は、大手電力会社と戦って、自分たち独自の電力供給会社と送電網を勝ち取った、ドイツの小都市シューナウの反原発運動の成功例をドキュメンタリーとして描いたもの。希望はまったくないわけではない。

ただし、原発を扱ったドキュメンタリー映画が、すべて反原発の立場に立ち、批判的視線を持って描かれているとは限らない。なかには、『パンドラの約束』(二〇一三年、ロバート・ストーン監督)のように、明らかに原発推進派、もしくは反・反原発派に左袒《さたん》するものもある。CO_2の排出によって地球温暖化が進み、気候変動が激しくなることを理由に、火力発電や、石油エネルギーの縮小を訴え、クリーン・エネルギーに寄与するという虚偽によって、原発を活用しようというもので、とっくの間に、理論的にも、実践的にも破綻している〝原発ルネサンス〟なるものを復興させようとする。

反原発派から転向した環境運動家、御用作家・ジャーナリスト、さらに新しい原子炉の夢を追う、マッド・サイエンティストたち。こうした無知半解な人たちを集め、反原発派を「左翼」のイデオロギストと決めつけ、観客たちを瞞着させようとするのは、きわめて反動的なプロパガンダにほかならない。核実験の悲劇を描いた『ラジオ・ビキニ』を作った監督は、原発推進派に転向したのである。この映画のＤＶＤが、電事連お抱えの出版社ワックから発売されており、三枝成章、櫻井よし子、田原総一朗という極右文化人や御用ジャーナリストが推薦の言葉を並べているのも、この映画の本質を、雄弁に物語っている。

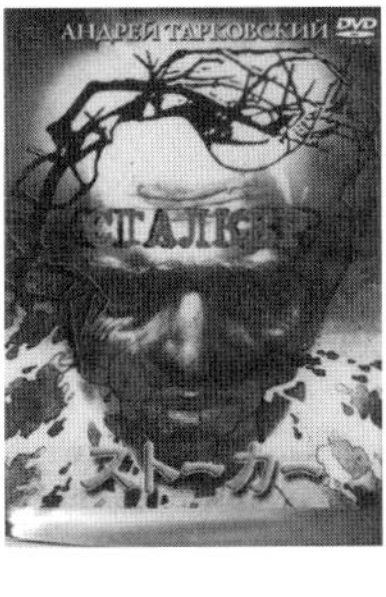

66

事故後の世界

原子力発電所の事故が起きてしまったら？　少なくてもチェルノブイリ事故の前までは、それは空想科学映画のテーマだった。アンドレイ・タルコフスキーの『**ストーカー**』［66］（一九七九年）は、悪夢的な映画だが、その内容は巨大な原発事故の後日譚のように思える。

〝ストーカー〟とは、一般的にはある特定の人物に〝つきまとう（ストーキング）〟人のことをいうが、タルコフスキーのこの映画では〝先導者〟とか〝狩猟者〟といった意味である。

廃墟となった工場地帯に「ゾーン」と呼ばれる一角がある。隕石が降ってきたという噂があり、何やら大きな事件があって、軍隊が出動したが、彼らは帰ってこなかった。それ以来、「ゾーン」は立ち入り禁止区域となり、軍隊が厳重に封鎖している。しかし、そのなかにある廃墟の建物の部屋に入ると、願望が叶うという噂が流されている。だから、そこに入ろうとする人間は跡を絶たない。ただし、そこには危険な場所がいっぱいで、ストーカー、すなわち先導者なしで、一人で入り込むことはできない。草むらの一角でも、安全なところと危険なところがある。廃墟となった建物のなかでも、立ち入って良い場所とそうでない場所がある。まるで、原発事故があり、放射能に汚染されたホット・スポットが、そこかしこに広がっているように。

この「ゾーン」の存在を、チェルノブイリの原発事故を予言したものととらえる見方がある。もちろん、チェルノブイリの原発事故が起こったのは、一九八六年四月二十六日のことだから、映画の方が先立っていることは明白だ。それ以前に、ソ連政府が秘密にしている原発事故がなかったとは言い切れないが、具体的な事件の発生はソ連崩壊後も伝えられておらず、タルコフスキーが、実際の原発事故を念頭に置いて『ストーカー』を構想したとは考えられない。だが、不気味なトンネルをくぐり抜けたり、自動車や戦車がそのままに置き去りにされている風景は、チェルノブイリ原発の近くの町プリピャチや、フクシマの放射能に汚染された無人の町の景色を思い浮かべさせるものだ。

タルコフスキーの『ストーカー』に直接的な影響を与えたのではないにしろ、廃墟としての工場地帯の風景の原形として、ミケランジェロ・アントニオーニ監督の『赤い砂漠』(一九六四年)があるように思われる。主人公ジュリアーナの夫のウーゴの働いている工場は、何の工場かは明示されていないのだが、煙が噴き出され、水蒸気が蒙々と立ち込める工場地帯のシーンは、原子力発電所を思わせる。原発に特徴的な形の放熱塔も工場構内に見ることができる。少しずつ、交通事故に遭って以来、精神のバランスを崩すようになったジュリアーナは、夫の友人と不倫を犯す。

非人間的な、無機質的な工場と人間関係。ジュリアーナと夫と息子の暮らす、イタリアの工業都市は、空も海も汚れていて、港に入る船のなかには伝染病が発生している。精神的にも閉鎖されている、荒廃した風景のなかで、人々の狂気は深まってゆく。

産業都市、工業都市の荒廃した風景と、人間たちのざらざらとした精神風景。『ストーカー』と『赤い砂漠』に共通する、廃墟としての工場地帯は、人間を置き去りにした「工業」の行き着く先としての原子力発電所の過酷事故の後の廃墟を象徴しているようだ。

タルコフスキーには、『**サクリファイス**（Offret Sacrfatio）』〔**67**〕（一九八六年）という作品もあり、そこではっきりと、「核戦争」が勃発して、世界が滅亡する可能性があるというメッセージを発していると思われる。隠退した俳優のアレクサンデルは、スウェーデンのゴトランド島で隠居の生活を送っている。口の利けない息子に、枯木でも水をやり続ければいつかは生き返ると教える。核戦争が勃発したというニュースが流れる。アレクサンデルは、自らが〝サクリファイス〟、犠牲になってこの世界を救うことを考える。

『ストーカー』の「ゾーン」といい、『サクリファイス』の枯木（それは、東日本大震災の津波でいく残った〝奇跡の一本松〟を想起させる）といい、燃え上がる家屋といい、〝過酷事故後〟の廃墟や荒廃した風景を思い起こさせるものだ。もちろん、タルコフスキーは、そこに宗教性や精神性を強く籠めていることは明らかだ。〝事故後〟の世界は、生き残った人々を、宗教的な、精神的な世界へと

67

導かずにはおかない。象徴的世界といってもよい。タルコフスキーの映画が〝新しい〟のは、こうした現代社会の精神性、宗教性の奥底までたどり着いたものを表現しているからではないだろうか。

　事故後の世界を描いたもののなかでは、ヴィム・ヴェンダース監督の『**夢の涯てまでも**（Bis ans Ende der Welt)』〔**68**〕（一九九一年）は、異色である。ただし、この事故は、原発のものではなく、インドの打ち上げた核衛星が軌道をはずれ、制御やコントロールが不可能になったという事故だ。地球上に落下する前に、撃ち落とすという米国などの強硬意見もあり、オゾン層を破壊する爆発になれば、地球は滅亡だという意見も出る。

　そんな宙吊りとなった、核衛星爆破の不安と恐怖の危機の下、若い女性のクレアは、売れない小説家の愛人ユージーンの下から離れ、ヴェニスに旅行に来ている。銀行ギャングに遭ったり、不思議な男トレヴァと知り合い、彼に惹かれる。しかし、彼は何者かに追われる賞金付きの逃亡者だった。彼を探し求めて私立探偵のところにいったクレアは、ヴェニス、パリ、モスクワ、北京、東京、ニューヨークと旅をして廻り、ついにオーストラリアの砂漠地帯まで行き、トレヴァの両親のいるアボリジニーの集落へとたどり着く。

　核衛星は爆発し、磁気嵐が地球を襲い、電子機器は使い物にならず、彼らは世界から孤立する。トレヴァとその父親は、盲人の母（妻）のために、直接に脳波によって映像を人の頭のなかに転送するカメラと装置を発明した。つまり、夢や無意識の映像をコンピュータで再現し、それを伝達したり、録画したりすることが可能となったのだ。核爆発の磁気嵐で、すべての電子機器による情報が遮断され、無効化した世界で、頭のなかから頭のなかへと映像を送り込む装置ができたというのは、むろんきわめて

68

皮肉な出来事にほかならない。しかし、夢をいつでも映像化し、記憶や思い出までも映像化されるうちに、クレアはその装置の依存症となり、中毒患者として危険な状態となる。

作品世界のなかには、一貫してロック音楽と、ピグミー族とアボリジニー族の原始的で歌やリズムが流れている。核爆発による情報の破壊と、原始的な音楽と心の通い合い。

核衛星の事故は、コンピュータという人工頭脳の脆さや、脳科学の非人間性や非本質性を浮かび上がらせる象徴物にほかならない。私たちの時代は、核の恐怖がいつも宙吊りになったまま、日常の「生」を生き続けなければならないように強いられているのである。

69

三・一一以降の原発映画

では、日本の場合はどうだろうか。現実に、福島原発で未曾有の過酷事故を起こし、〝文明論的転換〟を強いられることになったとされるのだが（私自身は、この〝文明論的転換〟という言い方は取らない。どんなに大規模であっても、それは〝人災事故〟である）、日本の精神文化の世界に、どれほどの変化、転換を迫るものとしてあったのだろうか。

園子温監督の『**希望の国**』〔**69**〕（二〇一二年）は、三・一一の福島第一原発の事故以降に最初に作られた劇映画だが、「長島県長島町」という土地に警戒警報が鳴り響いた。町にある「長島原発」が事故を起こし、一帯が放射能に汚染された。隣家との間には、立ち入り禁止の杭が打たれ、非常線のロープが張られ、そこから先には一歩もその区域に入ることはできなくなった。隣の家族は、飼い犬を置いて避難所に向かった。

それまで牛飼いを仕事をしていた老牧夫は、若い息子夫婦を近隣の町へ引っ越させ、アルツハイマー症の妻と二人で、警戒区域の家に住み続ける。

宇宙服のような防護服を着て、町を歩く妊娠した嫁は、町の嫌われ者となる。そんな妻をいたわる夫も職場での非難的な視線を浴びるなど、苦労は絶えないのである。

老夫婦も、放射能汚染によって、長年続けてきた牛飼いを継続できなくなり、牛を射殺する。老人は、思い出の木といっしょに、死ぬことを決意する。この映画の完成のあと、すぐに亡くなってしまった俳優、夏八木勲が、老牧夫の役を演じ、認知症の妻が、娘時代の盆踊りのことを思い出して踊るのを、夫もいっしょに踊るシーンなど、しみじみとした印象深いものだ。

『朝日のあたる家』(二〇一三年、太田隆文監督)は、福島原発事故の後に、静岡県でも同様の原発事故が起こるという設定となっている。震度五の地震によって、原子炉に故障が起き、〝爆発的事象〟があり、ベントをすることによって、〝人体にほとんど害がない〟程度の放射能漏れがあった。だが、〝念のため〟原発から六十キロ離れた、平田一家四人も避難所に避難することになった。両親と茜、舞の二人姉妹。しかし、翌日には帰れるはずの家に、再び帰って住むことは叶わなくなる。

浜松市や湖西市あたりでロケしたと思われる風景は美しい。そうした故郷の風景を失った平凡な家族たちの物語を、きわめて抒情的に物語っているのが、この作品だ。富士山から始まり、春夏秋冬の景色を繰り広げる冒頭は、観光映画なみに美しいのである。

だが、私としては、この映画にいくつかの疑問点やひっかかりを持たざるをえなかった。一つは、あまりにもフクシマの事故の様相をなぞっていることだ。地震による原子炉の故障、政府や電力会社、テレビ・新聞などのマス・メデイアの御用的な報道。避難生活、仮設住宅での生活。役人や担当者たちの官僚主義的な対応。無策、ごまかし、共同体の離散など、福島で起きたこと、起こったことをそのままなぞっているだけで、新しい視点は何もない。何も、無理に〝新しいこと〟をひねり出せといってるのではなく、たとえば原発事故に関しては、その原因、要因は必ず〝想定外〟のものにならざるをえず、福島原発の事故をそのままなぞるような事故は、まずありえない。

火山の爆発、航空機の墜落、テロリストの破壊工作、コンピュータ・システムの誤作動など、原因となるものはいくらでも考え出すことができる。政府やメディアの対応、避難やその後の除染や事故処理などについても、同じことが、そのまま繰り返されるとは限らない。もっと巧妙に、もっと欺瞞的に、もっと非道な形で、それは〝繰り返される〟に違いないのだ（監督は、映画のなかのすべてが現実のものだといっているが、それならばどうしてドキュメンタリーとしなかったのか？）。

女子大生の姉と、中学三年の妹が、同じく放射性障害症となり、若い命を縮めなければならなくなったという設定にも、意地悪くいえば、「原爆映画」としての『純愛物語』や『愛と死の記録』（こちらは、病気になるのは若い男）のような、清純な乙女の白血病という、いかにも通俗的なパターンによって観客の涙を誘おうとしているといってよい。

また、こうした原発事故に対する反発、怒りの表現が、「原発が憎い」という壁の言葉を残して、老農婦が縊死するというのも、現実にあったことをなぞったもので、映画表現として独自のものを提示できず、結果的に福島原発事故をただそのままになぞっているという最初の印象を覆《くつがえ》すことはできなかったのである（あまりにも有名なフォークソングの題名を、本質的な意味もないままに安易に借用してきたことも、映画作家としての感性を疑わせるものだ）。

内田伸輝監督の『おだやかな日常』（二〇一四年）は、風評被害といわれる問題を取り上げ、三・一一後に現出した、情報の流通や、報道ニュースなどが阻害される、一種の閉鎖空間として三・一一以後の社会を描いている。

東京近郊のマンションの一室に住んでいたサエコは、夫から離婚話を切り出され、幼い娘の清美と二人で生活しなければならなくなる。放射能汚染を恐れるサエコは、清美に屋外で遊ぶことを禁じ、幼稚園の庭にガイガーカウンターを持ち出し、放射能濃度を測定するという行動に出る。それは、三・一一以後に、幼い子どもを持つ母親が当然持たざるをえない不安感や恐怖感であるのだが、周囲の母親たちからはノイローゼと見なされ、はては風評被害を振りまく張本人として陰湿な嫌がらせを受ける。

サエコと同じマンションに住むフリーライターのユカコも、放射能汚染を心配し、夫のノボルに非汚染地域への引越しを迫るのだが、サエコと同様に、夫からも周囲からも孤立してゆくことになる。

女性や子どもが、成人男子に比べ格段に放射線の耐性が弱いことは常識化しているが、フクシマの原発事故による被害や放射能汚染を極小に見せかけようとする東京電力や経産省、それに加担する御用学者たちによって、健康被害は値切られ続けている。

そこには、もはや〝おだやかな〟生活や日常はありえない。ガイガーカウンターで放射線量を測ることから始まる日常の生活というものがあってよいわけはない。

「希望」も「おだやか」さも、もちろん逆説的な表現にほかならない。しかし、こうした逆説や諷刺のインパクトも、この両作においてあまり活きていると感じられない。なぜなら、希望の反対の絶望や、おだやかさの逆の非常時的なものが、現実的にはあまりも強烈だからだ。政府や電力会社、電事連（電力事業連合）、原子力ムラ（原子力マフィア）の撒き散らす「安全神話」のプロパガンダや、事故の収束、避難の解除といった愚民政策に抵抗、対抗するだけの映画的強度をこれらの三・一一以後の劇映画が持ち得ているかどうか、それが問われるのである。

〝不謹慎〟な三・一一映画

同じような三・一一後の劇映画でも大鶴義丹監督の『**裸のいとこ**』［**70**］（二〇一三年）は、異色の設定である。大津波で破壊され、放射能事故によって避難民が続出し、無人に近くなった南相馬市の町に、IT会社を倒産させ、巨額の負債を負って東京から逃げてきた青年実業家がいた。彼（源太）は、南相馬の叔母の家に転がり込み、従姉妹のミウとの三人の生活を始める。ミウのボーイフレンドのタケシ、スナックのママ、警察官、ボランティアの人々、市役所職員などが、その地域に残っている。ガランとした無人の商店街で、源太とタケシは、不法の大麻のタバコを吸い、放射能とケムリと、どっちが悪いのか、とタケシは酔って管を巻くのである。

放射能に汚染され、避難や脱出を余儀なくされた居住困難の避難地域。しかし、そこに住んでいる人々も、『希望の国』や『朝日のあたる家』や『おだやかな日常』の家庭や家族のように、ある日突然、三・一一の地震・津波・放射能の三つの災害によって〝壊された〟わけではなかった。放射能による子どもへの健康被害が心配だと、警察官の夫を残して引っ越していった妻。しかし、その妻の浮気によって警察官の夫との生活は、もともと〝壊れていた〟のである。過疎地となり、若者たちは町を去り、源太のように都会から逃げてきた者だけが隠れるように暮らしている町は、すでに徐々に崩壊の

70

過程に入っていたのであり、原発事故が、突然にすべての住民たちの幸福な生活を壊したわけではない……こうした〝不謹慎〟な見解が、この映画の底には流れており、ある意味では三・一一の被災者、避難民たちの感情を逆なでするような側面を持っているのだ。

しかし、まさに〝不謹慎〟を承知でいえば、飯舘村や川内村、浪江町や双葉町、大熊町、富岡町など、原発事故による放射能汚染地域は、全国の地方の市町村と同じように、いつ限界集落となっても不思議ではない集落を抱え、そして衰滅の危機にある過疎地化の問題を孕んでいたことは確かなのである。村落崩壊、家族や共同体の離散を決定的に促したのは、原発事故にほかならない。しかし、それ以前のこれらの共同体が、穏やかな、幸福な、安定した、安全な地域であったということは、神話的な事後の物語に近いことだ。

もちろん、それは東京電力の福島第一原子力発電所の事故を免責することや、その重大な責任をいささかなりとも軽減させるものではない。だが、過疎化、高齢化、少子化、都市と地方との格差の拡大化は、福島の原発震災の被災地だけの問題ではないことは、あまりにも当然なのである。『裸のいとこ』で、タケシは、波消しブロックを越えてくる大きな波にさらわれ（と推定される）、源太は、借金取りのやくざに強殺される（と思われる）。これらの死は、もちろん原発事故による直接的な被害死や犠牲死ではない。しかし、彼らの破滅は遅かれ早かれ、必定のものであったとしても、原発事故がそれを早めたことは間違いないのではないか。それまでの三・一一以後の劇映画が持たないこうした視点を提示したことだけでも、この〝不謹慎〟ともいえる『裸のいとこ』の存在価値があると思われる。

『少女は異世界で戦った　DANGER DOLLS』（二〇一四年、金子修介監督）は、原発や核兵器や銃器のないアナザーワールドで、日本刀を武器として「悪」と戦う四人の美少女が主人公だ。そこへパラレルワールドから、原発と核兵器を持ち込もうとする狂気じみた教祖の率いる宗教教団―政治結社が侵入してくる。四人の美少女は自らの身体と刀とで彼らと戦うが、自分たちの存在そのものに疑問を持つ。阪神大震災、オウム事件、東日本大震災、フクシマ原発事故以降の「日本」社会を逆説的に表現したもので、その試みは大いに評価するとしても、作品的には〝世界の救済者としての少女〟を主人公としたアイドル・アクション映画に終わっている。

ドキュメンタリーの可能性

原発事故を素材とした、優れた映像作品を期待するのは、原子炉事故の一応の収束を見るとされている十年や二十年でも、まだ時期尚早といえることかもしれない。文芸評論家の江藤淳は、大きな戦争があれば、それから百年ぐらいの間は、文化や文学については不毛な時代が続くといっていたが、東日本大震災とそれに連動したフクシマの原発震災は、百年ほどのスパンで、その文化的、文学的、芸術的な成果や達成を望まなければならならなものなのかもしれない。

そういう意味では、三・一一以降に製作された劇映画は、あまりに生煮えのまま提出されてしまったものといわざるをえない。『希望の国』、『おだやかな日常』、『朝日のあたる家』などのドラマは、言ってしまえば、フクシマの事故をただなぞっただけのものにしか過ぎず、そこには恐怖や不安や悲しみや悔恨はあっても、私たちが考えるべきことや、これからどのように生きてゆけばよいのかという問いに対する答えは、ほとんどない。

フクシマという現場をどのようにとらえ、それをいかに処理し、事故の収束と終結に向けての働きかけをどうすればよいのかというビジョンも、方向も、誰も示さず、ただなし崩し的に事故の風化や、緊張感の弛緩、合理的で建設的な精神の劣化のみが蔓延するという事態が続いているだけなのである。

もちろん、『わすれない　ふくしま』（二〇一三年、四ノ宮浩監督）や、『フタバから遠く離れて』（二〇一二年、舩橋淳監督）、『フタバから遠く離れて　2』（二〇一四年、舩橋淳監督）のような、フクシマの現状をドキュメンタリー映画として描く作品がまったくなかったわけではない。

福島原発事故以来、原発立地の双葉町からは、住民がすべて他の地域に避難した。『フタバから遠く離れて』は、埼玉県騎西高校に避難した町民たちの避難所生活と、町長の言動を描き、原発事故が住民たちに与えた過酷な影響を映像化している。原発の立地市町村の会議で、一刻も早い原発の再稼働を要請する敦賀町長。不真面目な対応としか思えない海江田経産大臣や自民党の代議士たち。避難民の放射能汚染地区の自宅への一時立入の映像が衝撃的だ。

『311』（二〇一二年、森達也・綿井健陽・松林要樹・安岡卓治監督）は、森達也など、四人の男たち、映画監督、プロデューサー、監督兼カメラマン、が線量計を車に持ち込み、常磐道をひた走る場面から始まる。東日本大震災が起きてから、数週間目、そこで見たのは空っぽの町であり、地震、津波の爪痕も生々しい東北の姿だった。大川小学校の跡地では、子どもたちの遺体を捜す親たちと出会う。カメラで撮影しようとする彼らに、棒を投げつける遺族。瓦礫の風景を撮りながら、彼らは言葉もなく、現場を歩くだけなのだった。ナレーションに頼ることなく、ただひたすら瓦礫の山の間の細い道を走る車の窓から見た風景。それは、言葉を奪われた私たちの精神風景を如実に表す。

『遺言　原発さえなければ』（二〇一四年、豊田直巳・野田雅也監督）は、「原発さえなければ」という言葉を、牛舎の壁に書いて自殺した牛飼いのフクシマ事故以後の生活を追う。被害を受けた側が自殺にまで追いこまれ、加害側の東電をはじめ、企業、行政、地方行政の担当者が免責され、何事もなかったかのようにすべてを水に流してしまう日本的な精神風土。それを映像によって鋭く告発することが映像作家たちには求められている。

『大地を受け継ぐ』(二〇一五年、井上淳一監督)は、三・一一後、放射能汚染で営農が不可能になり、農業を継がせた息子に、それが間違いだったと語って、キャベツ畑で自殺した老農の事象を遺された息子と妻が語る。その話を聞き、若い学生が真剣に、原発事故が何をもたらしたかを現実に知るという、きわめてシンプルな映画だ。ほぼ同じアングルから一男性の語りをそのまま映し出すという画面は、ドキュメンタリーの原点ともいえるような手法だが、それなりの効果をあげているといえる。立ち止まらせる、沈黙する、考えさせるという映画の教育的効用をこの作品は今一度問うている。

『日本と原発』(二〇一三年、河合弘之監督)は、福島第一原発の事故を、原因、経緯、東電や政府の対応、住民への影響、再稼働の差し止め裁判など、原発問題をその時点において総合的に「記録」したもの。河合弘之、海渡雄一の両弁護士の反原発の立場から、論評されている。三・一一の原発震災の記録としてはまとまったものだが、映画としての作品性や芸術性は欠けている。続編として『日本と再生』(二〇一五年)、『日本と原発　四年後』(二〇一五年)も作られた。

『無知の知』(二〇一四年、石田朝也監督)は、原発や原子力に〝無知〟な映画監督が、避難住宅住いの人々や、原発推進派の学者、官僚、政治家、福島原発事故当時の民主党内閣の要人、菅元首相、枝野元官房長官、福山副長官、そして元首相らに突撃インタビューを行ったことを中心としたドキュメンタリーである。さまざまな人たちから、原発推進、脱原発の両方の立場に偏らず、〝無知〟であることを前提に、あるいはそれを条件としてなかなか会ってくれない、話してくれそうな人の声を拾い上げる。これは、ドキュメンタリー、インタビューによる映画製作の初心だろう。

ただ、その初心はうまく貫かれているが、あえていえば、その初心だけで映画が完結してしまっている。追求はしない、糾弾はしないという姿勢をはやばやと示したことが、この突撃インタビューを中途半端なものとしてしている。〝無知〟から〝知〟へと変わるプロセスこそ、ドキュメンタリー映画の発展であり、成長のはずなのだが。

『変身 Metamorphosis』（二〇一五年、堀潤監督）は、フクシマの原発事故をきっかけに、〝変身〟した人々の証言を集めている。NHKのディレクターだった彼は、NHKでの原発報道番組の限界性を感じて、フリーとして独立、この映画を作り上げた。フクシマ、スリーマイル、サンタスサーナの事故を起こした原発を訪れ、その被害の実態を証言者の口から語らせるのだ。そのなかで、スリーマイル事故の当事者が語った言葉が印象深かった。彼はいった、原発事故は忘れられる、私たちのように。フクシマの人たちも、やがて忘れられるだろう、と。

生き物たちの記録

三・一一の原発事故は、一過性のものではなく、事故の収拾や処理に何年もの時間がかかり、溶解した燃料のデブリを原子炉から取り出し、安全に処理するためには、数十年単位の年月がかかるという、きわめて長期的な時間を要するものだ。また、放射能に汚染された森や川、海や自然を完全に除染することはできず、生態系への

71

72

73

影響も、これから長期間にわたって観察し続けなければならないものだ。

岩崎雅典監督の『**福島　生きものの記録**』シリーズは、『**1　被曝**』[71]（二〇一三年）を始めとして、『**2　異変**』[72]（二〇一四年）、『**3　拡散**』[73]（二〇一五年）までの三本が、現在のところまで完成している。フクシマの放射能事故の生態系への影響を持続的に撮り続けている希少なドキュメンタリーである。

シリーズ一本目の『被曝』は、福島第一原発後の南相馬市小高区、浪江町、川内村、富岡町の生きものたちの放射能被曝の影響についての観察記録である。渡り鳥のツバメ、白鳥。希望の牧場の牛たち、馬。見棄てられた犬や猫。野馬追いの馬。サル、イノシシ、イノブタ、アカネズミ、モグラたちの放射能の汚染度を測る研究者たち。カメラの前を離れ牛たちが疾走する。人のいない人里に、野生の生きものたちが我が物顔に生きているが、汚染された植物や小動物を食べながらの生活が、放射能汚染の影響を受けずにはおられようはずがない。政府や地方の行政府が、あえてサボタージュを決め込んでいる生態系への放射能被曝の影響を、民間の研究者や、自立した表現者たちが、倦むこと、たゆむことなく、現場での研究、記録を持続させている。

シリーズ二本目。ツバメの喉の白い斑点、吉澤牧場（〝希望の牧場〟、これも反語的表現である）の牛の白斑病などの生物体の異変が描かれる。ニホンザルは、人間に近く、同じような放射能の影響を受けていると考えられるが、その研究はまだ途中でしかない。植物、鳥、魚、小動物、野生動物、元家畜の調査が始まっているが、国はそれに対して熱心どころか、実行したがっていないようだ。民間での調査だけが頼りという状態だ。これからも、継続してゆかなければならない調査なのだが。抑制されたトーンが一貫していて、信頼性が高いのも、映画を撮ることの、そのモチーフがしっかりしているからだ。

シリーズ三本目は、『拡散』と副題されている。除染と称して、草を刈り、土壌を掘り起こし、それをフレコン・バッグという袋に詰めて、中間貯蔵施設が決まらないものだから、除染した地域のすぐ側に土嚢の城壁のように積み上げている。これでは放射能の除去、除染ではなく、集中化や拡散にほかならない。しかし、ゼネコンの大手建設・土建会社を潤わせるためだけのこうした愚策（愚かな復興政策）は、いっこうに改められる気配すらない。その間に、生物の間での放射能障害は、拡散され、拡大されているといってよいのである。

『ZONE 存在しなかった命』（二〇一三年、北田直俊監督）は、原発事故による放射線汚染で立ち入り禁止となった地域で、牛や馬、犬や猫、鶏たちを保護し、餌や水をやるボランティア活動する人々を描いたものだ。松村牧場や希望の牧場で生き続けている牛たちと、警察の監視の眼を潜りながら、飼い主のいなくなった犬や猫をシェルターに保護したり、無人の家や庭で餌をやり続けるボランティアたち。首輪をつけたまま、部屋に閉じ込めたまま、飼い主に置き去りにされたペットたちは確かに哀れであり、無責任で想像力にない飼い主たちへの怒りの言葉が口に出されるのは仕方がないと思うが、「東電よりもひどい」とか、「人間ではない」といった言葉にはやや違和感を感じる。ペットを連れて避難することは許されてなかったし、数日で家に戻ってこれると思っていた人も多かった。東電や政府や役所の対応への批判が、飼い主の側へと向けられているという印象を持たざるをえなかったのである。

『ナオトひとりっきり』（二〇一五年、中村真夕監督）は、『ZONE 存在しなかった命』にも登場した人物で、放射線汚染地区に一人残っている松村直登を描いたドキュメンタリー映画だ。犬、猫、ダチョウ、イノブタなどの原発事故の避難地区にとどまり、生き物たちにエサを与え続けている。

地元の牛飼いから世話を任された牛や馬を柵のなかに入れ、干し草や干しわら、混合飼料を与えているが、エサ代にも困窮し、野良牛と交尾する牛たちは妊娠し、子牛を産み落とす。猫にも子猫が生まれ、ナオトの世話を受ける動物たちは、死んでゆくものもあるけれど、なかなか少なくならないのである。

肉牛としても、乳牛としても、何の意味を持たない汚染地区の汚染された牛たち。しかし、動物の放射能汚染についての、絶好の生物学的標本としての牛たちを、行政は殺処分か、自然死を待つかの二つの方策しかとらない。それは、牛などの動物だけのことではない。避難地域の仮設住宅に住む人間たちも、ただ死ぬことを待たれているような存在でしかないのだ。

エサを食べ、排泄し、交尾して子ども産み、病気となり、衰弱して死んでゆくナオトの飼う牛たち。ただ、生きて、病んで、死んでゆく生物の運命を、寡黙に表現するこの映画は、人間を含めた〝生き物〟たちの、ヒバク体験の記録なのである。

鎌仲ひとみと纐纈あやのドキュメンタリー映画

鎌仲ひとみ監督は、これまでに**『ヒバクシャ HIBAKUSHA 世界の終わりに』**〔**74**〕（二〇〇三年）、『六ケ所村ラプソディー』（二〇一〇年）、**『ミツバチの羽音と地球の回転』**〔**75**〕（二〇一一年）、『小さき声のカノン』（二〇一五年）と、四本の長篇ドキュメンタリー作品を撮っている。いずれも、原子力発電所と、それにまつわる原発、放射能、除染や風評被害といった問題を取り上げている。問題はどれ一つ解決していないどころか、ますます拡大化、深刻化、複雑化しているように思える。次から次へと、「原発問題」

74

75

は続いてゆき、テーマは途切れることなく、ドキュメンタリー映画の材料は、供給過多となりそうだ。

鎌仲監督のドキュメンタリー映画の〝強み〟は、三・一一の福島第一原発の事故が起こってからのにわかに増えた原発ものドキュメンタリー製作の動きとは一線を画していることだ。これは別に鎌仲監督の先見の明を賞賛するためにいうことではない。当然のことながら、鎌仲監督のドキュメンタリー作品が、むしろ注目されるように事態にはなってほしくなかったということが正直なところだろう。『六ケ所村ラプソディー』で、三・一一以後、〝時の人〟となった原子力安全委員会の委員長だった班目《まだらめ》春樹が核廃棄物の処分地についてのインタビューに答えた言葉、「最後は結局お金でしょ」が有名となり、注目されたのだが、もちろん、こうした人物が着目されるようになったことが不幸なことであり、あってはならなかったことなのだ。

鎌中ひとみのドキュメンタリー映画は、三・一一の福島第一原発事故の以前と以後で本質的に異なっていない。原子力と放射能に対して反対の立場を取り、原水爆はもとより、劣化ウラン弾のような準核兵器や、原子力発電、その核燃料の処理、処分にも反抗して、被爆と被曝の危険性に警鐘を鳴らすというテーマに一貫したものが観て取れるのだ。

三・一一の日本映画が、劇映画であれ、記録映画であれ、原発事故の圧倒的な現実の確認から始めなければならなかったのに対して、鎌仲ひとみはそんなナイーヴなところから出発する必要はなかった。彼女のカメラの視点は一定し、一貫している。それは、常に低いアングルから、既成のイデオロギーや言説に依拠することなく、ありのままの現実に肉薄することを身上としていることだ。

三・一一以前から、原発立地の問題を取り上げてたドキュメンタリー作品として、もう一つ、『**祝《ほうり》の島**』［**76**］（二〇一〇年、纐纈あや監督）が挙げられる。これは、山口県上関町祝島を舞台とした、三十年にもわたる原発建設反対運動をテーマとした長編記録映画である。瀬戸内海に浮かぶ、ひしゃげたハートの形をしたこの島は、棚田や果樹林、近海の漁業を生業とした人口五百人の小さな島だった。この島の対岸四キロメートルのところに原子力発電所が建設されるという発表があった。てんやわんやの原発騒ぎが起こるなかで、祝島の島民ちはこぞつて反対運動に立ち上がった。魚種の豊富な海峡のような海を埋め立て、そこに原子炉で発生した放射能混じりの温水を排水するというのだから、漁業民が反対するのは当然である。

しかし、建設主体の中国電力は、がむしゃらに建設を推進しようとする。札束攻撃で漁協から漁業権を買い取り、神社の共有地や入会権のある浜を、無理矢理に買い占めていったのである。だが、埋め立ての許可を不認可を求め、調査船による海域調査を実力で排除し、祝島の島民たちは、巨大な国家権力や大資本、原子力マフィアの暴力的でなりふりかまわない攻撃に身を躱《かわ》しながら、建設を中断させたまま三十年以上の時間が経とうとしているのだ。

小さな島の原発建設反対運動が、かくも長きにわたって持続されている。そこには、伝統的な島の生き方と信仰や生活感覚に対する深い歴史的な蓄積や重層性、継承性がある。原発やその事故そのものは現代的な〝人災〟にほかならないが、島の人々はこれまでも多くの天災や人災などの災難、災害を切り抜けてきた。そうした歴史的、民俗学的な知恵が、この島人たちの、原発への抵抗運動を支えている（担っている）ことが、この映画によってよく理解できるのである。

全原子力発電所の廃止に至るまでのこれからの長い闘いは、こうしたドキュメンタリー映画に描かれた、抵抗する人たちの生き方を学ぶことによって、悲観もせず、楽観もせずに、続けられることが

76

肝要となっているのである。（拙論「周防祝島反原発闘争民俗誌」『震災・原発文学論』［インパクト出版会］参照）

これらの原発をめぐるドキュメンタリー映画の先達として、土本典昭監督の『原発切抜帖』（一九八二年）や『海盗り 下北半島・浜関根』（一九八四年）などがあることは明らかだろう。三里塚や水俣を定点として、そこに住み着き、現地の人々と生活を共にしながら、映像を撮ってゆくという日本のドキュメンタリー映画の方法論が、下北半島の原発建設をめぐる浜関根地区の反対派と賛成派の攻防を描く『海盗り』は、ドキュメンタリーが、どんな立場から、視点から撮られるものなのか、その立ち位置を鮮明にしないで、ニュートラルに撮られるものではないことを明確にしている。

坂田雅子監督の『わたしの、終わらない旅』（二〇一四年）は、監督の母親である坂田静子の想いを受けて、監督自身がフランスのラ・アーグ核処理施設や、ビキニ、セミパラチンスクなどを旅をして回る、個人的な反核の思いのこもったドキュメンタリー作品だ。反原爆、反原発の切実な思いを「聞いて下さい」と故坂田静子は語る。その声と姿を私たちは忘れてはならないのだ。

日本難民

日本の原発が爆発し、日本列島に人が住めなくなり、難民となって世界中に散らばって行くというストーリーは、小説の世界では、いくつか描かれているが（たとえば、北野慶『亡国記』など）、映画として作られたのは、平田オリザが演劇として上演したものを映画化した『さようなら』（二〇一五年、深田晃司監督）である。草原の一軒家に、アンドロイドのレオナといっしょに住んでいるターニャ。彼女は南アフリカから日本へやってきた難民の女性で、原発事故の放射能汚染で、日本から海外へ避難する優先順位を待っている。女友達のサノは自分の子どもを殺したことで、避難順位が低い。ターニャには、恋人の日本人サトシがいるが、結婚したいという彼女の言葉にイエスというものの、南アフリカでのアパルトヘイトの反動としての白人虐殺による難民化のことを聞いて、立ち去ってしまう。

自然の風景は、変わらずに美しいのに、街は無人となり、残っているのは、外国への避難の順番を待っている、無気力で、疲れ果てた人々ばかりだ。サノは、燃え上がる盆踊りの櫓の火の中で死に、サトシはターニャを置き去りにして避難してしまう。ターニャは、レオナに見守れながら、ソファの上で死に絶える。

死骸と、壊れかけたアンドロイドしかいない原発事故後の日本の風景。それは近未来の日本のものではなく、現実のフクシマにある日本のものだろう。しかし、それはただ、現にある日本の風景をなぞったものではない。三・一一以後の日本の映画が、ドラマ、ドキュメンタリーを含めて、現実の光景を追うだけに精一杯で、それ以上のものを映像化できていない現状において、『さようなら』は、かろうじて現実の悲惨さや、廃墟や欺瞞の風景を一歩だけ踏み越えて映像を示しているのかもしれない。それは、アンドロイドという人工物さえも、機能を停止する前に見る、竹の花の咲く絶景でしかないとしても。

Ⅳ　終章（あとがきにかえて）

西暦二〇一一年の「三・一一」の東京電力福島第一原子力発電所の過酷事故以来、原子力／核に関連する文献や、映像作品を集める作業を続けた。私が生まれ、育ち、生きてきた二十世紀の後半の五十年と、現在の二十一世紀の二十年近くの時代は、原水爆が生まれ、使われ、原子力船や潜水艦が走り回り、原子力発電所が世界中に拡散された時代とちょうど重なっていた。まさに「原子力時代」だったのである。

広島や長崎への原爆投下以来、私たちは原子核の破壊による核分裂のもたらすエネルギーの厖大さと、その制御や管理が難しいことを充分に知っていたにもかかわらず、原子力発電による蛍光ランプの明るさや、エアコンの冷暖房の快適さや、電化製品の便利さに泥《なず》んでいたことは否定できない。もちろん、それは科学文明の進歩であり、進化であって、それを否定的に考えたり、厭うような気持ちは私にはない。福島原発の事故以来、のうのうと東京で、福島産の電力を使って快適な生活を送っていたことを、指弾したり、自省したりする雰囲気があるが、私はそれに同調する気持ちはまったくない。これまで私は、自分と家族が使った電気については、律儀に電気料金を支払ってきたし、それは正当な商取引であって、電力を浪費したり、節電に協力的でなかったという非難も当たらないと思っている。

反省すべきことの一つは、電力会社（や電力行政を司《つかさど》る政府や政治家）が、いかに汚い手段によって自分たちの利益を得ることに汲々としていたかを、知らないままに容認してしまっていたことだろう。無知は、罪である。私は、原子力発電について、自分があまりにも無知であり、瞞着されていたことを反省するが、電気を使っていたことを毫《ごう》も反省する気持ちはない（現に、この文章を書いているパソコンでも電力を消費しているし、部屋には照明や空調もある）。

原子力によって電気を生み出し、それを湯水のように使わせることによって、自分たちの利益を得ることを誰が考え出し、実行し、広げていったかを私たちははっきりと知っている。それは一見、社会的な富を増し、人類全体に光明と利益をもたらすように思えたのだが、今となっては、多くの人にマイナスの利益をもたらし、その分を掠め合わせて、一部の人たちが莫大な、あるいは小規模な利益を手中にする、巧みなシステムの構築であったことがよく分かる。もちろん、それが事故や破綻を見せずに継続されていたとしたら、少なくとも私は、その不正義性に気づくことはなかったはずだ。多分、多くの人々と同じように。それほど、巧妙に、精密に、複雑に、その機械と装置とシステムは作られていたからだ。

「三・一一」後の空白の時間のなかで、私が持続してきたことの一つは、原子力／核に関連する映画を観続《みつづ》けることだった。別に原稿を依頼されたわけでも、発言を強いられたわけでもないが、私はひたすら過去の作品から、現在の作品に至るまで、「原子力／核」に関係すると思われる映画を探索し、収集し、鑑賞し続けたのである。それはアメリカ合衆国と日本のものが大半である。本数にして四百本あまり。一本平均九十分としたら、三万六千分、六百時間で、およそ二十五日間、不眠不休で映画を観続けた勘定になる。あまり、残り時間が多いとも思えない私の生涯時間のなかで、浪費や空費という気持ちもなくはなかったのだが、性来の〝しつこさ〟と〝融通のきかなさ〟で、後戻りすることが叶わなかった。その時のメモを生かして、拙著『震災・原発文学論』（インパクト出版会）の「付録」として『原子力／核』恐怖映画フィルモグラフィー」をまとめたのだが、全部で二九〇ページの本なのに、付録が百十ページもあるのは、羊頭狗肉の本だという批判があった。この時は、二百五十二作品だったが、その後も作品を探し続け、さらにそこでは除外していた日本やアメリカでの「原爆」に主題を絞ったものも、今回リストアップしたので、作品数は倍近くの五百本ほどとなったのだ。

書中で「未見」とした例外的なもの以外は、すべて私が上映館、ビデオテープ、ＤＶＤで、鑑賞・購入・収集したもので、インターネットを介して、情報を収集し、「原爆」「核実験」「核戦争」「原発」「放射能」などで検索し、少しでも引っかかりのあるものは、可能な限り、網羅したつもりである。

これらを観ているうちに、ジャンルやパターン、テーマやストーリーの重なるものがあり、それを分類したり、分析することによって、「原子力時代」の想像力の在り方や思想をたどることが可能になるのではないかと思い立ち、メモを整理し、まとめ直したものが本書の原型となった。映画に限って、「核」の表象史を編むということは今までなかったし、劇映画・ドキュメンタリー映画の区別にこだわらず、シリアスなものとエンターティンメントとを差別することなく、同一次元で論じたものは、他書にはないものと自負している（玉石混交どころか、単なるごった煮ではないかという批判は甘んじて受けるつもりだ）。

羅列的、偏向・偏好的という批判もありうるだろうと思っている。ただ、私としては、これまであまり人がやってこなかったことを、やってみようと思ったということ以外に、それほど深いモチベーションがあったわけではない……といいながら、「三・一一」以後の時代において、「原子力／核」

が何であったのか、という根本的な疑問に何らかの答えを見出したかったという本心（本音）を隠すことはできないだろう。

私たちは、鉄腕アトムとゴジラをヒーローとする世代である。「原子力／核」に対する希望と期待と、絶望と嫌悪とが表裏一体となった精神の傾きを持った世代だ。それらを形成してきた表象文化の歴史と、これからの展開を見つめ続けなければならないという宿命を負っていると思っている。

とりあえずの結論めいたことをいっておけば、日本とその他の世界では、「原子力／核」に対する考え方というより、感じ方そのものが映画作品を通じて明らかになったのではないかということだ。もちろん、核兵器、原爆を投下した側のアメリカ合衆国と、落とされた側の日本とが、原爆や「原子力／核」についての感受性が異なっているのは当たり前といえるかもしれないが、私のいいたいのは、落とされた側の日本が特殊なのであって、米国をはじめとして、その他の世界では、核保有国であれ、非保有国であれ、米国の感じ方、考え方のほうが一般的な、グローバル・スタンダードなことだ。

つまり、日本では、「原子力／核」は、絶対的な悪であり、その廃絶や禁止は当然のことであり、核実験、核戦争は絶対にあってはならないことなのだが、他の世界ではそれは必ずしも「真理」でもなければ、「絶対」なものでもないということだ。これまで見てきたように、アメリカ映画の中にも、放射能の恐怖や核戦争による世界の破滅への危険性を強く訴えるものは多数ある。しかし、それらを観続けて私が感じたのは、その恐怖感やペシミズムにおいて、日本のものとは質的に違っているのではないかという実感だ。そして、それは日本の原爆映画、そして三・一一以後の原発映画の日本的な普遍性を示すものであっても、決して世界標準でも、多文化、異文化の世界に受け止められるものではない、ということだ。

核兵器を絶対的な悪と思っていない人が世界には多数いる。というより、そちらのほうがグローバル・スタンダードなのだ。もちろん、個々人の倫理や善悪に立ち戻れば、それは原理的でありうるのだが、現実的にはそうではない。人を殺すことを絶対的な悪であると認める人間でも、「死刑」や「戦争」や「革命」ということになれば、その原理が相対的なものとなり、歪むことがあるというのは、否定しがたい事実だ。もちろん、私は「殺人」や「原子力／核」や「死刑」が「悪」であるという原理性を手離すつもりはないが、〝唯一の被曝国〟という誤った自己認識に安住しているかに見える日本の現状には内省的な批判が必要であると思った。

日本国は、国際連合による国際的な核兵器の禁止・廃絶の条約に対して、反対票を投じた。これが、ヒバク国日本の現実である。つまり、私たちは核兵器の絶対的な反対（それを平和運動と呼ぶ）と、現実的な核兵器による安全保障という「平和」との二重性や矛盾を、真剣に考えてはこなかったのである。

私たちは、福島第一原発の放射能拡散事故によって、地球に対する放射能汚染の〝加害者（私の言葉でいえばカバクシャ）〟となったことを意識していない。自分たちの便益と利益のために、原子力発電所を地震・津波・火山などの天災に軟弱な場所に建て、安全神話に安住して、結果的に世界中の空や海や大地を汚してしまったことを、〝加害者〟として認識していないのである（もちろん、日本中のほとんどの人間が、ヒバクシャであり、被害者でもある）。

本文でも少し触れたが、早い時期に『原爆の子』や『第五福竜丸』や『さくら隊散る』などの原爆映画を作り、『長崎の鐘』においても脚本を書いた新藤兼人監督が、映画化できなかったシナリオを書き、そこでヒロシマの爆心地を映像として再現しようという希望を持っていた。しかし、それは「ヒバクシャ・シネマ」としての枠組みを一歩たりとも出るものではなく、伝統的（伝承的）な日本の原爆映画に、見慣れた一ページを付け加えることでしかなかった。『原爆の子』から、シナリオ『ヒロシマ』の間に、半世紀ほどの時間が経っているのに、「原爆映画」は、本質的に〝ヒバクシャ・シネマ〟の域を乗り越えられなかった。新藤監督には、そのことが分かっていたとは思われない。

もちろん、私は日本の原爆映画（そして、新藤監督）を貶《おとし》めるために、こんなことをいっているのではない。ただ、それは三・一一以後の日本社会において、抜本的、本質的な再見、再考が図られるべきはずのものだったのだ。少なくても、私たちは日本の原爆映画と原発映画とを結びつけることに成功していない。それが可能だったかもしれない、新しいゴジラ映画（『シン・ゴジラ』）でもその連結には失敗していると思われる。

私たちは、非核保有国であり、〝唯一のヒバク国〟の国民として、「原子力／核」のグローバル・スタンダードの確立にリーダーとしての立場を取るべきだった。しかし、そうした営為は、文学や映画という表現世界で試みられることはあっても、成功したという情報に接することはなかった。「三・一一」以後に、多くの「原発震災」に関わる映画が撮られた。劇映画もあり、ドキュメンタリーもあった。しかし、本文の論述でも触れたように、それまでの日本の「原爆映画」（「原子力／核」を扱った映画）の限界や欠如を少しでも超えたと思われるものは非常に少なく、大半が現実の悲惨さに触発されたものの、それをなぞることしかできず、現状や現実に追随することだけで終始しているように思われる。

「三・一一」以降、陸続と作られ続けている「原発もの」の映画（ドキュメンタリーも劇映画も）を私はできる限り収集し、観ようとしたつもりだが、ソフト化されていない作品については、上映期間や公開機関が限定されていて、見逃したものも少なくない。ここで取り上げられていないのは、そうした理由によって未見のものであり、それ以外の理由による選択ではない。それらを具体的に題名だけでもあげておこう。


『Radeioactivists』（二〇一一年、クラリッサ・ガーデル、ユリア・レーザー監督）。

『沈黙しない春』（二〇一二年、杉岡太樹監督）。

『ハイ・パワー　大いなる力』（二〇一三年、プラディープ・インドゥルカー監督）。

『A2-B-C』（二〇一三年、イアン・トーマス・アッシュ監督）。

『ソドムの嘘　ゴモラの呪縛』（二〇一三年、高垣博也監督）。

『渡されたバトン　さよなら原発』（二〇一三年、池田博穂監督）。

『天に栄える村』（二〇一三年、原村政樹監督）。

『あいときぼうのまち』（二〇一四年、菅乃廣監督）。

『シロウオ〜原発立地を断念させた町』（二〇一四年、かさこ監督）。

『セシウムと少女』（二〇一五年、才谷遼監督）。

『フクシマ・モナムール』（二〇一六年、ドリス・デリエ監督）。

『奪われた村　避難5年目の飯舘村』（二〇一五年、豊田直巳監督）。

『パンドラ（판도라）』（二〇一六年、パク・ジョンウ監督）。

『太陽の蓋』（二〇一六年、佐藤太監督）。

『STOP』（二〇一六年、キム・ギドク監督）。

『ガイアのメッセージ　地球・文明・そしてエネルギー』（二〇一六年、太田洋昭監督）。
『残されし大地』（二〇一六年、ジル・ローラン監督）。
『「知事抹殺」の真実』（二〇一七年、我孫子亘監督）。

これら以外にも見逃したもの、見落としたものはあるかもしれないが、これからもあらためて観続けて、何らかの形で批評や分析の対象としたいと思っている。

映画によって、世界を知った。映画によって、世界と自分を変えようとすることを学んだ。映画によって、世界は変わらないかもしれない。しかし、世界を見る眼は変わるはずだ。そのことを信じなければ、この本の意味（価値）はないのである。

二〇一七年二月二十日
川村　湊

索引（映画作品）

さ行

た行

な行

は行

ま行

や行

ら行

わ行

「核／原子力」関係映画年表

日本で公開されたもの、ビデオ、DVDなどソフト化されたものを中心にまとめた。
それ以外のもの（日本未公開のもの、外国でソフト化されたもの）もいくらか混じえている。
劇場用映画のほかに、テレビドラマをソフト化したものも一部含んでいる。
データ、内容については、ジャケットの解説、資料映像、予告編、インターネットの映画情報などを参照した。

1940年代

1943

『キュリー夫人（Madame Curie）』マーヴィン・ルロイ監督（ラジウムを発見したキュリー夫人の古典的な伝記映画）。

1946

『広島・長崎における原子爆弾の影響（Effects of The Atomic Bomb on Hiroshima and Nagasaki）』（原子爆弾災害調査研究特別委員会が撮った記録映像を日本映画社が製作した。長い間、フィルムはアメリカに接収されて存在すら明らかにされていなかった。ようやく東京のフィルムセンターに複写版が里帰りし、一般公開されるようになった）。

1947

『始まり、あるいは終わり（The Beginning or the End）』ノーマン・タウログ監督（アメリカ映画としては初めての原爆開発を扱った劇映画）。

1950年代

1950

『長崎の鐘』大庭秀雄監督（クリスチャンの放射線科の医者永井隆の原爆体験を映画化した）。

1951

『遊星よりの物体X（The Thing from Another World）』ハワード・ホークス監督（アラスカに放射能を持つ物体が落下した）。

『地底戦車 サイクロトラム（Unknown World）』テリー・O・モース監督（地底を探検する特製の戦車に乗って地下の天然の核シェルターを探す）。

『宇宙戦争（The War of the Worlds）』バイロン・ナスキン監督（宇宙人が、放射能を帯びた空飛ぶ円盤に乗って地球にやってきた）。

1952

『原爆の子』新藤兼人監督（広島で被爆した子どもたちの作文を基に被爆体験を映画化した）。

『原爆下のアメリカ（Invasion USA）』アルフレッド・E・グリーン監督（アメリカが突然、核攻撃された）。

『長崎の歌は忘れじ』田坂具隆監督（米国人と日本人の和解を主題としたロマン）。

『カルメン純情す』木下恵介監督（奇抜な服装をした須藤家の家政婦は、二言目には原爆を持ち出す「原爆ばあさん」）。

1953

『ひろしま』関川秀雄監督（『原爆の子』を原作に、少年少女の被爆を中心とし

て描く)。

『外套と短剣(Cloak and Dagger)』フリッツ・ラング監督(ドイツの原爆開発計画を探ろうとするスパイ活動をする米国人科学者と抵抗勢力の女スパイとのラブ・ドラマ)。

『決戦攻撃命令(Above and Beyond)』メルヴィン・フランク、ノーマン・パナマ監督(広島に原爆を投下したエノラ・ゲイ号の隊長ティベッツ大佐の家庭生活を描く)。

『放射能X(Them!)』ゴードン・ダグラス監督(巨大アリが人間を襲う)。

『原子怪獣現わる(The Beast from 20,000 Fathoms)』ユージン・ルーリー監督(北極の氷の下から恐竜が甦る)。

『惑星アドベンチャー　スペース・モンスター襲来!(Invader from Mars)』ウィリアム・キャメロン・メンジース監督(少年がUFOが着陸するのを見る)。

1954

『ザ・アトミック・キッド(The Atomic Kid)』レスリー・H・マーチンソン監督(ウラン鉱を探す二人の若者が、核実験場に入り込む)。

『宇宙からの暗殺者(Killers from Space)』W・リー・ワイルダー監督(原爆の投下実験の基地で、宇宙からの侵略者に会う)。

『透明人間』小田基義監督(サイクロトロンの放射能を浴びて透明人間が生まれる)。

『ゴジラ』本多猪四郎監督(記念すべきゴジラ・シリーズ第一作)。

『億万長者』市川崑監督(下宿の部屋で原爆を作る女が出てくる)。

『地獄と高潮』サミュエル・フラー監督(早い時期の潜水艦ものだが、原潜ではない。中国の核兵器基地の島というのが出てくる)。

『大アマゾンの半魚人(Creature from the Black Lagoon)』ジャック・アーノルド監督(カメが放射能を浴びて半魚人となった)。

1955

『タランチュラの襲撃(Tarantula!)』ジャック・アーノルド監督(放射能同位元素で作った薬で、タランチュラが巨大化)。

『生きものの記録』黒澤明監督(核戦争を怖れて、南米に脱出しようとする中小企業の工場主)。

『水爆と深海の怪物(Came from Beneath the Sea)』ロバート・ゴードン監督(原潜を襲う巨大タコ)。

『海底1万リーグからの妖獣(It The Phanton 10,000 from Leagues)』ダン・ミルナー監督(海底のウラン鉱山から半魚人が登場)。

『宇宙水爆戦(This Island Earth)』ジョセフ・ニューマン監督(惑星間戦争に巻き込まれる地球人)。

『原子人間(The Quatermass Xperiment)』ヴァル・ゲスト監督(宇宙生物に身体を乗っ取られた原子怪人)。

『キッスで殺せ(Kiss Me Deadly)』ロバート・アルドリッチ監督(「マンハッタン」「ロスアラモス」「三位一体」の語彙から想起されるものは何か、という謎をめぐるミステリー)。

『ゴジラの逆襲』本多猪四郎監督(ゴジラ第二作。アンギラスと戦う)。

1956

『原子怪獣と裸女(Day the World Ended)』ロジャー・コーマン監督(核戦争から生き残った一軒の家に原子怪獣が)。

『怪獣ウラン(X The Unknown)』レスリー・ノーマン監督(イギリスの米軍事基地の村を怪獣ウランが襲う)。

『空の大怪獣ラドン』本多猪四郎監督(古代の翼手竜が、北九州に襲来)。

1957

『縮みゆく人間（The Incredible Shrinking Man）』ジャック･アーノルド監督（放射能の霧に包まれ、人間が縮小する）。

『わが友原子力（Our Friend the Atomic）』（ディズニーが作った原子力解説のTVアニメ）。

『世界終末の序曲（Beginning of the End）』バート・I・ゴードン監督（遺伝子操作の農園で、イナゴが放射能を浴び巨大化）。

『巨大カニ怪獣の襲撃（Attack of the Crab Monsters）』ロジャー・コーマン監督（テレパシー能力を持つカニが次々と人間を襲う）。

『クロノス（Kronos）』カート・ニューマン監督（放射能を発する宇宙人のロボットが地球を襲う）。

『大怪獣出現 世界最強怪獣メギラ出現 アーノルド・ラベン監督（The Monster Challenged The World）』（メギラは芋虫のような怪獣。銃で対処できる）。

『黒い蠍（The Black Scorpion）』エドワード・ルドウィグ監督（地底にひそむサソリ怪獣）。

『地球防衛軍』本多猪四郎監督（放射能汚染で故郷の星を失った宇宙人が地球を狙う）。

『世界は恐怖する 死の灰の正体』亀井文夫監督（死の灰の恐怖についての記録映画）。

『戦慄！ プルトニウム人間（The Amazing Colossal）』バート・ゴードン監督（核実験でプルトニウムを浴びた軍人が巨人化する）。

『純愛物語』今井正監督（戦災浮浪児たちの、苦難と純愛の物語）。

1958

『巨人獣 プルトニウム人間の逆襲（War of the Amazing Colossal）』 バート・ゴードン監督（ダムの底に落ちたはずのプルトニウム人間が甦る）。

『巨大目玉の怪獣（The Crawling Eye）』クェンティン・ローレンス監督（宇宙からの侵略者は、巨大な目玉怪獣だった）。

『昆虫怪獣の襲来（Monster from Green Hell）』ケネス・G・クレイン監督（宇宙放射線の調査のため、サルやスズメバチを乗せて打ち上げたロケッがアフリカのジャングルに落ち、巨大化したハチが人間を襲う）。

『妖怪巨大女（Attack of the 50 foot Woman）』ネイザン･ハーツ監督（これは巨人化した女性）。

『顔のない悪魔（Fiend without a Face）』アーサー・クラブトリー監督（人間の脳が怪獣化する）。

『吸血原子蜘蛛（The Spider）』バート･I･ゴードン監督（放射能によって巨大化したクモが人間を襲う。血を吸い取られた人間はミイラ化する）。

『美女と液体人間』本多猪四郎監督（放射能の雨で液体化した人間が、東京に現れる）。

1959

『第五福竜丸』新藤兼人監督（ビキニの水爆実験で被爆した第五福竜丸の乗組員が原爆病となる）。

『グラマ島の誘惑』1959年、川島雄三監督（孤島に漂着した男女が海の向こうのキノコ雲を眺める）。

『吸血怪獣ヒルゴンの猛襲（Attack of the Giant Leeghs）』バーナード・コワルスキー監督（沼底には放射能によって巨大化したヒルがいた）。

『大海獣ビヒモス（Behmoth The Sea Monster）』ユージン・ルーリー、ダグラス・ヒコックス監督（海底から現れる怪獣ビヒモスが、ロンドンに登場）。

『太陽の怪物（The Hideus Sun Demon）』ロバート・クラーク監督（実験中に放

射能を浴びたギルバート博士は、陽光を浴びると鱗状の皮膚で覆われるモンスターとなる)。

『原潜 VS. UFO 海底大作戦 (The Atomic Submarine)』スペンサー・G・ベネット監督(原潜タイガーシャーク号が、UFO に乗った宇宙人と対決する)。

『渚にて (On The Beach)』スタンリー・クレイマー監督(核戦争の破滅から生き残ったのは、米国の原子力潜水艦の乗組員だった)。

『二十四時間の情事 (Hiroshima Mon Amour)』アラン・レネ監督(広島に来たフランス人女優と日本人男性の短い情事)。

『少年探偵団 敵は原子潜航艇』若林栄二郎監督(少年探偵団のシリーズ第一作。明智小五郎に梅宮辰夫が扮する。某国の原子潜航艇が登場する)。

1960年代

1960

『蜘蛛男の恐怖 (Horrors of Spider Island)』フリッツ・ベットガー監督(飛行機が不時着した島に蜘蛛男がいた)。

『地球最後の女 (Last Woman on Earth)』ロジャー・コーマン監督(大富豪と、その妻と若い弁護士が、地球上の最後の人間になっていた)。

『タイム・マシン (The Time Machine)』ジョージ・パル監督(タイム・マシンででかけた未来では核戦争が起こっていた)。

『怪獣ゴルゴ (Gorgo)』ユージン・ルーリー監督(子どもの怪獣を見世物師にさらわれた母親怪獣ゴルゴが、ロンドンを襲う)。

『怪談生娘吸血魔 (Atomic Age Vampire)』アントン・ジュリオ・マジャノ監督(美貌のダンサーが、顔に負った傷を、奇跡の新薬で治すという教授の手術を受け入れる)。

『原子力戦争花嫁 (Atomic War Bride)』ベリコ・フロドリック監督(ユーゴスラビア)(核戦争下に結婚するジョンとマリア)。

1961

『モスラ』本多猪四郎監督(核実験場となったインファント島には放射能を消す赤いジュースがあった)。

『世界大戦争』松林宗恵監督(第三次世界大戦が勃発した。東京の平凡な一家の最後の日を描く)。

『第三次世界大戦　四十一時間の恐怖』日高繁明監督(核兵器による第三次世界大戦が起こる)。

『地球の危機 (Voyage to the Bottom of the Sea)』アーウィン・アレン監督(地球上空を覆う放射帯が燃え始める。核ミサイルによって、その炎の層を燃やし尽くそうとする)。

『天空が燃えつきる日 (The Day the Sky Exploded)』パオロ・オイシュ監督(原子力ロケットの爆発で、小惑星群が地球に隕石となって降り注ぐ。それを核ミサイルで破壊しようとする)。

『一年の九日』ミハイル・ロンム監督(原子力の研究で、ヒバクしたソ連の研究者)。

1962

『世界残酷物語 (Mondo Cane)』グァルティエロ・ヤコペッティ監督(原爆実験の放射能の影響で方向感覚を失い、海に戻れなくなったウミガメの悲劇)。

『妖星ゴラス』本多猪四郎監督(地球に衝突するゴラスを核兵器で破壊しようとする)。

『ラ・ジュテ (La Jetee)』クリス・マルケル監督(第三次世界大戦後、パリは壊滅し、生存者は地下に「もぐらの王国」を作った。狂気の博士が「過去」や「未来」に捕虜を実験として送り込む)。

『これはテストではない（This is not a test）』フゥデリック・ガッティド監督（山道で交通規制された。ミサイル攻撃が始まったのだ。〝これはテストではない〟と警察無線は繰り返す）。

『その夜は忘れない』吉村公三郎監督（若尾文子の扮する主人公は被爆者）。

『性本能と原爆戦（Panic in Year Zero!）』レイ・ミランド監督（核攻撃でパニックとなった社会と家族）。

1963

『マタンゴ』本多猪四郎監督（南海の孤島のキノコを食べると、キノコ人間マタンゴとなる）。

『蠅の王（The King of Fly）』ピーター・フケルック監督（核戦争から逃れる少年たちが、野蛮な原始社会に戻る）。

『新世界（Nuovo mondo）』ジャン＝リュック・ゴダール監督（パリの上空で原爆が爆発した。それでも、あまり変わらない生活。しかし、ちょっと違っている）。

『母』新藤兼人監督（広島の原爆長屋が舞台）。

『呪われた者たち（The Damned）』ジョセフ・ロージー監督（崖の秘密基地に閉じこめられた子供たちには体温がなかった！　放射能を帯びた子供なのだ）。

1964

『宇宙大怪獣ドゴラ』本多猪四郎監督（石炭エネルギーなどを吸い取るドゴラは、クラゲ状の怪獣）。

『未知への飛行 フェイル・セイフ（Fail-Safe）』シドニー・ルメット監督（誤った核攻撃命令を受け、爆撃機はソ連上空へ）。

『博士の異常な愛情 また私は如何にして心配するを止めて水爆を・愛する・ようになったか（Dr.Stragelove or:How I Leared to Stop Worying and Love the Bomb）』スタンリー・キューブリック監督（ソ連への水爆攻撃を命令する米軍司令官。米ソの核戦争の危機が迫る）。

『007/ゴールドフィンガー（007 Gold Finger）』ガイ・ハミルトン監督（金塊を放射能漬けにして、金相場の吊り上げを狙う大富豪の悪漢ゴールドフィンガー）。

『アトミック・ブレイン 大脳移植若返り法（The Atomic Brain）』ジョセフ・V・マスセリー監督（若い女性の肉体に、老女の脳を移植する）。

『赤い砂漠（IL DESERTO ROSSO）』ミケランジェロ・アントニオーニ監督（煙の濛々と立ち込める工場がある。原子力発電の工場のようだ）。

1965

『007/サンダーボール作戦（007/Thunderball）』テレンス・ヤング監督（原爆を搭載した英軍機が乗っ取られた。原爆を入手したスペクターが英国を脅迫する）。

『大怪獣ガメラ』湯浅憲明監督（巨大カメが、核兵器の爆発で目覚める）。

『フランケンシュタイン対地底怪獣《バラゴン》』本多猪四郎監督（広島でヒバクした人造人間の心臓が再生する）。

『テレマークの要塞（The Heroes Telemark）』アンソニー・マン監督（ドイツの原爆製造計画を阻止するため重水工場を破壊するレジスタンス兵と協力者）。

『駆逐艦ベッドフォード作戦（the Bedford Incident）』ジェームズ・B・ハリス監督（米海軍の駆逐艦ベッドフォード号は、執拗にソ連の原潜を追う。ミサイルを発射したのに対し、潜水艦は魚雷を発射する）。

1966

『2889 原子怪人の復讐（In the Year 2889）』

ラリー・ブキャナン監督（『原子怪獣と裸女』をカラーでリメイク）。
『地獄の掟に明日はない』降旗康男監督（高倉健がヒバクシャのヤクザ）。
『原子力発電の夜明け』日映映画製作所（東京電力福島第一原発の建設過程を描く）。
『愛と死の記録』蔵原惟人監督（ヒバクシャの青年と若い女性との恋愛）。

1967
『黎明 福島原子力発電所建設記録・調査編』日映科学映画製作所（原子力発電の時代の幕開けを誇らしげに謳いあげる）。
『魚が出てきた日（The Day the Fish Come Out）』マイケル・カコヤニス監督（エーゲ海の島に落下した水爆の行方は？）。
『キングコングの逆襲』本多猪四郎監督（原子力よりも強大なエネルギー源エレメントXを発掘を試みるドクター・フー）。

1968
『アゴン AGON』峯徳夫・大橋史典監督（アトミック・ドラゴンが、濃縮ウランを求めて暴れ回るTV映画）。
『昆虫大戦争』二本松嘉瑞監督（水爆を搭載した米軍の爆撃機が、昆虫の大群に襲われ、南海の島に墜落する）。
『さらば夏の光』吉田喜重監督（ヨーロッパの各都市の観光地を巡る日本人男女）。

1969
『クリスマス・ツリー（The Chrismas Tree）』テレンス・ヤング監督（ヒバクし、半年も持たない少年の命）。
『リチャード・レスターの不思議な世界（The Bed Sitting Room）』リチャード・レスター監督（第三次世界大戦後のロンドン。生き残ったのは、たった二十名だった）。
『日本やくざ系図 長崎の顔』（渡哲也主演のヤクザの若組長は長崎のヒバクシャだった）。

1970年代

1970
『続・猿の惑星（Benrth the Planet of the Apes）』テッド・ポスト監督（地球は猿に支配され、コバルト爆弾を神と仰ぐ）。
『地球爆破作戦（Colossus:The Fobin Project）』ジョセフ・サージェント監督（国防システムのコカピュータ「コロッサス」が、自らの意志を持ち、人間に命令する）。
『地の群れ』熊井啓監督（ヒバクシャ集落と、被差別部落の住民の抗争を描く）。

1971
『吸盤男オクトマン（Octaman）』ハリー・エセックス監督（南米の漁村で放射能に汚染されたタコが、吸盤男オクトマンというモンスターとなる）。

1972
『人類最終兵器 ドゥームズディ・マシーン（Doomsday Machine）』ハリー・ホープ、リー・ショレム監督（核戦争から生き残るため、男四人女三人が金星ロケットに乗り込む）。

1973
『最後の猿の惑星（Battle for the Planet of the Apes）』J・リー・トンプソン監督（未来からきた猿の飛行士シーザーは、放射能汚染された地球の地下で生きるミュータント化した人間の世界へ行く）。
『仁義なき戦い』深作欣二監督（原爆被災後の広島でのヤクザの抗争劇）。

1974

『地獄のプリズナー（Warthead)』ジョン・オコーナー監督（イスラエルとヨルダンの国境地帯に米軍機が核弾頭を落とし、それをめぐるパレスチ・ゲリラとイスラエル軍の戦い）。

1975

『少年と犬（A Boy and his Dog)』L・Q・ジョーンズ監督（五日間の核戦争後、砂漠化した世界に少年と犬がいた）。

1976

『ふたりのイーダ』松山善三監督（松谷みよ子の原作を映画化）。

『広島仁義　人質奪回作戦』牧口雄二監督（やくざ組織の本部が原爆ドームのすぐそばにある）。

『弾丸特急ジェットバス（The Big Bus)』ジェームズ・フローリー監督（原子力エンジンのバスが走る）。

『はだしのゲン』山田典吾監督、76、77、80年と3部作（中沢啓治のマンガをもとにした実写版）。

1977

『世界が燃えつきる日（Damnaton Alley)』ジャック・スマイト監督（アメリカの大都市が核で破壊され、空軍大佐デントンは、自作の装甲車で大陸横断の旅に出る）。

『巨大アリの帝国（Empire of the Ants)』バート・I・ゴードン監督（不法投棄された放射性廃棄物の影響でアリが巨大化する）。

『悪魔が最後にやって来る！（Holocaust 2000)』アルベルト・デ・マルチーノ監督（砂漠に核融合炉を作る計画がある。それをいかに中止させるか）。

『聖母観音大菩薩』若松孝二監督（若狭の八百比丘尼の伝説と原発）。

『宇宙戦艦ヤマト』舛田利雄監督（放射能を除去するコスモ・クリーナーを求めてヤマトは宇宙に旅立つ）。

『合衆国最後の日（Twilights Last Gleeaming)』ロバート・アルドリッチ監督（脱獄囚が空軍基地のサイト3を占拠し、核弾頭ミサイルの発射ボタンを押すと米国政府を脅す）。

『サランドラ（Salandora)』ウェスト・クレイヴン監督（退職警官のボブ家族が、砂漠で食人集団ジュピターに襲われる。彼らは放射能でモンスター化した一族だった）。

『8・6』新藤兼人監督（広島の原爆投下のドキュメンタリー）。

『福島の原子力』日映科学映画製作所（福島第一原発のPR映画）。

1978

『原子力戦争』黒木和雄監督（原発の町で関係者の心中事件が起こる）。

『原子力潜水艦浮上せず（Gray Lady Down)』ディアヴッド・グリーン監督（米国の原潜ネプチューンは貨物船と衝突して海中に沈んだ）。

『チャイナ・シンドローム（The China Syndrome)』ジェイムズ・ブリッジス監督(原子炉がメルトダウンすれば、それは地球を突き抜けて中国にまでとどく）。

『ピカドン』木下蓮三・木下小夜子製作(紙ヒコーキを飛ばす坊やがヒバクする）。

1979

『太陽を盗んだ男』長谷川和彦監督（個人で原爆を作った男が、政府を脅迫する）。

『ストーカー』アンドレイ・タルコフスキー監督（〝ゾーン〟を行く四人の男）。

『メテオ（Meteor)』ロナルド・ニーム監督（隕石が地球を襲う。核ミサイルでそれを爆破する）。

1980年代

1980

『原爆投下機 B-29 エノラ・ゲイ 一九四五・八・六・ヒロシマ（B-29 EnolaGay）』デビッド・ローウェル・リッチ監督（マンハッタン計画で出来あがった原子爆弾を広島に落とすまでの作戦）。

『チェーン・リアクション（Chain Reaction）』イアン・バリー監督（オーストラリアの核廃棄物処理工場で地震のためパイプが壊れ、汚染水が噴き出すという事故が起こった）。

『オレゴンの黒い日（The Plutonium Incident）』リチャード・マイケルズ監督（核燃料会社社員のジュディスは、プルトニウムの杜撰な扱いの改善を求めるが、逆に会社から疎外される）。

『ファイナル・カウントダウン（The Final Countdown）』ドン・テイラー監督（原子力空母が1941年にタイムスリップしてハワイ近海に登場する）。

『ナイトメア・シティ（Nightmare City）』ウンベルト・レンツィ監督（放射能漏れ事故の処理に原発へ出かけた軍人たちはゾンビとなって、人々を襲う）。

1981

『マッドマックス2（Mad Max2）』ジョージ・ミラー監督（マッド・マックスと油井を守る人々と、それを攻撃する暴走族との戦い）。

『復活の日』深作欣二監督（パンデミックで地球が滅んだ。南極に生き残る人々が、核防衛システムを止めようとする）。

1982

『原発切抜帖』土本典昭監督（原発に関する新聞記事の切り抜きで、ドキュメンタリーを構成する）。

『アトミック・カフェ（The Atomic Cafe）』ケヴィン・ラファティ、ジェーン・ローダー、ビアース・ラファティ監督（原発プロパガンダ映画を逆手にとったドキュメンタリー）。

『魔都・核ジャック（Deadline）』アーチ・ニコルソン監督（ギャングが盗んだプルトニウムで核爆弾を作り、シドニーに仕掛けたと、政府を脅迫する）。

『せんせい』大澤豊監督（長崎で幼児の時に被曝した山口竹子先生と生徒たちの物語）。

『原発はいま』近江道広監督（原発労働の実態を暴いた記録映画）。

1983

『デッドゾーン（The Dead Zone）』ディヴィッド・クローネンバーグ監督（交通事故に遭い、未来を予見する超能力を得た男が、核ミサイルの発射ボタンを押す大統領になる男を狙撃する）。

『シルクウッド（Silkwood）』マイク・ニコルズ監督（核燃料会社に勤めるシルクウッドは、会社の不正を告発する）。

『ウォー・ゲーム（War Games）』ジョン・バダム監督（ハッカーとして侵入したコンピューターには、核兵器の発射のプログラムがあった）。

『はだしのゲン』真崎守監督（アニメ版）。

『この子を残して』木下恵介監督（永井隆の手記を映画化。浦上天主堂を復興する）。

『ザ・デイ・アフター（The Day After）』ニコラス・メイヤー監督（ソ連が西ドイツを侵略したことから、第三次世界大戦の核戦争が始まった）。

『ダーク・サークル（Dark Circle）』ジュディア・アービング、クリス・ビーバー、ルース・ランディ製作・監督（プルトニウムの恐怖を描くドキュメンタリー）。

『人獣戯画（Human Animals）』エリジオ・ヘレーロ監督（核戦争後、一人の女と二人の男が生き残る）。

『核戦士シャノン（End Game）』スティヴン・ベンソン監督（核戦後の世界では殺人がゲーム化され、シャノンは被挑戦者としてライバルと戦う）。

1984

『サランドラII（Salandora II）』ウェス・クレイヴン監督（オートバイ・レースに参加する若者たちが、ジュピター一族の生き残りの襲撃を受ける）。

『ワン・ナイト・スタンド（One Night Stand）』ジョン・ダイガン監督（シドニーのオペラハウスにいた四人の男女が、核攻撃を受けた街の外に出られなくなる）。

『海盗り 下北半島・浜関根』土本典昭監督（原発建設をめぐる浜関根地区の攻防）。

『悪魔の毒々モンスター（The Toxic Avenger）』ロイド・カウフマン＆マイケル・ハーツ監督（放射製物質の容器に使ったひよわな男メルヴィンは、悪を懲らしめる毒々モンスターとなる）。

『悪魔の毒々モンスター 東京へ行く（The Toxic Avenger Part II）』ロイド・カウフマン＆マイケル・ハーツ監督（毒々モンスターの父親は東京にいる）。

『悪魔の毒々モンスター 毒々最後の誘惑（The Toxic Avenger Part 3 Last Temptation of Toxie）』ロイド・カウフマン＆マイケル・ハーツ監督（毒々モンスターは、最後の敵、悪魔と戦う）。

『人魚伝説』池田敏春監督（原発建設をめぐる陰謀と殺人）。

『ゴジラ』橋本幸治監督（原発を襲い、格納容器を掴み出して、放射能を吸い込むゴジラ）。

『風の谷のナウシカ』宮崎駿監督（腐海の風をさえぎる風の谷でのナウシカたちの生活）。

『スレッズ（Threads）』ミック・ジャクソン監督（ソ連とNATO軍の核ミサイル戦で、ルーシーとその子どもも死んでゆく）。

『テスタメント（Testament）』リン・リットマン監督（米国の一家族に降りかかる核戦争）。

『ラッツ（Rats Night of Terror）』ヴィンセント・ドーン監督（廃墟のビルで、ネズミたちに襲われる若者たちの運命は）。

『若き勇者たち（Red Dawn）』ジョン・ミリアス監督（アメリカが共産軍に占領された。〝赤い夜明け〟の始まりである）。

『黒い雨にうたれて』白土武監督（闇世界に生きる被爆者たち）。

『インサイド・マン（The Inside Man）』トム・クレッグ監督（原潜の探が可能なレーザー装置が、スウェーデンの工場から盗まれ、工場自体も爆破された）。

1985

『生きてるうちが花なのよ死んだらそれまでよ党宣言』森崎東監督（旅まわりのヌード・ダンサー、原発ジプシー、落ちこぼれ生徒と教師たちの果敢なる抵抗劇）。

『夢千代日記』浦山桐郎監督（被爆者の芸者・夢千代の日々）。

『デフ - コン4（Def-Cone4）』ポール・ドノバン監督（軍事衛星で宇宙へ行っていた三人が帰ってきたら、核戦争が起きていた）。

『激突！空中アトミック戦略 ヒーローボンバー（On Dangerous Ground Choke Canyon）』チャック・ベイル監督（物理学者の実験室を放射性廃棄物の貯蔵所にしようという画策する悪徳企業）。

『勃発！第3次世界大戦ミサイルパニック（The Fifth Missile）』ラリー・ピアス監督（原潜の中でミサイル発射命令で対立する艦長と副艦長）。

『デザートブルーム キノコ雲と少女（Desart Bloom）』ユージン・コー監

督（ラスベガスの近郊に住む十三歳の少女は、原爆実験場の砂漠にキノコ雲が立ち上るのを見る）。

『ファイアー・マックス（Wheels Of Fire）』チリオ・H・サンチャゴ監督。（悪の軍団にさらわれた妹を救おうとするハイウェイ戦士）。

『未来警察 サイボーグコップス（The Bronx Executioner）』ボブ・コリンズ監督。（ヒューマノイドとアンドロイドの軍団との戦い）

『バタリアン（The Return of the Living Dead II）』ダン・オバノン監督（蘇ったゾンビたちを核攻撃で全滅させようとする）。

『六ヶ所村人間記』山邨伸貴監督（六ヶ所村の核処理場のドキュメンタリー）。

1　9　8　6

『世紀末救世主伝説 北斗の拳』芦田豊雄監督（核戦争後の無法地帯を、拳法の達人が行く）。

『サクリファイス（Offret Sacrifatio）』アンドレイ・タルコフスキー監督（老俳優が、核戦争の勃発を知る）。

『シャドー・メーカーズ（Shadow Makers）』ローランド・ジョフェ監督（マンハッタン計画の人間ドラマ）。

『あとみっくドカン（Bombs Away）』ブルース・ウィルソン監督（「メアリー」という愛称の原爆が、市中を転々とする）。

『マンハッタン・プロジェクト（Deadly Game）』マーシャル・ブリックマン監督（核兵器研究を偽って、薬品研究所の看板を掲げている研究所があった）。

『第四の核（Fourth Protocol Distributors Limited）』ジョン・マッケンジー監督（ソ連のスパイが、英国内で小型原爆を作り、それを爆発させようと企む）。

『失われた核（The Nuclear Conspirscy）』レイナー・エルラー監督（核処理工場の取材に行った夫を探しに、妻が捜索の旅に出る）。

『チェルノブイリ・クライシス』ウラジミール・シェフチェンコ監督（チェルノブイリ事故を描いたドキュメンタリー）。

『ラジオアクティブ・ドリーム（Radioactive Dreams）』アルバート・ピュン監督（誘拐された二人の少年が核シェルターのなかで十五年間過ごす）。

『核シェルター・パニック（Massive Rataliation）』トーマス・A・コーエン監督（三組の家族が別荘の核シェルターで暮らす）。

『悪魔のゾンビ天国（Redneck Zombies）』ペリクレス・レウニス監督（放射能の入った酒で、町中の人間がゾンビ化する）。

『アキラ AKIRA』大友克洋監督（東京で核爆発があり、大きなクレーターができる）。

『80 メガトンの戦慄（A State Of Emergency）』リチャード・ベネット監督（八十メガトンの核爆発が起これば、世界は連鎖反応で壊滅する。そんな実験結果を無視されたアレックスは、核実験に反対する）。

『未来戦士スレイド（Equalizer 2000）』チリオ・H・サンチャゴ監督（核戦争後の社会でスレイドが戦う）。

『スポンティニアス・コンバッション（Spntaneous Combustion）人体自然発火』トビー・フーパー監督（核シェルターで生まれた子どもは、人体を自然発火させる超能力を身につけていた）。

『死者からの手紙』コンスタンチン・ロプシャンスキー監督（誤って核兵器発射ボタンが押され、大惨事に見舞われた世界）。

1　9　8　7

『ヌークリーチャー 血肉のしたたり

(Plutonium Baby)』レイ・ハー・シュマン監督（十二歳のダニーと死んだはずの母親。放射能を浴びてヌークリーチャーとなった彼女は生きていた）。

『風が吹くとき（When The Wind Blows)』ジミー・T・ムラカミ監督（老夫婦がロンドン郊外で核戦争に出会う）。

『核変異体クリーポゾイド（Creepozoids)』デヴィッド・デコトー監督（軍隊を脱走した男女が、異様な研究所で不思議な生物体と出会う）。

『スティール・ドーン 太陽の戦士（Steel Dawn)』ランス・ホール監督（核戦争によって砂漠化した世界を支配するボス軍団と一人の戦士）。

『チェルノブイリ・シンドローム』ロラン・セルギエンコ監督（チェルノブイリ事故のドキュメンタリー）。

『黙示録1945（Race for the Bomb)』アラン・イーストマン、ジャン＝フランソワ・デュラス監督（マンハッタン計画をドキュメンタリー風に描く）。

『飛べ、バージル プロジェクトX（ProjectX)』ジョナサン・カプラン監督（チンパンジーを被曝実験に使おうとする〝プロジェクトX〟を阻止しようと、空軍パイロットのジミーが活躍する）。

『ラディオ・ビキニ（Radio Bikini)』ロバート・ストーン監督（〝原子力時代の最も恐ろしく、信じられない恐怖の物語〟―― DVDジャケットの惹起文句）。

『戦慄の黙示録（Control)』ジュリアーノ・モンタルド監督（核シェルターのパニックもの）。

『スーパーマンIV 最強の敵（Superman The Quest For Peace)』シドニー・J・フューリー監督（スーパーマンとニュークリアマンとの対決）。

『脅威（Hotet Uhkkádus)』ステファン・ジャール監督（ラップランドのトナカイをチェルノブイリの死の灰が直撃した！）

1988

『ミラクル・マイル（Miracle Mille)』スティーヴ・デ・ジャーナット監督（核戦争の勃発をいちはやく聞いた若いカップル）。

『アビス（The Abyss)』ジェームズ・キャメロン監督（米国の原潜を救出にゆく海底油田の開発チーム）。

『キラー・クロコダイル（Killer Crocodile)』ラリー・ラドマン監督（放射性廃棄物によって巨大化、凶暴化したワニが人間を襲う）。

『アトミック・パーティー（Smoken If Yoy Gotem)』レイ・ボーズレイ監督（核戦争が起こり、地下の核シェルターでは若者たちが乱痴気パーティーをしている）。

『核サイロNo.7危機一髪（Disaster at Silo7)』ラリー・エリカン監督（ミサイル基地サイロ7で燃料タンクに穴があくという事故が起こる）。

『さくら隊散る』新藤兼人監督（広島で被爆した演劇集団さくら隊の悲劇）。

『夏服の少女たち ヒロシマ・昭和20年8月6日』NHK（広島県立第一女学校の生徒たちの日記をもとに、被爆前後をアニメで再現する）。

『メタル・ブルー（Iron Eagle II)』シドニー・J・フューリー監督（米ソのはみだし者が集まって、共同作戦を試みる）。

『ヒロシマ乙女（Hiroshima Maiden)』ヨハン・ダーリング演出（原爆乙女ミエコが米国へ行く）。

『アキラAKIRA』大友克洋監督（核爆発で東京に巨大クレーターができた）。

『TOMORROW明日』黒木和雄監督（長崎への原爆投下の一日前の市民たちの日常生活を描く）

1989

『放射能クライシス 謎のレイプ殺人(Burndown)』ジェームズ・アレン監督(連続レイプ殺人事件の裏に原発関係者がいた)。

『デイワン(Day One)』ジョーゼフ・サージェント監督(マンハッタン計画を描いたTV映画)。

『ドロドロモンスター 放射線レポーターの復讐劇(Revnge of the Radioactive Repoter)』クレイヴ・ブライス監督(原発事故を取材していたジャーナリストが、核廃棄物プールに突き落とされ、モンスターとなり、復讐を企む)。

『ナイトブレーカー(Night Breker)』ピーター・マイケル監督(原爆実験に立ち会った兵士たちが、実験動物同様に扱われる)。

『黒い雨』今村昌平監督(井伏鱒二の原作を映画化した)。

『あしたが消える　どうして原発?』千葉茂樹、中嶋裕、田渕英夫、金高譲二・演出(原発労働者や設計者による危険性の証言)。

『夏休みの宿題は終わらない』山邨伸貴監督(世界の核再処理の現場を訪ねる)。

1990年代

1990

『ヒロシマ』ピーター・ワーナー監督(広島のヒバクシャたちを描いたドキュメンタリー)。

『レッド・オクトーバーを追え!(The Hunt for RedOctober)』ジョン・マクティアナン監督(ソ連の潜水艦〝赤い十月〟を追跡せよ!)。

『アース・フォース(E・A・R・T・H Force)』ビル・コーラン監督(原発の事故に挑む四人の科学者たち)。

『夢』黒澤明監督(原発事故、放射線障害で鬼になった人間)。

『ラスト・カウントダウン 大統領の選択(By Dawn's Early Light)』ジャック・ショルダー監督(ソ連に核ミサイルが発射されたが、陰謀だった。米国大統領は苦肉の選択肢をソ連に提起する)。

『ザ・ガーデン(The Garden)』デレク・ジャーマン監督(反原発思想のうかがえる映像詩)。

『ネイビー・ロック・ウォー　撃破せよ!』泉谷しげる監督(核兵器を手にした島の独裁者)。

1991

『夢の涯てまでも(Bis ans Ende der Welt)』ヴィム・ヴェンダース監督(核衛星が軌道をはずれ、落下するかもしれない危機が迫る。クレアは、トレヴァという不思議な男と出会い、惹かれ、ヨーロッパ、アジア、アメリカ、オーストラリアと旅を続ける)。

『ターミネーター2(Terminator2 Judment Day)』ジェームズ・キャメロン監督(核戦争後の未来から一九九四年の世界に送り込まれたターミネーター)。

『デリカテッセン(Dellicatessen)』マルク・キャロ&ジャン・ピエール・ジュネ監督(その店で売っているソーセージは、何の肉?)。

『イヴ(EVE)』ダンカン・ギビンズ監督(核弾頭を埋め込まれた闘争用の人造人間)。

『裸の銃《ガン》を持つ男2½(The Naked Gun The Smell of Fear)』デビット・ザッカー、ロバート・K・ウェィス監督(「裸のガンを持つ男」シリーズ第二作。ドレビン警部が環境破壊計画を阻止する)。

『八月の狂詩曲《ラプソディー》』黒澤明監督(長崎でヒバクした祖母をたずねる孫たちの夏休み)。

『目で見る福島第一原子力発電所』日映科学映画製作所(福島原発のPR映画1977年版のフィルムを使い回してい

る)。

1992

『沈黙の戦艦(Short Under Siege)』アンドリュー・ディヴィス監督。(米軍の戦艦がテロリストたちに乗っとられる)。

1993

『ゴジラvs. メカゴジラ』大河原孝夫監督(ラドンが、放射能怪獣ファイアー・ラドンに変身)。

『マチネー 土曜の午後はキッスで始まる(Matinee)』ジョー・ダンテ監督(一九五〇年代の核戦争恐怖世代の青春映画)。

『テロリスト・ゲーム(Terrorist Game)』デビット・S・ジャクソン監督(ソ連邦再興を狙うソ連の旧軍人が原爆を作り、イラクに運ぼうとする)。

『ラストUボート(The Last U-Boat)』フランク・バイヤー&村上佑二監督(ドイツの潜水艦にウランを積み、日本へ運ぼうとする)。

『ヒロシマに一番電車が走った』NHK(復興する広島を描く)。

1994

『ブルースカイ(Bule Sky)』トニー・リチャードソン監督(核実験に参加していた軍人が、実験中止を呼びかける)。

『トゥルー・ライズ(True Lies)』ジェームズ・キャメロン監督(アラブ系テロリストの手に入れた核ミサイルをめぐって米国の秘密諜報員が活躍する)。

1995

『ゴジラvs. デストロイア』大河原孝夫監督(ゴジラの原子炉の心臓がメルトダウンする)。

『クリムゾン・タイド(Crimson Tide)』トニー・スコット監督(ロシアの反乱軍が核ミサイルを奪取し、米国と日本を攻撃すると脅迫する。原潜アラバマが出動する)。

『GHOST IN SHELL/ 攻殻機動隊』押井守監督(核戦争後、東京には放射能汚染地区が広がる)。

『ザ・アトミックボム(Trinity and Beyond, The Atomic Bomb Movie)』ピーター・カラン監督(米国の核開発と実験の歴史をドキュメンタリー)。

『アウトブレイク(0utbreak)』ウォルガング・ペーターゼン監督(核で伝染病の猖獗する都市を爆破する)。

1996

『ブーロクン・アロー(Broken Arrow)』ジョン・ウー監督(ステルス戦闘機事故で核弾頭が行方不明になる)。

『インデペンデンス・デイ(Independence Day)』ローランド・エメリッヒ監督(アメリカの独立記念日に、エイリアンが地球に進撃してきた)。

『ディザスター(Disaster)』ニール・ホランダー監督(核廃棄物を積んだ船が漂流する)。

『キュリー夫妻(Les Palmes de M. SCHUTZ)』クロード・ピノトー監督(ピエールとマリーのキュリー夫妻の半生を描く)。

『928発の閃光 アメリカ核実験被害者は今(Life Was Good)』ステイーヴン・オカザキ監督(アメリカの核実験によって被曝し、家族を亡くした女性が、反核実験の運動に参加する)。

『ブラック・シー・レイド(Black Sea Raid)』ジュノ・ホディ監督(黒海へ運ばれる核物質をめぐって戦う)。

『狼たちの街(Aulholland Falls)』リー・タマホリ監督(軍の核実験の秘密を市警が暴く)。

『罵詈雑言』渡辺文樹監督(福島原発で事故があった! グロテスクな事件が展開する)。

1997

『空から赤いバラ（Fathom）』レスリー・H・マーティンソン監督（スペインのマラガに水爆の起爆装置が落ちてきた！）。

『敵対水域（Hostile Waters）』デビッド・ドルーリー監督（米ソの原潜が接触事故を起こした。ソ連の原潜の原子炉をストップさせねばならない）。

『ポストマン（The Postman）』ケビン・コスナー監督（核戦争によってアメリカは集落ごとの分割支配となった。郵便配達人を詐称する男が、合衆国を再生させる）。

『サブダウン（Sub Down）』アラン・スミシー監督(原潜事故を回復しようと、小型潜水艦で学者三人が艦外に出る)。

『ナージャの村』本橋成一監督（ナージャの村は立ち入り禁止区域内)。

『ピースメーカー（The Peacemaker）』ミミ・レダー監督（核兵器を列車やトラックでイランに運ぼうとしている。そのうちの一基はニューヨークに持ち込まれ、国連ビルが爆破されようとする）。

『アトミック・ドッグ（Atomic Dog）』ブイアン・トレンチャード・スミス監督（放射能漏れ事故を起こし、閉鎖された原発のなかに一匹の白犬がいた。子犬が放射能汚染によって凶暴化する）。

『セカンドインパクト（The Second Civil War）』ジョー・ダンテ監督（難民受け入れをめぐって米国南部の州が、合衆国からの離脱、第二の〝南北戦争〟も辞さないとする）。

『核弾頭メデューサ（Medusa's Child）』ラリー・ジョー監督（核弾頭メデューサは起爆装置をはずそうとすると爆発するという厄介なもの）。

『ディープクライシス（Deep Crisis）』スコット・レビュー監督（原潜がタイムスリップして、未来社会へ行く）。

1998

『ディープインパクト（Deep Impact）』ミミ・レダー監督（彗星が地球とぶつかりそうだ。宇宙ロケットに積んだ核爆弾で、その軌道を変えようとする）。

『ゴジラ（Godzilla）』ローランド・エメリッヒ監督（ニューヨークに出現したゴジラ。マジソン・スクエア・ガーデンに卵をたくさん産み付ける）。

『アルマゲドン(Armagedon)』マイケル・ベイ監督（小惑星を爆破するため、海底油田の石油掘りの専門家が、惑星に核爆弾を仕掛ける）。

『エグゼクティブ・エクスプレス（Executive Express)』ワースー・キーター監督（銃規制を阻止しようと、有力議員の乗る列車にテロリストが乗り込み、核爆弾で沿線の街を爆破させようとする）。

『ハミルトン（Hamilton）』ハラルド・ツァート監督（スウェーデンの特殊部隊兵士ハミルトンが、盗まれた核ミサイルを追う）。

『エスピオナージ・エクスプレス（In The Company Of Spies）』ティム・マシスン監督（北朝鮮に潜入したCIAの工作員）。

『新レッドブル（Armstrong）』メナハム・ゴラン監督（ロシア製核ミサイルを売買するマフィアに挑む）。

1999

『アイアン・ジャイアント（The Iron Giant）』ブラッド・バード監督（九歳の少年ホーガンと鉄の巨人ロボットが出会う）。

『タイムトラベラー きのうから来た恋人（Blast from the Past）』ヒュー・ウィルソン監督（核シェルターで生まれ、育った青年）。

『メルトダウン・クライシス（Countdawn to Chaos）』ディック・ローリー監督（スウェーデンの原発から連絡が途絶

えた。コンピュータの誤作動でメルトダウンが起こったのだ。同型の原子炉を持つE・キャニオンの原発を監視するが、危機が迫る)。

『キューブ・I.Q ハザード (Omega Dary)』ベンジャミン・クーパー監督(海辺に遊びに行った男四人が、核戦争の勃発を知り、核シェルターにこもる)。

『アトミック・トレイン (Atomic Train)』ディック・ローリー、デビッド・ジャクソン監督(暴走列車のなかにロシア製の核爆弾が積み込まれていた)。

『アトミックミッション (Last Stand)』ロイド・V・サイマンドル監督(未来の衛星刑務所で服役していた女囚ケイトが地球に侵入する)。

『アトミック・シティ (The Last Bomb)』ハンス・ホーン監督(ドイツの核ミサイル基地で、ミサイルの解体が行なわれていたが、テロリストたちが占拠する)。

『ユリョン』ミン・ビョンチュン監督(韓国の原潜映画)。

『プリチャピ 放射能警戒区域に住む人びと (ПРИПЯТЬ)』ニコラス・ゲイハルター監督(放射能警戒区域に住む人々の生活をとらえる)。

2000年代

2000

『エンド・オブ・ザ・ワールド (On the Beach)』ラッセル・マルケイ監督(米中間で核戦争が起こり、北半球が全滅した。放射能は南半球を冒してゆく)。

『オクトパス (Octpus)』ジョン・イヤーズ監督(大ダコが潜水艦を襲う)。

『ゴジラ×メガギラス G消滅作戦』手塚昌明監督(ゴジラが新エネルギー・センターを襲う)。

『デザート・スコルピオン (D・F・ONE the Lost Patrol)』ジョセフ・ジトー監督(中東のアヤザード国とバンダール国が紛争を起こし、一方が核兵器を開発する)。

『未知への飛行 (Fail Safe)』スティーブン・フリアーズ監督(同題の劇場用映画のTV映画版)。

『スペース カウボーイ (Space Cowboys)』クリント・イーストウッド監督(旧兵の空軍パイロットたちが、宇宙へ行く)。

『悪魔の核実験 (Atomic Bomb Tests)』(核実験の恐ろしい実態)。

『アースクエイク (Ground Zero)』リチャード・フリードマン監督(核兵器商人が、効果を試すために地下で核実験を行い、大地震が起こる)。

『13デイズ (Thirteen Days)』ロジャー・ドナルドソン監督(キューバ危機 に対処するケネディ兄弟の活躍)。

2001

『アタック オン・ザ クイーン (Attack on the Queen)』ジェリー・ロンドン監督(中国の原潜・麗江がテロリストたちに占拠される)。

『H story』諏訪敦彦監督(Hはヒロシマの頭文字。『二十四時間の情事』を日本人の新鋭監督がリメイクした)。

『獣人繁殖(Teenage Caveman)』ラリー・クラーク監督(核戦争後の世界で人類は穴居生活をしている)。

『ザ・クローン(CL.ONE)』ジェイソン・J・トマリック監督(放射能に強いクローン人間を軍事アカデミーが作ろうとする)。

『ブラック・エンジェル〜ロンドンより愛をこめて(Never Say Never Mind ;The Swedish Bikini Term)』バズ・フェイトシャンズ監督(スウェーデン美女版007)。

2002

『アトミック・ツイスター(Ayomic Twister)』ビル・コーコラン監督(原発を竜巻が

襲う)。

『アトミック・ハザード(Critical Assembly)』エリック・ラニューヴィル監督(大学生たちが反核運動のために原爆を作る)。

『宣戦布告』石侍露堂監督(「北」のゲリラ部隊が日本に侵入した)。

『ディープ・クラッシュ(Submarines)』ディヴッド・ダグラス監督(ロシアの原潜がイスラム過激派のテロリストたちに奪取された)。

『アレクセイと泉 百年の泉の物語』(アレクセイの村には百年涸れない泉があった)。

『K-19(K-19 The Widowmaker)』キャスリン・ビグロー監督(ソ連は新型原潜K-19を出航させた。その原潜が事故を起こした)。

『トータル・フィアーズ(The Sum of All Fears)』フィル・アルデン・ロビンソン監督(イスラエルから原爆を搭載した戦闘機が飛び立ち、ゴラン高原で撃墜された)。

『インベイド(Invade)』フィリップ・ロス監督(エイリアンがロシアの原子炉を占拠する)。

2 0 0 3

『マグニチュード8・5(M8.5)』ティボー・タカクス監督(地震で原発が停止するが、所長はあせって再稼働を行う)。

『鏡の女たち』吉田喜重監督(産んだばかりの娘を棄てて失踪した女は記憶喪失症だった。女とその母と娘は広島へ旅立つ)。

『ディープ・ショック(Deep Shock)』フィリップ・ロス監督(ポラリス海溝に住む海獣を攻撃する潜水艦ジミー・カーター号)。

『ターミネーター3(Terminator3)』ジョナサン・モストウ監督(核戦争後におけるコンピュータに支配されたロボット軍団と人間の抵抗軍との戦争)。

『ザ・コア(The Core)』ジョン・アミエル監督(地球の中心にあるコア(核)の動きが止まれば、地球は滅亡する)。

『チェルノブイリ・ハート(Chernobyl Heart)』マリアン・デレオ監督(チェルノブイリ事故以後、ベラルーシには放射性障害を持つ多くの子どもたちがいる)。

『ヒバクシャ HIBAKUSHA 世界の終わりに』鎌仲ひとみ監督(ヒロシマ、ナガサキだけではなく、ヒバクシャは世界中にいる)。

『ドラゴンヘッド』飯田譲治監督(地震、火山、原発事故で、東京が沈没した)。

『昭和歌謡大全集』篠原哲雄監督(若者とおばさんの対立は原爆投下へ)。

『アトミック・ブレイク(Taget Opportunity)』ダニー・ラーナー監督(チェチェンでイスラム過激派に囚われたCIAの諜報員を元の仲間が助け出しにゆく)。

『アトミックレイザー(Atomic Laser 3000)』ファルケ・アハメッド監督(オゾン層が破壊された近未来の地球で無法の悪と戦う男)。

『デイ・オブ・ザ・ディシジョン2(S・W・A・T:Warhead One)』カリボウ・セト監督(闇市場に流れた核弾頭。それを追う特殊部隊のリーダーだったレミー)。

2 0 0 4

『ボン・ヴォヤージュ 運命の36時間(Bon Voyage)』ジャン=ポール・ラプノー監督(パリから逃げだしたフランス政府高官たち)。

『大統領のカウントダウン(Countdown)』(チェチェンのゲリラに、サーカス劇場が占拠された)。

『スパイダーマン2(Spider-Man2)』サム・ライミ監督(核融合実験を行うドクター・ノオは、人工アームの人工頭脳に、知能を乗っ取られる)。

『メルトダウン（American Meltdoen）』ジェレマイア・チェチック監督（カリフォルニアの原発が六人のテロリストに襲撃される）。

『東京原発』山川元監督（東京に原発を作るという都知事の発言に、部下たちはてんやわんや）。

『生体兵器 アトミックジョーズ（Blue Demon）』ダニエル・クロドニック監督（遺伝子操作により、サメを生体兵器とする実験のプロジェクトがあった）。

『父と暮せば』黒木和雄監督（井上ひさしの原作戯曲を映画化した）。

2005

『ディープポセイドン（Stinger）』マーティン・マンス監督（原潜ニューアークの沈没した海域に巨大化したサソリが現れる）。

『タイド・オブ・ウォー（Tide of War）』ブライアン・トレンチャード＝スミス監督（アメリカの原潜が、北朝鮮のステルス潜水艦に攻撃される）。

『ローレライ』樋口真嗣監督（原爆投下を阻止しようとする日本の潜水艦）。

『ファンタスティック4（Fantastic4）』ティム・ストーリー監督（放射線によって特異体質となった四人組が社会を救う）。

『ストリートファイター2050（Street Fighter2050）』シリオ・サンチャゴ監督（核戦争後のロスアンゼルスで死のリング戦が行われていた）。

『夏服の少女たち』NHK（乏しい衣料のなかで、女学校の生徒たちは夏服を作った。しかし、それが被爆死した彼女たちの唯一の遺品となった）。

『夾竹桃の夏』岡島明監督（広島のお好み焼き屋のおばあさんの被爆体験）。

『マッシュルーム・クラブ（The Mushroom Club）』スティーヴン・オカザキ監督（胎内被曝で小頭症となった広島の被爆者たちが「きのこ会」を作っている）。

『ザ・マークスマン（The Marksman）』マーカス・アダムス監督（ロシアの反体制派の占拠する原子炉を破壊する命令を受けた米国の特殊部隊）。

2006

『エネミーライン2（Behind Enemy Line2）』ジェームズ・ダッドソン監督（北朝鮮の核弾頭ミサイルを破壊するために、敵地にパラシュート降下した米軍の特殊部隊）。

『みえない雲（Die Wolke）』グレゴール・シュニッツラー監督（ドイツの原発が事故を起こした。パニックとなった町の人々は駅に殺到する）。

『ジェリコ（Jericho）』（ジェリコの町に核爆発が起きた。ＴＶドラマ）。

『ヒルズ・ハブ・アイズ（The Hills have Eyes）』アレクサンドル・アジャ監督（砂漠地帯で元警察官一家が体験した恐怖）。

『スペースカウボーイ（Space Cowboys）』クリント・イーストウッド監督（ソ連の核ミサイル衛星を処理し宇宙へ向かう老パイロットたち）。

『父と暮らせば』黒木和雄監督（広島で生き残った美津江のところに、死んだ父親が訪れるようになる。原作は井上ひさしの戯曲）。

『ソーラー・ストライク（Solar Strike）』ポール・ジラー監督（北極の氷を核爆破で溶かし、その蒸気でコロナの炎を消そうとする）。

2007

『ヒルズ・ハブ・アイズ2（The Hills have Eyes2）』マーティン・ワイズ監督（砂漠の恐怖の一族は生きていた）。

『プレデター・パニック（Greature from the Hillbilly Lagon）』リチャード・グリフィン監督（汚染物質を川に流してい

た公害企業があった。その川で半魚人が生まれるが、そこにはマッド・サイエンティストの博士の人体実験があった)。

『アトミック・ハリケーン (Atomic Hurricane)』フレッド・オーレン・レイ監督 (原発を巨大ハリケーンが襲う)。

『ディストラクション 合衆国滅亡 (Living Hell)』リチャード・ジェフリーズ監督 (米国の軍事基地の地下に生物兵器の実験室があった。基地撤去の時に、そこに入った者は次々と襲われた)。

『ミッドナイトイーグル』成島出監督 (核兵器を搭載したステルス機が北アルプスに墜落し、現場で某国の工作員と自衛隊員が銃撃戦を行う)。

『アルマゲドン・コード (KOD APOKALIPSISA /APOKALYPS CODE)』ワディム・シメリュフ監督(ロシアの原潜からテロリストが四基の核弾頭を取り出し、ロンドン、ニューヨーク、東京、モスクワに設置したという)。

『ザ・シンプソンズ MOVIE (The Simpsons Movie)』(原発に勤めるシンプソンの一家のアニメ映画)。

『壊滅大津波 (Killer Wave)』ブルース・マクドナルド監督 (核を海底で爆発させ、大津波を起こそうとする)。

『ヒロシマ ナガサキ (White Light Black Rain)』スティーヴン・オカザキ監督(広島、長崎のヒバクシャたちは、重い口を開いて証言する)。

『夕凪の街 桜の国』佐々部一清監督 (こうの史代のマンガを映画化した)。

2 0 0 8

『インディ・ジョーンズ クリスタル・スカルの王国 (Indiana Jones and the Kingdom of the Crystal Skull)』スティーブン・スピルバーグ監督 (核実験場から脱出するインディ・ジョーンズ)。

『ネクスト (Next)』リー・タマホリ監督 (二分後の未来を予見できる男が、核爆弾を見つけようとする)。

『恋する彼女、西へ』酒井信行監督 (建築設計会社の三十代のキャリア・ウーマンの杉本響子は、広島出張を命じられる)。

2 0 0 9

『メテオ2 (Meteor)』アーニー・バーバラッシュ監督 (小惑星の隕石群が地球を襲う。核ミサイルでその隕石を爆破する計画も、軌道を計算している博士が轢き逃げされ、立ち往生する)。

『USB』奥秀太郎監督 (ヒバクの人体実験を受ける原発の町の若者)。

『ザ・ウォーカー (The Book of ELI)』アルバート & アレン・ヒューズ監督 (核戦争後の荒れ果てた町から町へと歩き続ける、さすらいの歩行者)。

『放射性廃棄物 終わらない悪夢』エリック・ゲレ監督 (処理できない核廃棄物問題を取り上げたドキュメンタリー)。

『山のかなた』池島芙紀子監督 (「もんじゅ」を始めとした核エネルギー施設の危険性を証言する)。

『100,000 年後の安全 (Into Eternity)』マイケル・マドセン監督 (十万年後、核廃棄物処理場はどうなっているのか)。

『ウオッチメン (Watchmen)』ザック・スナイダー監督 (スーパーヒーローたちにも引退の時期はやって来る。一世を風靡したヒーローたちのその後は?)。

『へばの』木村文洋監督 (六ヶ所村に生きる男女の恋愛映画)。

2010年代

2 0 1 0

『祝《ほうり》の島』纐纈あや監督 (上関原発建設計画に反対する祝島の人々)。

『アフター・クライシス (After Crisis)』ジョナサン・クレンディング監督 (ロ

ンドンで核爆発、上流の人々が核シェルターに逃げ込む)。

『4デイズ（Unthinkable)』グレゴール・ジョーダン監督（テロリストが仕掛けた核爆弾の爆発まであと四日）

『六ケ所村ラプソディー』鎌仲ひとみ監督（使用済み核燃料の再処理工場)。

『101日（The Show must Doin)』ネヴィオ・マラソヴィッツ監督（101日間、隔離される実験に参加する男女。その間、外界では）

『イエロー・ケーキ クリーンなエネルギーという嘘（Yellow Cake)』ヨアヒム・チルナー監督（イエローケーキとは、ウランを固めた核燃料のこと)。

『復讐捜査線（Edge of Darkness)』マーティン・キャンベル監督（娘を殺された警察官の父が復讐のため捜査をする)。

『フェア・ゲーム（Fair Game)』ダグ・リーマン監督（イラクに大量破壊兵器は本当にあったのか。アメリカの秘密諜報員がホワイトハウスの謀略を暴く)。

『サンザシの樹の下で（山楂樹之恋)』チャン・イーモウ監督（白血病となった地質調査員)。

2011

『カウントダウンZERO（Countdawn to ZERO)』ルーシー・ウォーカー監督（核兵器の危険性を訴える世界の指導者たち)。

『ミッション・インポッシブル／ゴースト・プロトコル（Mission:Impossible/Ghost Protocol)』ブラッド・バード監督（核戦争勃発を狙うマッドサイエンティストがロシアの核兵器でアメリカを攻撃しようとする)。

『ディヴァイド（Divide)』ザヴィエ・ジャン監督（ニューヨークに核爆弾が落ち、アパートの地下室に住民が逃げ込んだ)。

『カウントダウン 合衆国滅亡の時（Countdawn)』ハロルド・クロンク監督（テロリストがアメリカに七つの小型核爆弾を持ち込んだ)。

『子どもたちの夏 チェルノブイリと福島』田野隆太郎監督（チェルノブイリとフクシマの子供たちの健康状態はどうなのか)。

『アンダーコントロール（Unter Kontrolle)』フォルカー・ザッテル監督（2,000年に原発廃止を決めたドイツの核施設の体験的ドキュメンタリー)。

『Radioactivist』クラリッサ・ガイデル、ユリア・レーザー監督（三・一一以降の反原発デモの様子を描いたドキュメンタリー)。

2012

『カリーナの林檎』今関よしあき監督（おばあさんの家になる林檎は、食べられずに捨てられる)。

『外事警察 その男に騙されるな』堀切健太郎監督（北朝鮮で原爆開発にあたっていた科学者が韓国で原爆を作ろうとする)。

『アイアン・スカイ（Iron Sky)』ティモ・ヴォレンソラ監督（ナチスの残党が月の裏側に宇宙基地を作っていた)。

『ハーバー・クライシス 湾岸危機（Black & White Episode)』ツァイ・ユエシュン監督（香港の新米刑事が大量破壊兵器を追う)。

『バットマン ダークナイト ライジング（Batman Dark Knight Raises)』クリストファー・ノーラン監督（核融合原子炉が盗まれる。バットマンがそれを奪い返せるか)。

『希望の国』園子温監督（牛飼いの老夫婦が、原発事故のために自殺する)。

『エクスペンダブルズ2（Expendables2)』サイモン・ウエスト監督（命知らずの傭兵軍団がソ連から流れたプルトニウムを回収する仕事に就く)。

『フタバから遠く離れて』舩橋淳監督（埼

玉県に避難した双葉町民)。

『311』(映画監督ら男たちが福島のヒバク地帯をゆく)。

『レッド・ドーン (Red Dawn)』ダン・ブラッドリー監督 (『若い勇者たち』のリメイク版だが、敵は北朝鮮軍。核兵器を無効化する兵器を持っている)。

『ファントム 開戦前夜 (Phantom)』トッド・ロビンソン監督 (ソ連の原潜が消息を絶った。米軍、ソ連軍双方の諜報戦が展開する)。

『ミツバチの羽音と地球の回転』鎌仲ひとみ監督 (原発の危険性と再生エネルギーの取り組みを描く)。

『沈黙しない春』杉岡太樹監督 (反原発デモが動き出した)。

2013

『原発廃炉は可能か?史上最大のミッション・インポッシブル』ベルナール・ニコラ監督 (廃炉の困難と可能性を探る)。

『学校に原発ができる日』越坂康史監督 (高校の校舎の地下に原発がある)。

『故郷よ』ミハル・ボガニム監督 (チェルノブイリ事故で新婚の夫を失い、危険地区を案内するガイドになった女性の物語)。

『わすれない　ふくしま』四ノ宮浩監督 (フクシマの被害者たちを忘れてはいけない)。

『朝日のあたる家』太田隆文監督 (静岡県のある町の一家が原発事故のために避難生活を送る)。

『天に栄える村』原村政樹監督 (福島県天栄村で米作りが蘇るか)。

『日本と原発』河合弘之監督 (原発訴訟に取り組む弁護士が、フクシマの事故の一部始終を描く)。

『A2-B-C』イアン・トーマス・アッシュ監督 (題名は子どもの甲状腺ガンの検査分類数字。自主上映が打ち切られた)。

『ダイ・ハード ラストデイ (A Good Day T0 Die Hard)』ジョン・ムーア監督 (モスクワに囚われた息子を救い出そうとする父親の警官)。

『ウルヴァリン : SAMURAI (The Wolverine:SAMURAI)』(コミックの映画版。長崎の原爆に遭った主人公が、日本兵の「ヤシダ」を助け、日本に招かれる)。

『Dear Fukushima チェルノブイリからの手紙』大竹研吾監督 (25年後のチェルノブイリの状況を描くドキュメンタリー)。

『ダーク・ブラッド (Dark Blood)』ジョルジュ・シュルイツアー監督 (核実験場の砂漠で一人生きる若者と、心の離れた夫婦の物語)。

『パンドラの約束 (Pandora,s Promise)』ロバート・ストーン監督 (反・反原発派=推進派のプロパガンダ映画)。

『グランド・セントラル (Grand Central)』レベッカ・ズロトヴスキ監督 (フランスの原発に職を得たケリーは、放射線障害に)。

『福島 生きものの記録 シリーズ1 被曝』岩崎雅典監督 (福島で生き物たちのヒバクをとらえる)。

『夏休みの地図』深作健太監督 (夏休みの宿題は、自分の街の地図を作ることだった。健斗は広島の地図を作る)。

『爆心 長崎の空』日向寺太郎監督 (母を失った娘と、娘を失った母との長崎での出会い)。

『裸のいとこ』大鶴義丹監督 (巨額な借金から逃れるため南相馬の叔母の家に隠れる青年実業家とその町に残った人々との日々)。

『ZONE　存在しなかった命』北田直俊監督 (福島の汚染地域に遺棄された動物たち)。

『渡されたバトン　さよなら原発』池田博穂監督 (原発反対を貫いた巻町の運動を、ジェームズ三木の脚本で描く)。

『ハイ・パワー　大いなる力』プラディー

プ・インドゥルカー監督（インドに始まった原発の町の住民たちがその被害を語る）。

2014

『地球防衛未亡人』河崎実監督（壇蜜主演のＳＦお色気映画）。

『フタバから遠く離れて 第二部』舩橋淳監督（前編の続きで、双葉町からの避難民のその後を描く）。

『遺言 原発さえなければ』豊田直巳、野田雅也監督（原発被災で自死した酪農家がいた）。

『おだやかな日常』内田信輝監督（原発事故後、おだやかな日常は目に見えない放射能によって脅かされる）。

『ママの約束』増山麗奈監督（反原発映画だが、監督個人の目立ちたがりに終始している）。

『無知の知』石田朝也監督（原発事故についての突撃インタビュー）。

『草原の実験（Ispytanie）』アレクサンドル・コッド監督（大草原に父親と二人で住む少女と二人の少年）。

『福島 生きものの記録 シリーズ２ 異変』岩崎雅典監督（福島の生き物たちの体や生態に異変が起こった）。

『あいときぼうのまち』菅乃廣監督（昔、ウラン鉱の採掘場のあった福島県内の町。「原子力　未来のエネルギー」のアーチが町の入り口にあった）。

『シロウオ～原発立地を断念させた町』かさこ監督（徳島県阿南市と和歌山県日高町の住民は、協力して原発建設を止めた）。

2015

『ブラックハット（Blackhat）』マイケル・マン監督（香港の原子炉がサイバー攻撃によって破壊された。誰が、何のために？）。

『小さき声のカノン』鎌仲ひとみ監督（〝歩く風評被害〟と非難された映画監督の、原発事故の影響を糾弾するドキュメンタリー）。

『母と暮らせば』山田洋次監督（助産婦をしている後家の母親の元に、原爆で死んだ息子が幽霊として訪ねてくる）

『福島 生きものの記録 シリーズ３ 拡散』岩崎雅典監督（シリーズ三弾目）。

『ナオトひとりっきり』中村真夕監督（無人となったヒバク地域の富岡町で動物たちと暮らす一人の男がいた）。

『少女は異世界で戦った DANGER DOLLS』金子修介監督（美少女４人がパラレルワールドから侵入した敵と戦う）。

『天空の蜂』堤幸彦監督（大型ヘリが原子炉の上に！）。

『大地を受け継ぐ』井上淳一監督（汚染された土地で農業が続けられるのか）。

『変身 Metamorphosise』堀潤監督（フクシマ事故の後、何が変わったのか？）。

『さようなら』深田晃司監督（アンドロイドといっしょに暮らす南アフリカの難民女性）。

『400デイズ（400Days）』マット・オスターマン監督（実験のために400日間シェルターに閉じこもった男女。彼らが見たものは？）

『アトムとピース』新田義貴監督（長崎のヒバク三世がヒバク現場を訪れる）。

『飯舘村の母ちゃんたち』古居みずえ監督（全村避難の飯舘村の二人の母ちゃん）。

『ガイアのメッセージ』太田洋昭監督（原発推進の本音を隠した反動的な原子力ルネサンス固執の映画）。

『セシウムと少女』才谷遼監督（十七歳のミミちゃんが体験する不思議な世界）。

『日本と再生』河合弘文監督（原発事故後に日本は再生するか）。

『日本と原発　四年後』河合弘文監督（「三・一一」から四年後の日本）。

『わたしの、終わらない旅』坂田雅子監督（母と娘の二代にわたる「核」問題への旅）。

2016

『フクシマ モナムール』ドリス・デリエ監督（福島を訪れたドイツ人女性と被災した芸者との交流）。

『奪われた村　避難5年目の飯舘村民』豊田直巳監督（全村民が避難した飯舘村の五年目）。

『パンドラ（판도라）』パク・ジョンウ監督（韓国の原発がシビア・アクシデントを起こした！）

『大陸の蓋』佐藤太監督（三・一一の事故処理の現場をリアルに再現）。

『サダコの鶴』増山麗奈監督（映画製作、演技、演出の各部門がすべて素人芸で、反戦、反原発の主張が空回りしている）。

『シン・ゴジラ』庵野秀明監督（新？真？神？ゴジラ）。

『STOP』キム・ギドク監督（キム・ギドクの原発パニック映画）。

『シェーナウの想い（Das Schönauer Gefühl）』フランク・ディーチェ、ヴェルナー・キーファー監督（再生エネルギーで再生したドイツの町シェーナウの町民たち）。

2017

『残されし大地』ジル・ローラン監督（ベルギーのテロで倒れた監督の遺作）。

『知事抹殺の真実』我孫子亘監督（原発と敵対した福島県知事の闘い）。

参考文献

ミック・ブロデリック編著、柴崎昭則・和波雅子訳『ヒバクシャ・シネマ』（現代書館）

ロバート・A・ジェイコブズ、新田準・高橋博子訳『ドラゴン・テール』（凱風社）

宮本陽一郎『アトミック・メロドラマ　冷戦アメリカのドラマトゥルギー』（彩流社）

山本昭宏『核エネルギー言説の戦後史 1945—1960』（人文書院）

川村湊『原発と原爆』（河出書房新社）

川村湊『震災・原発文学論』（インパクト出版会）

川村湊『戦争の彁』（白水社）

川村湊（かわむらみなと）
1951年北海道に生れる
◆著書
『作文のなかの大日本帝国』岩波書店、2000年
『風を読む　水に書く—マイノリティー文学論』講談社、2000年
『ソウル都市物語—歴史・文学・風景』平凡社新書、2000年
『妓生—「もの言う花」の文化誌』作品社、2001年
『日本の異端文学』集英社新書、2001年
『補陀落—観音信仰への旅』作品社、2003年
『韓国・朝鮮・在日を読む』インパクト出版会、2003年
『物語の娘—宗瑛を探して』講談社、2005年
『アリラン坂のシネマ通り—韓国映画史を歩く』集英社、2005年
『村上春樹をどう読むか』作品社、2006年
『牛頭天王と蘇民将来伝説—消された異神たち』作品社、2007年
『温泉文学論』新潮新書、2008年
『文芸時評 1993-2007』水声社、2008年
『闇の摩多羅神』河出書房新社、2008年
『狼疾正伝—中島敦の生涯と文学』河出書房新社、2009年
『あのころ読んだ小説—川村湊書評集』勉誠出版、2009年
『異端の匣—ミステリー・ホラー・ファンタジー論集』インパクト出版会、2010年
『福島原発人災記—安全神話を騙った人々』現代書館、2011年
『原発と原爆—「核」の戦後精神史』河出ブックス、2011年
『震災・原発文学論』インパクト出版会、2013年
『紙の砦—自衛隊文学論』インパクト出版会、2015年
『戦争の谺—軍国・皇国・神国のゆくえ』白水社、2015年
『君よ観るや南の島—沖縄映画論』春秋社、2016年
『村上春樹はノーベル賞をとれるか』光文社新書、2016年
『川村湊自撰集』全5巻、作品社

銀幕のキノコ雲——映画はいかに「原子力／核」を描いてきたか

2017年4月10日　第1刷発行

著　者　川　村　　湊
発行人　深　田　　卓
装幀者　宗　利　淳　一
発　行　インパクト出版会
〒113-0033　東京都文京区本郷2-5-11　服部ビル2F
Tel 03-3818-7576　Fax 03-3818-8676
E-mail：impact@jca.apc.org
http:www.jca.apc.org/˜impact/
郵便振替　00110-9-83148

藤田印刷株式会社